国家社科基金重大项目"西南各民族水文化调查与研究"（21&ZD214）
阶段性成果

三峡水文化研究

Water Culture of Three Gorges

万金红　编著

科学技术文献出版社
SCIENTIFIC AND TECHNICAL DOCUMENTATION PRESS

·北京·

图书在版编目（CIP）数据

三峡水文化研究 = Water Culture of Three Gorges / 万金红编著. —北京：科学技术文献出版社，2023.11
ISBN 978-7-5235-0421-5

Ⅰ.①三… Ⅱ.①万… Ⅲ.①三峡—水—文化研究 Ⅳ.①K928.4

中国国家版本馆 CIP 数据核字（2023）第 114646 号

三峡水文化研究

策划编辑：周国臻　　责任编辑：刘　硕　　责任校对：张永霞　　责任出版：张志平

出 版 者	科学技术文献出版社
地　　　址	北京市复兴路15号　邮编　100038
编 务 部	（010）58882938，58882087（传真）
发 行 部	（010）58882868，58882870（传真）
邮 购 部	（010）58882873
官方网址	www.stdp.com.cn
发 行 者	科学技术文献出版社发行　全国各地新华书店经销
印 刷 者	北京厚诚则铭印刷科技有限公司
版　　　次	2023 年 11 月第 1 版　2023 年 11 月第 1 次印刷
开　　　本	710×1000　1/16
字　　　数	205千
印　　　张	15.25
书　　　号	ISBN 978-7-5235-0421-5
定　　　价	52.00元

前　言

中华优秀传统文化是中华民族的精神命脉，是涵养社会主义核心价值观的重要源泉，是我们在世界文化激荡中站稳脚跟的坚实根基。党的十八大以来，党中央、国务院高度重视中华优秀传统文化的保护、传承和利用工作。习近平总书记多次在不同场合就保护、传承、弘扬中华优秀传统文化作出重要指示，"文化是一个国家、一个民族的灵魂。文化兴国运兴，文化强民族强。没有高度的文化自信，没有文化的繁荣兴盛，就没有中华民族伟大复兴"[①]；"中华民族在几千年历史中创造和延续的中华优秀传统文化，是中华民族的根和魂"[②]；"要加强对中华优秀传统文化的挖掘和阐发"[③]；"文化自信，是更基础、更广泛、更深厚的自信"[④]。文化自信是一个国家、一个民族对自身拥有的生存方式和价值体系的充分肯定。一个没有文化自信的民族，是无法自立于世界民族之林的。要坚定道路自信、理论自信、制度自信，就必须唤起全民族对于优秀传统文化的自信。习近平总书记强调："要坚定文化自信，推动中华优秀传统文化创造性转化、创新性发展，继承革命文化，发展社会主义先进文化，不断铸就中华文化新辉煌，建设社会主义文化强国。"

水是生命之源、生产之要、生态之基，是人类生存发展不可缺少的

---

①　2017 年 10 月 28 日，习近平在中国共产党第十九次全国代表大会上的报告。

②　2014 年 12 月 20 日，习近平在庆祝澳门回归祖国 15 周年大会暨澳门特别行政区第四届政府就职典礼上的讲话。

③　2016 年 11 月 30 日，习近平在中国文联十大、中国作协九大开幕式上的讲话。

④　2016 年 7 月 1 日，习近平在庆祝中国共产党成立 95 周年大会上的讲话。

物质基础。人类在聚居区域内对水资源的治理、开发和利用的程度，标志着人类社会发展的高度。同时，水也是一种重要的文化载体，可以构成丰富的文化资源，影响着人们的思想和行为。水文化是中华优秀传统文化的重要组成部分，其诞生、形成、发展于我国源远流长的历史文明和幅员辽阔的地理空间之中。

我国农耕文明历史悠久，长期的水利实践为我们留下了数量众多、类型多样的水文化遗产和水文化资源。这些水文化资源蕴含着人与自然和谐相处的理念，承载着符合我国国情、水情的治水智慧，凝聚着中华民族的辉煌创造，镌刻着中华民族的伟大精神，是中华民族的文化瑰宝。

水文化遗产资源是先人留给我们的宝贵财富，是不可替代的珍贵文化资源。从某种意义上讲，一个地方的文明史，很大程度上是一部治水、理水史；一个地方的发展史，很大程度上是一部水利建设史；一个地方的伟大复兴史，很大程度上有赖于水文化的传承和弘扬。保护好、传承好、利用好水文化遗产资源，对于传承和弘扬先进水文化、推动社会主义文化大发展大繁荣、提高全民族思想道德素质和科学文化素质、提高国家文化软实力、促进经济社会又好又快发展，都具有十分重要的意义。

长江三峡是长江流域重要的生态屏障，是荆楚文化和巴渝文化的重要发源地，是维护长江经济带水生态安全的战略要地。习近平总书记指出，长江拥有独特的生态系统，是我国重要的生态宝库。推动长江经济带发展必须从中华民族长远利益考虑，走生态优先、绿色发展之路。要将长江的历史文化、山水文化与城乡发展相融合，突出地方特色。①三峡地区的先民在与水的交互过程中形成了丰富的水文化遗产和水文化资源，白鹤梁题刻、黄陵庙、禹王宫等历史文化遗产的内涵博大精深，已经成为区域水文化的典型代表。2021 年 3 月 12 日发布的《中华人民共和国国民经济和社会发展第十四个五年规划和 2035 年远景目标纲要》对全面推动长江经济带发展作出部署，要求保护好长江文物和文化遗产。2021

---

① 2020 年 11 月 14 日，习近平在全面推动长江经济带发展座谈会上的讲话。

年 12 月 21 日，国家文化公园建设工作领导小组印发《长江国家文化公园工作安排》，部署启动长江国家文化公园建设。长江三峡成为长江经济带、长江国家文化公园建设的重要节点，三峡丰富的文化资源成为长江国家文化公园建设的重要内容，成为支撑长江经济带高质量发展的文化基础。

三峡工程是世界上最大的水利枢纽工程，是治理和开发长江的关键性骨干工程，具有防洪、发电、航运等显著的综合效益。三峡库区是指受长江三峡工程影响而淹没的地区，有移民任务的湖北省宜昌市辖区内的夷陵区、秭归县、兴山县与恩施土家族苗族自治州辖区内的巴东县，以及重庆市主城区及所辖的巫山县、巫溪县、奉节县、云阳县、万州区、石柱县、忠县、开县、丰都县、涪陵区、武隆县、长寿区、渝北区、巴南区、江津区等 20 个县（区）。雄奇隽美的长江三峡库区孕育了丰富厚重的长江水文化，留下了灿若星河的水利历史文化遗存。据不完全统计，三峡库区具有世界自然遗产 1 项、国家历史文化名城 1 座、国家级历史名镇 14 座、全国重点文物保护单位 66 处、国家级非物质文化遗产 36 项、AAAAA 级旅游景区 8 处、国家级风景名胜区 7 处；同时，三峡库区内还有古代水利灌溉工程遗产 38 处、古代防洪工程遗产 7 处、古代给排水工程遗产 37 处、近代水电工程遗产 6 处、历代水利碑刻 25 处、历代水运交通遗产 94 处、古代水神祭祀建筑遗产 18 处等，以及大量的水文化景观。保护好利用好这些文化资源对于推动三峡库区社会经济发展具有重要的现实意义。

随着 2020 年三峡工程的整体竣工和 2021 年长江国家文化公园建设启动，三峡库区文化资源保护利用、文旅产业发展迎来了新的契机。深入发掘保护研究三峡水文化资源、水文化遗产，是保护传承长江水文化的重要举措，是传承弘扬三峡地方传统文化的基础性工作，是深入推进三峡工程后续工作的重要内容，是建设长江国家文化公园、擦亮"长江文化"名片的重要手段。

本书以三峡水文化遗产和水文化资源为研究对象，系统发掘整理了三峡库区的灌溉工程遗产、防洪工程遗产、水利碑刻等物质文化遗产，水利景区、水利文博设施等水文化资源，以及与水有关的非物质文化资源，并提出三峡库区水文化遗产和水文化资源保护传承利用的对策。本书在编纂过程中得到水利部三峡工程后续项目"三峡库区文化资源保护开发利用对策研究"（三峡后续工作 02752201）、国家社科基金重大项目"西南各民族水文化调查与研究"（21&ZD214）的支持。相信本书可以推动三峡水文化资源的科学保护、活化利用和传承弘扬工作，为促进三峡经济发展和社会进步提供更多"水利智慧"。

本书撰写期间，笔者系统走访了重庆、湖北两地三峡库区县（区、市）水利部门和文物保护部门，重点收集了瀼渡电厂等列入全国重点文物保护单位和省级文物保护单位的知名水利遗产档案资料，实地踏勘了"绝壁天河"巴东红旗渠、南沱红星渡槽等当代代表性水利工程，感受到历代水利工作者超卓的智慧与巧夺天工的技艺；实地感受到白鹤梁、湖广会馆承载的深厚历史人文气息，并在时而雄壮激越、时而舒缓悠扬的川江号子中感受三峡文化的源远流长。实地走访过程中，笔者大量查阅地方志资料、文物档案、旅游指南、网络媒体报道、学术出版物和研究论文，从中遴选摘录有价值水文化资源。与此同时，通过与中国水利博物馆、重庆白鹤梁水下博物馆、湖北大学、华中师范大学等单位的知名水文化学者座谈交流，领悟到中国水文化和三峡水文化的博大精深。此外，本书撰写过程中还得到了科学技术文献出版社王蕊女士的悉心指导。

本书在编写过程中，难免存在疏漏和不足，望方家不吝赐教。

编者

2022 年岁末

目　录

第一章
绪论

　　文化是一个民族的精神和灵魂，是民族凝聚力和创造力的重要源泉，是国家发展和民族振兴的精神支撑，是衡量社会文明程度和人民生活质量的显著标志。

　　水是生命之源、生产之要、生态之基。兴水利、除水害，事关人类生存发展和社会进步，历来是治国安邦的大事。水是人类文明的源泉，我国的先民依水而居，不断地适应、利用、改造和保护周边的水环境，逐渐孕育形成了独特的华夏文明。从一定意义上讲，中华民族悠久的文明史就是一部兴水利、除水害的历史。在长期的治水实践中，中华民族不仅创造了巨大的物质财富，也创造了宝贵的精神财富，形成了独特而丰富的水文化。水文化是中华文化和民族精神的重要组成部分。

第一节　文化与水文化

　　一个民族的崛起或复兴，常常以民族文化的复兴和民族精神的崛起为先导。文化是一种让一个国家或地区具有凝聚力、生命力、创造力和传播力的"软实力"，这种实力能够产生广泛的感召力和影响力。当今时代，文化在综合国力竞争中的地位日益重要，谁占据了文化发展的制高点，谁就能够更好地在激烈的竞争中掌握主动权。文化软实力成为综合国力的重要组成部分，提高文化软实力也就成为各国提高综合国力的发展战略之一。

一、文化

作为一种社会现象，文化是人们在长期的生产、生活中创造并形成的独特产物。

想要深刻地理解"文化"，我们需要从"文"和"化"两个字分别入手。"文"是象形字，甲骨文中，"文"字像一个正立的人，胸前刻有美观的花纹，其本义是文身，先民通过这种文身来保护自己免受野兽的侵害。文字最初是按照事物的形象画出来的，是线条交错组合的图，所以由文身引申指文字。《常用汉字意义源流字典》中对"文"有多达14种解释。"化"是会意字，在甲骨文中，"化"字的左边是一个面朝左侧立的人，右边是一个头朝下、脚朝上倒着的人，有颠倒变化之意，引申为"教化"。《辞源》对"化"有变化、改变、生死、造化、溶解、融解、焚烧、习俗、风气等解释。

文化是一个"世界性"的通用概念，其内涵丰富多彩，其形式种类繁多。在过去的很长时间里，历史学、哲学、社会学、人类学、语言学、民族学等领域专家学者都在试图从各自学科的角度来界定文化的概念与内涵，但至今仍没有形成公认的、精确的定义。比如，近代中国学者梁启超认为，"文化者，人类心能所积出来之有价值的共业也"。也就是说，文化是由人类意志选择、积累、创造并生产出来的一切有价值的思想与物质成果。当代学者季羡林则认为，文化是一个笼统而含混的概念，任何一种文化都是一个庞杂的复合体，其既包括上层阶级的精英文化，也包括下层百姓的世俗文化方面。

在过去100多年间，我国研究人员对"文化"的概念认知多达数百种之多。《现代汉语辞海》认为"文化"有3层含义：人类在社会历史发展过程中所创造的物质及精神财富的总和，特指精神财富，如文学、艺术、科学、教育等；考古学中指同一历史时段的特点、标志的综合体；运用语言、文字的能力及一般的知识。《现代汉语词典》中也是类似的解释。或者可以说，文化犹如许多细胞构成的一个整体，边缘不整齐、内涵不确定、外延也不确定。正因如此，大家很难形成一个关于"文化"的统一认知。正如梁漱溟先生在其《东西文化及其哲学》中将文化理解为人们的生活方式，包含着一个民族生活的方方面面，其中，最主要的有：精神生活方面，如宗教、哲学、科学、艺术等；社会生活方面，如社会组织、伦理习惯、政治制度、经济关系等；物质生活方面，如饮食、起居等。

在西方，"文化"一词源于拉丁文"Colere"，含有培植与耕耘的意思，是就自然存在的事物而言。在 15 世纪以后，西方逐渐将对人的品德和能力培养等内容吸收纳入"文化"的含义中。如 1790 年，德国古典哲学家康德在其《判断力批判》一书中写道："在一个有理性的存在者里面，产生一种达到任何自行抉择的目的的能力，从而也就是产生一种使一个存在者自由地抉择其目的之能力的就是文化。"由此可见，康德对"文化"的定义突出了其主体，也就是人改造自然的活动及其功能。大约一个世纪后，1871 年，英国文化学家泰勒在《原始文化》一书中给出关于文化的早期经典定义。泰勒认为，文化或文明，就其广泛的民族学意义上来说，是包括全部的知识、信仰、艺术、道德、法律、风俗及作为社会成员的人所掌握和接收的任何其他才能和习惯的复杂体。从这个方面看，文化的概念内涵变得更加宽泛，如同一个万花筒，囊括了我们今天认为的"文化"应该包含的主要方面。进入当代社会后，随着战后文化体系的建立及后现代主义、后结构主义的兴起，英国文化理论家雷蒙德·威廉斯认为，文化是最为复杂的词语，其至少包含 3 个层面的含义：第一个层面是指智力、精神和美学发展的一般过程；第二个层面是指一群人、一个时期或一个群体的某种特别的生活方式；第三个层面是指智力，尤其是美学所创造的作品和实践。

结合以往的研究，我们可以将"文化"的概念大致分为财富型、方式型、反映型和复合型 4 种主要类型。从财富型的视角看文化，文化是物质财富和精神财富的总和，这一观点对我国定义文化影响最大，《中国大百科全书》《辞海》《新华词典》《现代汉语词典》等工具书对文化的定义基本上都沿用了这一观点；从方式型的视角看文化，文化是人们生活、生产和思维的一种方式，包括人们的兴趣、爱好、风俗、习惯等；从反映型的视角看文化，文化是政治和经济的反映，这里的文化主要指意识形态而言；从复合型的视角看文化，文化是包括知识、信仰、艺术、音乐、风俗、法律及其他能力的复合体。由此可见，从不同的视角看待文化，就有不同的文化内涵。正可谓是"横看成岭侧成峰，远近高低各不同"。

值得注意的是，虽然国内外研究者们从不同的角度和自身的民族特性出发，对"文化"进行了多方位阐述，但是无论东方还是西方，大家都认为"文化"的含义早已超出了物质层面的生产实践活动范畴，更多地体现在精神方面，甚至渗透到人类生活的各个方面，并影响到人类社会的发展与演进。文化是人类进化过程中参与社会实践活动而形成的，它是人类有意识创造的产物。人与自然有着紧密的关系，与自然界所产生的互动影响成为文化的重要内容，文化的发展进程也随之发生着动态的变化。总的来说，文化的内涵具有3个核心要素：思想、对象和财富，思想是讲文化的主体——人；对象是讲文化的客体——各类客观事物；财富是将文化的主体与客体相结合形成的成果，是文化存在的形式。

二、水文化

（1）水文化的概念

文化是每个人从生下来就耳濡目染的精神家园，是从深厚的民族生活土壤中生长出来的民族感情和民族意识，是保持民族尊严、维系民族团结的精神纽带和不断发展的重要力量。中华文化由各种不同形态的文化组成，内容广泛、博大精深。其中，以水为核心的水文化，成为中华文化这个复合体中最具有生命力和影响力的一部分。没有水就没有生命，进而没有人类，自然也就没有文化。特殊的自然地理条件和季风气候，决定了治水是中华民族的必然选择。远古时期，先民的治水活动大大促进了各个原始部族的交流，把闪烁着中华文明星火的原始部落联系在一起，提升了中华民族的凝聚力；同时，治水活动带来了中华民族的思想大解放，孕育了"天人合一"和"五行生克"的思想，推动了生产力大解放；治水斗争更是促成了中国国家形态的产生，使得"平治水土"的夏启建立了我国史书中记载的第一个王朝，使中国成为一个国家，屹立于世界民族之林；治水活动还培育了一批古代领袖人物，大禹秉持的"声为律、身为度、左准绳、右规矩"，极大影响了我国政治历史的发展走向；治水活动还促成了"大一统"的观念，大江大河的治理工作是一项系统性很强的工作，需要强大的吸引力和凝聚力将各个部族调动起来，进而使中华民族在以治水活动为代表的群体性活动中形成了鲜明的"大一统"观念；治水活动是文字、城郭的产生和兴起的重要驱动因素，推动人类文明时代的到来，使得中华民族形成众志成城的治水精神，使得中华文明绵延不绝。

从中华文明史来看，华夏民族的形成，在很大程度上与治水、理水有关。可以说一部治水史，就是半部中国史。正因如此，中华民族的水文化变得更加博大精深。今天，我们挖掘、保护、传承、弘扬水文化对于中华民族实现"人水和谐"的美好愿景有着重要指导意义。

水文化研究肇始于20世纪80年代。1989年，李宗新在《治淮》杂志上发表《应该开展对水文化的研究》一文首先提出水文化研究的概念。而后，水文化研究便在学术界引起广泛争鸣。与不同的研究者对"文化"概念的认知千差万别一样，关于水文化的概念与定义，不同学者由于研究视角不同，对水文化的理解也不尽相同。近年来，国内学者的研究主要集中在水文化理论、水文化遗产、水文化传播和区域水文化等方面，致力于剖析水文化、水文明等基础问题，产生了丰硕的成果。比如，毛春梅等（2011）认为，水文化是指人们在生产和生活中与水的互动过程创造的各种物质、精神和行为的总和，其不仅包含着人类在逐渐认识自然水的过程中形成的认知、知识和技术体系的总结，还包含着人类将水作为一种隐喻的哲学思考，与水接触过程中逐渐孕育、形成并传递的习俗和信仰，以及与水有关的各种审美表达。郑晓云（2013，2017）认为，水文化是人类在认识水、利用水和控制水的过程中形成的文化，其存在于不同民族和地区与水有关的文化之中，并展现出独特的民族性，这种特殊的民族性也体现了不同族群对水的理解和感觉，以及对水的概念、水管理方式、水处理的社会行为、水治理和水环境转换的文化成果等；李宗新（2009，2012a，2012b，2012c，2012d，2012e）认为，水文化是物质和精神财富及生产能力的总和。在此基础上，李宗新将水文化分为物质水文化、制度水文化和精神水文化3个方面。物质层面的水文化是指人们长期的知水、用水、控水、赏水过程中形成的与水有关的物质遗存，包括水形态（河湖沟渠）、水工程、水工具、水环境、水景观等，这些都与人的思想和情感融为一体，它既是精神水文化的载体，也是制度水文化的物质基础；制度层面的水文化体现了制度制定者的思想和意志，是一种指导或引导主体行为的水文化，主要是指与水有关的法律法规、方针政策、制度、重大决策、风俗习惯、宗教仪式等，制度水文化反映了领导人和管理人员的意愿，是规范社会和人民行为的准则；精神层面的水文化主要是指与水有关的意识形态、价值观念、行业精神、科学著作、文学艺术等，对水哲学、水精神、水价值、水文学艺术、水作品等方面起着非常重要的作用。我们可以这样理解，物质形态的水文化是表层文化，是适应制度水文化的外在体现，是承载精神水文化的基础，是展示诠释精神水文化的物质载体；制度形态水文化是中间层次，是精神水文化落到实处的有力保证，是物质水文化永续发展的保障；精神形态水文化是水文化的核心，是物质水文化和制度水文化的精神基础，前者对后者起着统领的作用。

不同流域的水文化有不同的特色，突出了流域人民与水的共生共存关系，研究各流域的水文化具有重要意义。井晓旭（2013）从自然环境、起源、治水思想、水利建设、民俗民风等方面研究了淮河流域的水文化，并指出正是因为水文化的存在，使得淮河流域成为中华民族重要发源地之一。王易萍（2014）对西江流域水文化进行了人类学研究，指出与水相关的历史记忆、禁忌习俗、信仰仪式等构成了地方社会关于水的神秘、圣洁等文化概念图式，而这一文化概念图式的延续又体现了地方民众对水的历史认同，以及对水的管理与利用。席景霞等（2015，2016）从河流、水口、桥梁水磨及水管理行为等分析了古徽州水文化内涵；在对巢湖水文化研究中，她又进一步指出水环境、水资源、水景观、治水理念、民风民俗、民间传说等构成巢湖水文化的历史传统。王延荣等（2012，2014）分析了以河南为中心形成的中原水文化。张实等（2011）从水与藏族民俗、水在藏族房屋中的地位、水与藏族日常生活、水葬等方面论述了水与藏族传统文化的密切关系，反映了藏族人民对水的尊重。陈鸿（2011）指出彝族传统文化中具有丰富的水资源保护意识，以水为生命之源，以水为圣水、"吉祥水"，以水为祭祀祖先的珍贵礼物，以水污染为犯罪。

自20世纪80年代提出开展水文化研究以来，水文化的研究已取得了丰硕成果，尤其是许多研究成果已转化为水文化建设的重要实践，对推动社会主义精神文明建设和水利事业发展起到了积极作用。比如，20世纪80年代宁波的它山堰申报全国重点文物保护单位过程中，水利文史专家便从水利工程建设史和科技价值的视角阐释古代水利工程具有的历史、科技和文化价值；2000年，四川都江堰申请世界文化遗产的过程中，水文化研究者对都江堰水利工程承载的"天人合一"理念的阐释，直接助力都江堰工程荣膺世界遗产的桂冠。进入21世纪以来，水利部更加重视水文化的研究工作。2009年11月13日，首届中国水文化论坛在山东济南举行，水利部党组书记、部长陈雷出席论坛并作重要讲话，强调大力加强水文化建设，为水利事业发展提供先进文化支撑，并指出："水文化的实质就是人与水关系的文化，是人类活动与水发生关系时所产生的以水为载体的各种文化现象的总和，是不同民族以水为轴心的文化集合体，它产生于人民之中，涉及社会生活的各个方面。"这也意味着水文化的实质是人与水关系的文化，人是水文化的主体，水为水文化的客体，水事活动是产生水文化的源泉。认识到水文化的实质，就明晰了水文化作为相对独立的文化形态在文化百花园中的地位。可以说，水文化是在一定的地理环境中，人们以水和水事活动为载体，在与人和社会生活的各方面发生联系的过程中创造的物质财富和精神财富的总和。

水文化作为文化领域的新成员，逐渐被国际组织和国际研究者所关注，如联合国教科文组织水理事会于 1999 年建立了专注水的历史研究的国际性学术组织——国际水历史学会（International Water History Association，IWHA）。这个学会的主要目的就是向社会公众传播水文化知识，加深人们对水在人类发展进程中的作用的认识，以此来促使人们关注水在人类社会进步中的地位和作用，关注人类改造水环境的过程，关注水与不同国家、不同民族及不同文化背景的人们的经济、社会、文化发展之间的密切关系等。2009 年，国际水历史学会还创办了国际水文化领域中重要的学术刊物 Water History（《水历史》），该杂志旨在促进水与人类历史关系的理解。该杂志在人文科学和社会科学，以及自然科学和应用科学领域从事水历史研究的学者之间建立了有效的联系，为水管理研究提供了一个学术交流的平台，探索控制水资源者复杂的目标和意识形态，将人文社会科学研究与自然应用科学有效联系起来。2006 年，联合国教科文组织为第十四个世界水日确定的主题是"水与文化"。2011年，由日本政府内阁办公室主办、在东京召开的"水与历史：我们如何确保在水历史背景下的流域的可持续发展国际研讨会"中，如何看水历史、如何运用水历史科学知识以应对水危机成为探讨的重点，由一个国家政府直接出面主办水历史专题会议实属少见。2013 年 1 月 28—30 日，国际水历史学会在昆明召开"水在历史上的角色：历史智慧与当代水治理"国际学术会议，来自 20 个国家和地区的约 100 名专家学者参会。会议围绕"历史智慧与当代水治理"，旨在探讨水在历史上的角色，人类管理水的历史智慧，当地水环境、水治理及水危机化解等热点问题，并就水在不同地区、国家文明形成与发展中的角色，水历史学科、水文化的理论和实践，人类历史上形成的水文化及其当代价值，乡村与城市水环境与管理史，河流、湖泊、湿地等水环境史，人类用水、管理水、治理水、保护水的历史经验与智慧，古代文明史的水技术及其对社会的影响，滇池水环境史，古代水利发展与昆明城市变迁，昆明滇池治理及其成效等议题展开深入讨论。2016 年 9 月，在葡萄牙召开"古代文明中的水与污水技术"国际研讨会期间，联合国环境规划署设置了"全球暴雨和污水管理创新：过去、现在和将来"专题会议，重点探讨历史经验教训和当代的结合创新。2021 年，联合国教科文组织联合水利部举办的第一届水文化国际研讨会，呼吁"水文化的传承与创新"。会上来自中国、美国、希腊、韩国、喀麦隆等国家的 8 位水文化领域专家学者做了技术报告，交流了不同国家、不同民族的水文化研究与传承，报告主题涵盖永定河的历史演变与北京的城市发展、美洲印第安人与水文化发展、史前希腊的水利技术、东亚地区水习俗的复兴及其向现代生态实践的转变、喀麦隆萨纳加河生物物理与社会文化的融合，以及水管理的动力机制和创新、气候变化背景下的水文化重构等。

第二节　水文化遗产与水文化资源

党的十八大以来，党中央、国务院高度重视文化遗产保护工作。习近平总书记指出，文物承载灿烂文明，传承历史文化，维系民族精神，是老祖宗留给我们的宝贵遗产，是加强社会主义精神文明建设的深厚滋养。保护文物功在当代、利在千秋。[①]

一、文化遗产与文物

"遗产"（heritage）一词源于拉丁语，指"父亲留下的财产"。长期以来，遗产一直指财物。直到 20 世纪下半叶，全球范围的文化遗产保护

---

① 2016 年 4 月 12 日，习近平对文物工作作出的重要指示。

运动兴起，"遗产"的内涵和外延也开始出现变化。其内涵由原来"父亲留下的财产"发展成"历史的见证"，以及"祖先留给全人类的共同的文化财富"，外延也由一般的物质财富转化为看得见的物质文化遗产、看不见的非物质文化遗产，以及自然遗产。由此可见，无论是文化遗产，还是非物质文化遗产，其最初本义强调的都是对历史的记录、对传统的继承。"遗产"的概念意味着不仅是保护，更多的是传承和共享。

"遗产"一词新内涵的正式启用源于美国。1965年，美国白宫会议首先提出设立"世界遗产信托基金"建议案。该议案认为，应采取国际合作的方式，共同保护"世界杰出的自然风景区和历史遗址"。到了 1970 年，美国政府将这一理念纳入《国家环境政策法》（National Environmental Policy Act）中。该法案认为，自然环境的保护固然重要，但人文环境也应视为生活环境的重要组成部分并加以保护。1972 年，联合国颁布《联合国人类环境宣言》（United Nations Declaration of the Human Environment），强调人类既是环境的创造物，也是创造者，指出人类环境包括自然环境和人文环境 2 个方面。同时发表的《人类环境行动计划》（Action Plan for the Human Environment）中，建议尽快缔结《保护世界文化和自然遗产公约》（Convention Concerning the Protection of the World Cultural and Natural Heritage）。这一想法得到了联合国的积极响应，1972 年，联合国教科文组织颁布了《保护世界文化与自然遗产公约》（Convention Concerning the Protection of the World Cultural and Natural Heritage），明确提出"自然遗产""文化遗产"等概念。

"文化遗产"（cultural heritage）一词是最近几十年才出现的。与"遗产"一样，"文化遗产"的内涵与外延也经历了一个逐渐演变的过程。"文化遗产"最初用"文化财产"（cultural property）指称。在联合国教科文组织早期的相关公约中，如 1954 年《武装冲突情况下保护文化财产公约》（Convention for the Protection of Cultural Property in the Event of Armed Conflict），1970 年《关于禁止和防止非法进出口文化财产和非法转让其所有权公约》（Convention on the Means of Prohibiting and Preventing the Illicit Import，Export and Transfer of Ownership of Cultural Property），用的都是"文化财产"。中国台湾地区将其译为"文化资产"，日本和韩国则称之为"文化财"。直到 1972 年，联合国教科文组织颁布《保护世界文化和自然遗产公约》，"文化遗产"（cultural heritage）一词才正式得以使用。《保护世界文化和自然遗产公约》认为文化遗产包括：①文物古迹，从历史、艺术和科学角度看，具有突出的普遍价值的建筑物、雕刻和绘画，具有考古意义的部件或结构、铭文、洞穴、居住区及各类文物的联合体；②建筑群，从历史、艺术和科学角度看，在建筑形式、统一性及其环境景观结合方面，具有突出的普遍价值的单独或相互联系的建筑群体；③遗址，从历史、美学、人种学或人类学角度看，具有突出的普遍价值的人类工程或自然与人类的共同杰作，以及考古遗址地区。该文件发布后，"文化遗产""自然遗产"的概念为国际社会广泛采用，并成为此后世界遗产遴选的重要依据。然而，该公约所界定的保护对象，范围仅限于不可移动的物质文化遗产。此后，"文化遗产"在相关国际文件中使用的概率逐渐提高，进入 21 世纪以来，"文化遗产"已成为主要用语。如联合国教科文组织 2001 年《水下文化遗产保护公约》（Convention on the Protection of Underwater Cultural Heritage）、2003 年《保护非物质文化遗产公约》（Convention for the Safeguarding of the Intangible Cultural Heritage）和《关于蓄意破坏文化遗产问题的宣言》等，都直接以"文化遗产"为保护对象。

随着国际社会对文化遗产保护的愈益重视，文化遗产的保护范围由原来的物质文化遗产逐渐拓展至非物质文化遗产。

"非物质文化遗产"（intangible cultural heritage）概念源于 1950 年日本通过的《文化财保护法》，当时称为"无形文化财"，后历经"无形文化遗产""民间创作""口头与非物质遗产"的演化。非物质文化遗产（intangible cultural heritage）是指各族人民世代相传，并视为其文化遗产组成部分的各种传统文化表现形式，以及与传统文化表现形式相关的实物和场所。非物质文化遗产是一个国家和民族历史文化成就的重要标志，也是一个国家和民族传统文化的重要组成部分。联合国教科文组织于 2003 年颁布了《保护非物质文化遗产公约》（Convention for the Safeguarding of the Intangible Cultural Heritage），将非物质文化遗产纳入保护范围，并对其概念进行了界定：被各社区、群体，有时是个人视为其文化遗产组成部分的各种社会实践、观念表述、表现形式、知识、技能及相关的工具、实物、手工艺品和文化场所。这种非物质文化遗产世代相传，在各社区和群体适应周围环境及与自然和历史的互动中被不断地再创造，为这些社区和群体提供持续的认同感，从而增强对文化多样性和人类创造力的尊重。

非物质文化遗产分为五大类：一是口头传说和表达；二是表演艺术；三是社会习俗；四是传统手工艺；五是自然界的知识和实践。自此，文化遗产和非物质文化遗产作为专业术语被广泛接受。文化遗产强调的是文物的物态价值，既包括可移动文物，也包括不可移动文物；非物质文化遗产更强调文化的意义价值，包括知识技能、生活方式、观念表述等形而上的精神层面的概念。

进入 21 世纪以来，随着国际上"文化遗产"使用频率的提高，我国也越来越多地以"文化遗产"来泛指原来的"文物"等概念。在我国相关的法律文件中，最初使用"文物"这一相对概念。根据《中国大百科全书》，"文物"是"由人类创造或者与人类活动有关的一切有价值的物质遗存的总称"。《中华人民共和国文物保护法》采用枚举方法认定五类具有历史、艺术、科学价值的历史遗存作为文物：①具有历史、艺术、科学价值的古文化遗址、古墓葬、古建筑、石窟寺和石刻；②与重大历史事件、革命运动和著名人物有关的，具有重要纪念意义、教育意义和史料价值的建筑物、遗址、纪念物；③历史上各时代珍贵的艺术品、工艺美术品；④重要的革命文献资料及具有历史、艺术、科学价值的手稿、古旧图书资料等；⑤反映历史上各时代、各民族社会制度、社会生产、社会生活的代表性实物。一般来讲，文物是指人类社会开发状态的表现，即凡是能反映各民族文明进程或带有文明痕迹的历史遗存物都是文物。这些遗存物可度、可量、可衡，形式多样、种类繁多、内容丰富、内涵深刻。有一些遗存物是可以移动而且不损耗价值的（如瓷器、书画、青铜、玉器等），有些遗存物是不能移动的（如古建筑、古遗址等），还有很多历史遗存物还被尘沙掩埋等待人们去发现。所有的有形体结构的历史遗存物，不管是陶瓷、金银、铜、铁、石、木制品，还是故去的名人手稿、日常生活用品、居屋，凡是能反映人类文明的过去的遗迹、遗物及相关物，均属文物之列。

自我国 2006 年设立"文化遗产日"以来，"文化遗产"概念逐渐深入人心。党的十九届五中全会提出，要在 2035 年建成文化强国，要繁荣发展文化事业和文化产业，提高国家文化软实力。《中共中央关于制定国民经济和社会发展第十四个五年规划和二〇三五年远景目标的建议》提出，要传承弘扬中华优秀传统文化，强化重要文化和自然遗产、非物质文化遗产系统性保护。2005 年 12 月，国务院发布的《国务院关于加强文化遗产保护的通知》指出："文化遗产包括物质文化遗产和非物质文化遗产。物质文化遗产是具有历史、艺术和科学价值的文物，包括古遗址、古墓葬、古建筑、石窟寺、石刻、壁画、近代现代重要史迹及代表性建筑等不可移动文物，历史上各时代的重要实物、艺术品、文献、手稿、图书资料等可移动文物；以及在建筑式样、分布均匀或与环境景色结合方面具有突出普遍价值的历史文化名城（街区、村镇）。非物质文化遗产是指各种以非物质形态存在的与群众生活密切相关、世代相承的传统文化表现形式，包括口头传统、传统表演艺术、民俗活动和礼仪与节庆、有关自然界和宇宙的民间传统知识和实践、传统手工艺技能等以及与上述传统文化表现形式相关的文化空间。"这是至今为止中国法律文件中对"文化遗产"概念的最权威、最明确的解释。

二、水文化遗产

随着经济和社会的发展，国际社会对文化遗产的保护愈益关注，在1972 年之后又陆续颁布了数十份有关文化遗产保护的国际公约、宪章、宣言和建议等，文化遗产保护的理念不断创新，概念不断完善，涵盖范围不断拓展，陆续增加了历史地区和城镇、乡土建筑、农业遗产、工业遗产、线性文化遗产、文化景观等遗产类型，文化遗产环境和 20 世纪遗产的保护也开始受到关注，甚至列入《世界遗产名录》。在这种背景下，水文化遗产逐渐走进国际社会的视野。1985 年，西班牙塞哥维亚古城及其输水道和法国加尔桥成功列入《世界遗产名录》。此后，有将近 30 余处以水与水利工程为主体的文化遗产列入《世界遗产名录》，其中包括我国的都江堰、"三江并流"自然景观、杭州西湖、红河哈尼梯田和中国大运河等。水文化遗产开始作为文化遗产的重要组成部分而受到保护。

季风气候和特有的地理空间格局，使水利成为我国适应自然改造的必然选择。我国农耕文明历史悠久，长期的水利实践留下了数量众多、类型丰富的水文化遗产。这些遗产蕴含着人与自然和谐相处的理念，承载着符合我国国情、水情的治水智慧。水文化遗产是人类社会承袭下来的与水有关或反映人与水的关系的一切有价值的物质遗存，以及某一族群在识水、用水、治水过程中形成的能够世代相传、反映其特殊生活生产方式的传统文化表现形式及其相关的实物和场所，是物质水文化遗产和非物质水文化遗产的总和。它是水文化传承和存在的载体，主要是指人类在对水开发利用、娱乐审美等水事活动中形成遗址、文物和各种民俗文化的表现形式，是历史时期人类对水的利用、认知所留下的文化遗存，是人类治水文明的重要见证，具有较高历史、艺术、科学等价值。这些遗产承载着中华民族的悠久历史，凝聚着中华民族的辉煌创造，镌刻着中华民族的伟大精神，是中华民族的文化瑰宝。保护好、传承好、利用好水文化遗产，对于传承和弘扬先进水文化、推动社会主义文化大发展大繁荣、提高全民族思想道德素质和科学文化素质、提高国家文化软实力、促进经济社会又好又快发展具有十分重要的意义。当前，这些遗产正面临着不同程度的破坏，甚至消失的危险。党的十八大以来，习近平总书记多次指出，要加强对中华优秀传统文化的挖掘和阐发，推动中华优秀传统文化创造性转化、创新性发展。2017 年，习近平总书记对中国大运河遗产保护利用工作作出重要批示，强调对于大运河遗产要做好保护、传承、利用3篇文章。

2010年，水利部组织了在用古代水利工程与水利遗产的调查。调查范围为1911年以前兴建的水利工程与水利遗产，主要包括灌溉工程、防洪工程、城市水利、园林水利、水运工程、水土保持工程、水电工程、给排水工程、海塘工程和水利工程等，其中水利工程是指利用水能的灌溉、粮食加工机械或机具（如水碾、水磨、轮式水车等）。调查内容主要包括工程位置、工程类别、工程主要效益、始建年代、保存和利用现状、管理部门、存在问题等7个方面。调查显示，我国水利文化遗产类型、数量十分丰富，其中以古代水利工程为多，但是多数工程经过不断改造，仍然保持原有工程形态的古代水利工程占总数的比例不到30%。通过此次调查，大致梳理了我国水利遗产的基本脉络。随着大运河申遗成功，水文化遗产日益受到社会各界的关注。浙江、江苏等省相继开展了水利遗产、水文化遗产的调查工作。在笔者的不懈努力下，2016年国家文物局批复成立了"水利遗产保护与研究国家文物局重点科研基地"；同时，笔者提出的"水利遗产"的概念被成功写入国家文物局发布的《国家文物事业发展"十三五"规划》和中共中央办公厅、国务院办公厅发布的《"十四五"文物保护和科技创新规划》，确立了"水利遗产"作为国家文化遗产重要组成的法理地位。自此，国家文物局开始对水利遗产保护与修复工作提供制度和资金的保障，开创了水文化遗产保护研究的新局面，标志着水利遗产、水文化遗产研究进入一个新的时期。

2002年，联合国粮农组织在全球环境基金（GEF）的支持下发起全球重要农业文化遗产（Globally Important Agricultural Heritage Systems，GIAHS）大型项目。该项目旨在建立全球重要农业文化遗产及其有关的景观、生物多样性、知识和文化保护体系，并在世界范围内得到认可与保护，使之成为可持续管理的基础。该项目将努力促进地区和全球范围内对当地农民和少数民族关于自然和环境的传统知识和管理经验的更好认识，并运用这些知识和经验来应对当代发展所面临的挑战，特别是促进可持续农业的振兴和农村发展目标的实现。联合国粮农组织是联合国框架下与联合国教科文组织平行的政府间国际组织，使得该遗产项目具有明确的官方色彩，在某种程度上可以认为这一遗产项目是联合国教科文组织的世界遗产项目的拓展。由于水利是农业的命脉，所以，中国大量的乡村农田水利系统和古代水利灌溉工程被列入全球重要农业文化遗产项目，如云南红河哈尼稻作梯田系统、江苏兴化垛田传统农业系统、浙江湖州桑基鱼塘系统、南方稻作梯田（包括广西龙胜龙脊梯田、福建尤溪联合梯田、江西崇义客家梯田、湖南新化紫鹊界梯田）、河北涉县旱作石堰梯田系统等。

2012 年，国际灌溉排水委员会（ICID）主席中国学者高占义提出"世界灌溉工程遗产"（world heritage irrigation structures）的概念，并得到国际灌溉排水委员会的认可。由于国际灌溉排水委员会是印度的民间学术组织，因此世界灌溉工程遗产是一个民间的遗产项目。该委员从 2014 年开始评选这一民间的"世界遗产"项目。该项目旨在更好地保护和利用在用古代灌溉工程，挖掘和宣传灌溉工程发展史及其对世界文明进程的影响，学习古人可持续性灌溉的智慧，保护珍贵的历史文化遗产。申请世界灌溉工程遗产的工程必须具有如下价值：是灌溉农业发展的里程碑或转折点，为农业发展、粮食增产、农民增收做出了贡献；在工程设计、建设技术、工程规模、引水量、灌溉面积等方面领先于其时代；增加粮食生产，改善农民生计，促进农村繁荣，减少贫困；在其建筑年代是一种创新；为当代工程理论和手段的发展做出了贡献；在工程设计和建设中注重环保；在其建筑年代属于工程奇迹；独特且具有建设性意义；具有文化传统或文明的烙印，是可持续性运营管理的经典范例。由于该项目没有明确的"遗产"认定办法，且在实际操作过程中也存在一定的随意性和营利性的倾向，加之该委员会还对外发布"世界水遗产"（world water system heritage）名录，且"世界水遗产"与"世界灌溉工程遗产"间的关系尚未明确，势必在未来会影响到该委员会的所谓"世界遗产"项目的国际公信力与认可度。

2021年10月，水利部下发的《水利部办公厅关于开展国家水利遗产认定申报工作的通知》提出开展国家水利遗产认定工作，计划从2021年开始，每两年在全国范围内开展一次国家水利遗产认定工作，力争在"十四五"期间认定30个以上国家水利遗产，初步建立较为完善的水利遗产保护和认定管理体系。国家水利遗产是指具有重大国际国内影响力，或具有显著除害兴利功能价值，或对特定历史时期具有重大影响或突出社会贡献，以物质形态或非物质形态存在的水文化系统遗存。国家水利遗产认定应符合以下条件：一是在中华文明史，特别是在水利发展史上，对推动社会文明进步、社会发展稳定、人民安居乐业和精神文化传承等具有重大意义或产生重要影响，对当时社会经济和人文发展有较大的影响力，具有较高的历史价值；二是体现人与自然和谐共生理念，在推动国家或地区社会进步和水利发展等方面具有重要价值；三是具备良好的保护或利用基础，当地政府或者有关管理单位制定了水文化遗产保护与利用规划。

国家水利遗产是一个新的文化遗产类型。国家水利遗产的核心内涵是中华伟大治水实践的见证，是我国人民在长期治水、管水过程中，特别是在兴水利、除水害的历史发展进程中，所形成的具有较高历史价值、科技价值、社会价值、经济价值、文化价值和生态价值的工程和非工程的文化遗存。这其中，最核心的内涵是以治水实践为载体进而产生的物质水文化（水利工程）与非物质水文化（治水制度与精神）。国家水利遗产具备的核心特征包括：①治水特征。国家水利遗产必须具有防洪、灌溉、供排水、漕运等水利特征或蕴含着当时先进的治水技术和制度。脱离治水实践活动而仅与水相关的诗词歌赋、图腾崇拜、民俗起居等文化遗产不应独立作为水文化遗产申报，但经过科学论证证明与治水实践的衍生有促进关系，可作为"加分项"与水利工程或治水制度精神合并申报。②文化特征。国家水利遗产必须具有经得起科学考证的历史起源和发展演变脉络，在技术、理念、生产生活和人文传承等方面具有鲜明的文化传统特征和突出的历史文化价值。综合考虑我国的治水历史和其他文化遗产申报年限，认为国家水利遗产的建设或传承历史文化时间应不少于100年。对于反映中国共产党带领人民治水、具有突出"红色文化""革命文化"属性的水文化遗产，可适度放宽认定年限至50年。③民生特征。国家水利遗产必须在保障民众安全、民生福祉、经济发展和社会稳定，改善民众生存、生产、生活、生态条件等方面发挥重要作用。相关治水实践能够直接体现"民为邦本"思想，解决了民众最关心、最直接、最现实的水利问题并使民众体验到真切实在的获得感、幸福感、安全感。④独特特征。国家水利遗产与国内相同或类似的水文化遗产相比，必须在工程建设、技术设计、管理制度、生态景观、文学艺术、可持续性等方面具有独特或差异性，如唯一性、标志性、创新性、代表性、典型性等。

三、水文化资源

资源是人类从事一切生产和生活的必要条件。联合国环境规划署将资源分为自然资源和社会资源。《辞海》将"资源"定义为"资财的来源"，《财经大辞典》将"资源"定义为"生产资料和生活资料的天然来源"。而在西方经济学文献中，通常认为资源是"构成一个经济或一个企业的供应能力的生产要素"。彼得·蒙德尔（Peter Maunder）在《经济学解说》中更是明确地指出资源是"生产过程中所使用的投入"。可见，资源的本质就是生产要素。通常情况下，资源大致包括自然资源和社会资源两大类，而文化就是一种典型的社会资源。文化资源并非是"文化"与"资源"的简单叠加。文化是伴随着人类历史的发展而发展起来的，进入工业社会后，人们愈发认识到文化也是一种重要的社会资源。任何时代，人们的需求都存在着物质需要和精神需要两方面，只有当社会经济条件发展到一定阶段，人们才会需要专门的文化产品、文化服务来满足自己的文化需要。由于文化具有明显的累积效应，随着人类社会的不断发展与积累，文化宝库变得日渐丰富，不断汇聚和积累成不同特色、不同层次、不同结构的文化资源。正是因为文化所具有的这种相当的"存储量",才具有可开发利用的价值。由此可见,文化资源是一种特殊的资源,是人类社会运行过程中形成的物质的、精神的产品,是人类生存发展需要的、以一切文化产品和精神现象为指向的精神要素,泛指人们从事各种文化活动所可以利用的各种资源的总和,并能够通过一定的开发手段转化为社会发展所需要的对象、环境、条件、创意等,是人类生存和发展的最宝贵的物质财富和精神财富。或者说,文化资源是人们从事文化生产或文化活动所利用或可供利用的各种资源。

水文化资源是一种特殊的文化资源,是漫长的水利实践过程中形成的具有历史性、整体性和公共性的文化资源形式。水文化资源是指在历史发展进程中,人们在水利实践过程中创造和使用的,能够通过科学合理开发利用的与水有关的各种物质文化资源和非物质文化资源。这些水文化资源是人们遗存下来的水利历史遗存物(如古代水利工程、历史文物、古迹等)、原始记述、口授真传、艺术样式、手工技艺或规范习俗等。同时,它们还具有历史、文化、科技等多方面的价值,这些价值可以通过科学合理的开发手段进行开发利用或者创新转化,为当代社会经济发展提供不竭的文化动力。因此,我们可以认为,水文化资源具有以下特征:

第一,水文化资源具有精神和物质的双重属性。由于文化内涵的复杂性,使得水文化资源的物质性和非物质性相互交织在一起。物质形态的水文化资源大多具有不可再生性,如古代水利工程、历史文化遗存、古建筑、水文化景观等,但经过保护利用可以实现代际之间的延续。非物质形态的水文化资源可以重复使用并不断更新补充、增进发展,如水利科学思想、先进的水利技术等,这些非物质形态的水文化资源由于附带了时代的文化特征和延续了人类对自然与自身的探索成果,又逐渐演变为新的水文化资源。物质形态的水文化资源承载的精神形态水文化,也可以通过表观的物质形态不断传承,如同红旗渠承载的"自力更生、艰苦创业、团结协作、无私奉献"的红旗渠精神;都江堰生态型水利工程承载的"因势利导、道法自然"的哲学思想等。

第二，水文化资源具有稀缺性。物以稀为贵。水文化资源的总量相对于人类不断增长的欲望需求而言是相对稀缺的。经过长期的水利实践，古代人类在生产劳动过程中形成的思想认知与思想凝结在各类物质和非物质形态的水文化载体上，形成了今天我们看到的水文化资源。时间越是久远，水文化资源中蕴含的人类文化因素就越多，也就越具有宝贵的价值。尤其是物质形态的水文化资源，特别是古代水利工程文化遗存、历史建筑等，由于时间久远、自然损耗、人为变动，物态层面的遗产本体日渐衰微，最后成为稀缺资源，也就具有更加宝贵的价值。

第三，水文化资源具有独特性。任何一个民族的文化都是一种历史的积累，是其长期形成、发展的结果。在历史发展过程中，这种文化包含了群体共同的思想观念和行为规范，体现出特定族群的特征。正所谓"一方水土养一方人"，水文化资源由于历史积淀积累的过程、内容、方式不同，其特征也不同，个性特色鲜明。一个民族的水文化是这个民族在用水、治水、识水、护水过程中形成的智慧结晶，并经一代又一代人传承下来的。这种独特性成为水文化资源区别于其他类型文化资源的个性特征。

第四，水文化资源具有传承性、弘扬性。任何一个民族的文化，包括水文化，都是一种历史的积累，并通过长期的文化创造反映出来。水文化能够传承、弘扬，一定是因为其具有不可替代的价值。当今社会，无论是发展还是创新，都不能丢掉历史、舍弃传统，而是要在学习、吸收、掌握传统精髓的前提下发展和创新。因此，无论是物质形态的水文化资源还是精神形态的水文化资源，都是由全人类共同缔造的文明成果，值得我们学习并传承。

第五，水文化资源具有使用的持久性。水文化的习得和使用过程就是一个文化价值创生的过程。与传统自然资源不同的是，文化资源可以永久地使用，并且随着使用人数量、频率的提高，还能实现文化资源质的提升和量的增长，甚至产生新的文化特质和物质形态。也就是说，优秀的水文化资源，使用的人越多，越能显示其价值和生命力，可以世世代代为人类造福。需要注意的是，很多物质形态的水文化资源在长时间的自然侵蚀损坏和人为因素的打击破坏下，其保存环境日益复杂，物质本体日益脆弱。还有很多非物质形态的水文化资源，由于诸多因素其挖掘、保护、传承工作不到位，很多传统水知识体系、水利技艺、文化艺术形式等未能够受到足够重视，没有得到相应的保护和扶植，面临着失传、消亡的窘境。

第二章
三峡水文化与水文化资源

没有高度的文化自信，没有文化的繁荣兴盛，就没有中华民族的伟大复兴。水文化建设是社会主义文化建设的重要组成部分，水文化的繁荣发展是社会主义文化大发展大繁荣的内在要求。

三峡水文化是三峡地区社会经济演进的产物，是区域文化典型代表，是中华民族文化的重要组成部分。发掘阐释、保护利用三峡水文化是阐释长江文化博大精深、彰显中华文化吸引力和影响力的手段。

第一节　三峡水文化

三峡水文化是一种地域文化，是三峡区域人民几千年来的历史发展中为生息繁衍和社会进步而创造的独具特色的物质文明和精神文明的总汇，是各种艺术汇集的汪洋大观，是对雄伟壮丽、气势恢宏的三峡地域的自然景观、人文景观、风土人情和审美经验的总结，是三峡地区人民审美心理、审美意识、文化艺术的历史积淀，具有悠久的历史积淀和丰厚的文化内涵。

一、三峡水文化历史内涵

长江三峡是瞿塘峡、巫峡和西陵峡三段峡谷的总称，西起重庆市奉节县白帝城，东至湖北省宜昌市南津关，全长 193 千米。长江三峡是世界上最为壮美的大峡谷之一，沿途两岸奇峰陡立、峭壁对峙，以壮丽河山的天然胜景闻名中外。北魏郦道元在《水经注》中写道："自三峡七百里中，两岸连山，略无阙处。重岩叠嶂，隐天蔽日。自非亭午夜分，不见曦月。至于夏水襄陵，沿溯阻绝。或王命急宣，有时朝发白帝，暮到江陵，其间千二百里，虽乘奔御风，不以疾也。春冬之时，则素湍绿潭，回清倒影。绝巘多生怪柏，悬泉瀑布，飞漱其间，清荣峻茂，良多趣味。每至晴初霜旦，林寒涧肃，常有高猿长啸，属引凄异，空谷传响，哀转久绝。故渔者歌曰：'巴东三峡巫峡长，猿鸣三声泪沾裳！'"三峡地区自古以来物产丰富、文明昌盛。《华阳国志·巴志》中对三峡地区记载道："东至鱼復，西至僰道，北接汉中，南极黔涪。土植五谷，牲具六畜。桑、蚕、麻、纻、鱼、盐、铜、铁、丹、漆、茶、蜜……故其诗曰：'川崖惟平，其稼多黍。旨酒嘉谷，可以养父。野惟阜丘，彼稷多有。嘉谷旨酒，可以养母。'"白帝城、黄陵庙等文物古迹与山水风光交相辉映，名扬四海。

　　三峡工程，即长江三峡水利枢纽工程，位于湖北宜昌境内的长江西陵峡段。三峡水电站是目前世界上规模最大的水电站，也是中国有史以来建设的最大型工程项目。1919 年，孙中山先生在《建国方略》中提出建设三峡工程的设想。1932 年，国民政府建设委员会编写了《扬子江上游水力发电测勘报告》，这是我国专为开发三峡水力资源进行的第一次勘测和设计工作。1944 年，美国垦务局设计总工程师萨凡奇到三峡实地勘查后，提出了《扬子江三峡计划初步报告》，即著名的"萨凡奇计划"。1953 年，毛泽东在听取长江干流及主要支流修建水库规划的介绍时指出："费了那么大的力量修支流水库，还达不到控制洪水的目的，为什么不在这个总口子上卡起来？""先修那个三峡大坝怎么样？！"1956 年，毛泽东在武汉畅游长江后写下了"更立西江石壁，截断巫山云雨，高峡出平湖"的著名诗句。1989 年，长江流域规划办公室重新编制了《长江三峡水利枢纽可行性研究报告》，确定坝高为 185 米，蓄水位为 175 米。1992 年 4 月 3 日，第七届全国人民代表大会第五次会议审议通过《关于兴建长江三峡工程的决议》。三峡大坝工程于 1994 年 12 月 14 日正式动工修建。1996 年 11 月下旬，三峡工程大江截流系统工程启动。1997 年 11 月 8 日，三峡工程实现大江截流。2003年三峡工程实现并网发电。2006年5月20日，三峡大坝全线修建成功。2010年10月26日，三峡工程成功蓄水至175米。2020年11月1日，水利部、国家发展改革委公布，三峡工程完成整体竣工验收全部程序。根据验收结论，三峡工程建设任务全面完成，工程质量满足规程规范和设计要求、总体优良，运行持续保持良好状态，防洪、发电、航运、水资源利用等综合效益全面发挥。

习近平总书记指出："长江造就了从巴山蜀水到江南水乡的千年文脉，是中华民族的代表性符号和中华文明的标志性象征，是涵养社会主义核心价值观的重要源泉。""长江文化印证了中华文明的灿烂辉煌，承载了中华民族的共同记忆，熔铸了中华民族共有的精神家园。""要把长江文化保护好、传承好、弘扬好，延续历史文脉，坚定文化自信。"

三峡水文化是长江三峡峡江流域人类社会历史实践过程中，人类依水生存并改造、利用水环境所创造的物质财富（包括水域、水体、水利工程、水环境等）和精神财富（包括水观念、水习俗、水精神及其所体现的价值观念等）的总和。三峡水文化是长江文化的重要组成，滋养着三峡两岸及长江流域沿岸各地人民，是长江文化的标志性符号。以三峡水文化为代表的长江文化是中华传统文化的重要组成部分，也是中国传统文化中绚烂多彩的一部分。

三峡水文化的第一层含义是山水自然文化。三峡水文化的文化特色与个性特征，首先依托于三峡地区独特的地理环境和自然景观。"上有万仞山，下有千丈水。苍苍两崖间，阔峡容一苇。"三峡有着独具魅力的峡江自然风光，山峦起伏、峡谷幽深、江流湍急、风光旖旎。壮丽独特的水域自然景观是三峡水文化的重要表现形态。"曾经沧海难为水，除却巫山不是云"的巫山云雾、风姿绰约的神女峰、风景秀美的小三峡等山水风景成为三峡水文化的自然基底。在如此壮美的自然文化景观面前，历史上众多文人墨客书写了三峡的山水之美。如郦道元在《三峡》中写道："春冬之时，则素湍绿潭，回清倒影。绝巘多生怪柏，悬泉瀑布，飞漱其间，清荣峻茂，良多趣味。"我们可以看到，三峡峡江的春天和冬天的迷人景色。李白在《经乱离后天恩流夜郎忆旧游书怀赠江夏韦太守良宰》中写道，"江带峨眉雪，川横三峡流"，盛赞了三峡峡江的美景。杜甫在《长江二首》中写道，"众水会涪万，瞿塘争一门"，抒写了长江三峡的壮美。陆游在《瞿塘行》中写道，"浪花高飞暑路雪，滩石怒转晴天雷"，写出了三峡山水的雄奇壮阔。毛泽东在《水调歌头·游泳》中的一句"更立西江石壁，截断巫山云雨，高峡出平湖。神女应无恙，当惊世界殊"更是成为赞美三峡的千古绝句。

三峡水文化的第二层含义是社会人文文化。人文三峡的水文化主要是指与水关系密切的历史文物和文化境景观，以及思想、文学艺术、民风民俗等。水神祭祀传统是三峡地区重要文化景观，重庆市渝中区的禹王宫、神女庙，湖北省宜昌市的黄陵庙都是三峡库区重要的水神祭祀场所；三峡地区有许多的古代石刻，如龙脊石题刻、白鹤梁题刻等水文题刻都诠释着三峡水文化的传奇色彩。水文化的创造主体是人，而人是有精神的，人们在治水、用水、管水、亲水的活动中，可以从水的启示和感悟中升华为一种意识形态。李白一生三入三峡，写下了 22 首三峡诗歌，如"峨眉山月半轮秋，影入平羌江水流，夜发清溪向三峡，思君不见下渝州"，至今传诵不绝。三峡地区独特的地理文化，孕育了特有的文化风貌。川江流域狭隘、滩多、流急，沿江两岸起伏着的绵延不断且气势雄伟的如屏群山，三峡人由此创造出了大量与水有关的艺术文化，如与三峡有关的神话、传说、民俗；长江三峡作为通运咽喉，往来客商不断，形成交通东西部的黄金水道，又产生了三峡独有的纤道、纤夫，以及那种石破天惊般高亢激昂、震慑长江魂魄、音质各异、抑扬顿挫、长呼短应的千古绝唱——川江号子。另外，在长期生产活动中形成了独特的民风民俗，如纪念屈原而形成的端午节赛龙舟等，都形成了独特的三峡文化景观，与水密切相关。这些都是三峡所特有的产物，也是三峡精神的具体体现，这种精神依托于水在历史长河中创造出来的精神。代表了三峡人敢于拼搏、艰苦奋斗的精神。

三峡水文化的第三层含义是水利工程文化。每个时代的水利工程都与这个时代的水文化紧密关联，每项工程都体现着特定时代人们的知水治水价值观念、思维方式和行为准则，体现了人类为适应自然环境、适应当时的生产力与生产关系，以及在满足兴利除害要求活动中所创造的物质文明、精神文明及行为文化和制度文化。从古至今，在各项水利工程建设和各种水利事业中都必然要传承、创造、弘扬与其时代背景相适应的水文化。这些水文化反过来又会促进人类对自然生态山水环境的重新认识，并把这种观念、思想、行为、价值观等反映于水利工程建设和所从事的水利事业工作中。水利工程所承载的水文化是人类社会与自然环境和谐共处的体现，是静态与动态的辩证统一、时间与空间的辩证统一、水利与水害的辩证统一、需水与用水的辩证统一。三峡工程的修建恰恰是这些统一的有机融合。三峡工程水文化的第一个层次是传统水利科技与现代水利科技、东方水利传统与西方水利技术相互融合的水利科技文化。三峡工程水文化的第二个层次是舍身忘我无私奉献的移民文化。同时，三峡工程设计施工还体现出人与自然和谐发展的生态文化，三峡工程从规划到设计再到施工和运行正是尊重自然、适应自然的结果。三峡工程的建设富有浓厚的时代气息，是现代人治水、用水意识的新体现，是具有中国特色的现代水利工程，是人类智慧的艺术杰作与科技美的载体，是世界最伟大的水电文化宝库。

二、三峡水文化时代价值

三峡水文化体现了中华民族自强不息的民族精神，是实现中国梦的丰富精神滋养和珍贵的文化资源。在实现中华民族伟大复兴的征程中，要深入挖掘三峡水文化的时代价值。深入挖掘阐释三峡水文化有助于传承中华民族的共同记忆，铸牢中华民族共同体意识；有助于彰显中华文明的标志性象征，涵养社会主义核心价值观；有助于引导各族人民增强文化自信和价值观自信，坚定走中国特色社会主义道路的信念和信心、自觉和自信，推动新时代三峡文化繁荣发展，增强国家文化软实力，支撑文化强国建设；有助于推动形成绿色发展方式和生活方式，构建美丽中国的生态文化体系和生态文明制度体系，使长江母亲河永葆生机活力，彰显人与自然生命共同体的价值高度和责任担当；有助于从优秀传统文化中吸收营养，繁荣发展社会主义先进文化，推动文化发展、文化创造、文明互鉴、文明共赢，为实现中国梦提供共同的精神支柱和强大的精神动力，凝聚中华民族伟大复兴的磅礴力量。鉴于此，三峡水文化的时代价值可以概括为：

心怀天下、爱国兴邦的精神情怀。长江三峡地区是巴渝、荆楚各族人民的共同家园，自古以来就传承着"先天下之忧而忧，后天下之乐而乐"的家国天下情怀，激昂着"天下兴亡，匹夫有责"的爱国主义精神。心怀天下、爱国兴邦的精神情怀，始终是长江三峡历史乐章的主旋律，是铸牢中华民族共同体意识的坚实支撑。

勤劳勇敢、自强不息的坚毅品格。长江百折、不改东流。长江三峡旖旎的风光、汤汤不息的江水，孕育了吃苦耐劳、乐观进取、敢于奋斗的民族品格，锻铸了顽强拼搏、团结奋进、实干兴邦的民族精神。川江号子、峡江号子表现出的勤劳勇敢、自强不息的坚毅品格，是三峡文化灿烂辉煌的原动力，深刻影响了中华民族性格。

天人合一、和谐共生的思想智慧。天人合一、和谐共生的思想是长江文化的重要内核之一。大禹治水和三峡工程的治水思想，古城、古村落的利水意识，国家公园的"两山"理论，既体现了尊重自然、顺应自然、保护自然的人与自然和谐共处的理念，也蕴含了和而不同、和善友爱、互济互补的和谐共融智慧，丰富了天人合一、和谐共生的中华文明思想。

开放包容、开拓创新的伟大胸襟。三峡文化是一个包容、开放、不断创新的文化系统。比如，早期的巴文化，实际是巴、楚文化的融合，并以巴、楚文化为底蕴；秦灭巴后，三峡文化不断地与中原文化、关中文化融合，共同发展；明清以后，三峡文化与江浙、闽、粤文化等不断融合，形成新的文化内容。三峡文化发展到今天，是以其海纳百川的包容精神来实现的。川江水道自古以来就享有"黄金古道"的盛誉，汇聚千流、接纳百川、贯通东西，孕育了三峡文化开放的胸襟。通江达海、交融古今、汇通中外，造就了三峡文化勇于开拓的气度。开放包容、开拓创新的伟大胸襟，是三峡文化繁荣发展的持久动力，是中华民族精神和文化形象的生动写照。

第二节　三峡文化资源类型

由于文化资源本身是一个比较宽泛的概念，关于文化资源的分类也尚未形成一致的结论。本书结合三峡水文化资源调查的结果，粗略地将三峡的水文化资源分为水利工程类水文化遗产或资源、非水利工程类水文化遗产或资源、水文化景观资源和非物质形态水文化遗产资源四大类。

一、水利工程类水文化遗产或资源

水利工程水文化遗产指历史时期为控制、调节和利用地表水和地下水以达到兴利除害的目的而修建的各类工程。按功能和作用可分类如下：

灌溉工程遗产。指历史时期为了发展农业生产、灌溉农田而兴建的坑塘蓄水工程、渠首取水工程、引水渠道工程、排涝工程等农田水利工程。作为历史悠久的农业大国，我国水利灌溉历史悠久。都江堰是我国古代无坝引水生态友好型水利工程的代表，红旗渠是新中国成立后展现战天斗地精神的近现代水利灌溉工程的代表。由于地形和气候多种多样、水资源分布各具特点，灌溉工程规模也不同且形式各异。灌溉工程遗产体系主要包括各历史时期修建的用以蓄水的水库和塘坝；从河流或湖泊引水的渠首工程，如引水坝、进水闸等；从低处向高处送水的抽水站；灌区内各级渠道及其构筑物，如渡槽等。三峡库区崇山峻岭，山地多，平地少，为了解决不同地区坪地的灌溉需要，修建了大量的渡槽工程，或称高架水渠。渡槽是一种能够沿着特定线路输送水的架空建筑物，兼具排洪、导流、通航的作用，也是公共卫生设施的供水系统中重要的组成部分。

防洪工程遗产。指历史时期为控制、防御洪水以减免洪灾损失而兴建的工程。水直接影响人类的生存和社会的发展，从大禹治水开始，中华民族在与洪水抗争的漫长历程中创造了规模宏大、完善配套的治河工程。主要包括防洪堤防（如河堤、湖堤等）、河道整治工程（如控导工程、护岸工程和护滩工程等）、分洪工程和水库等。历史上很多城市的城墙工程承担了城市防洪工程的功能，如三峡库区大宁古城的城墙、夔州古城的城墙，都起到了城市防洪工程的作用。

给排水工程遗产。主要包括给水水源（如井泉等）、取水构筑物（如进水管、集水井和水泵房等）、输水道、水厂和给水管网等。比如，在涪陵区龟陵城遗址中就发现了古代排水工程。

城市水文化遗产。指历史时期为解决城市防洪、供水、排水及处理废水而兴建的水利工程。水是城市建立的先决条件，城市的发展与水密切相关，从某种意义上，水决定了城市的规模、空间布局、建筑风格和发展水平。城市水文化遗产体系主要包括用来防洪的河道、堤防（防洪墙）、城墙上的水关、排洪泵站和截洪沟等，还有城市防御用的护城河（壕沟），以及用来供排水的各类工程，如供水水源、排水管等。

水力发电工程遗产。主要指 1949 年前修建的水电站，如桃花溪水电站、瀼渡电厂等。1949 年以后修建的具有里程碑意义的水利工程也可纳入文化遗产体系中。比如，自然社会人文价值突出的三峡水利枢纽工程，其在一定程度上也属于水文化遗产、当代工业遗产。

水运交通工程遗产。水运交通工程遗产主要包括水路的重要驿道、河渠、运河、航道、港口、里程地标等物质性遗产和历史交通地名等非物质遗产，还包括桥梁、渡口、码头等交通运输设施，以及舟船等水运交通工具和与交通运输相关的碑文、诗歌、传说、历史地名、重要人物遗迹、古籍、历史档案、手稿、书画作品等物质和非物质文化遗产。

二、非水利工程类水文化遗产或资源

依据《中华人民共和国文物保护法》中不可移动文物的分类方式，非水利工程类水文化遗产或资源包括古遗址、古建筑、水利碑刻、水利文博设施、水润古村镇等。

古遗址。指古代人类在生产、生活及其他活动中留有文化遗存的处所。其中，与水有关的古遗址主要包括古城址和古都中的供排水系统，古文化遗址中的给排水工程、灌溉工程、防洪工程等，如巫溪县的涧槽遗址对于研究清朝嘉庆年间当地居民的生产生活活动与民间水利工程的发展，就有着重要的价值。

古建筑。与治水有关的古建筑主要包括如下几种：水利管理机构衙署，是指历史时期各级水行政主管部门的办公场所。水利人物居住场所，主要指历史时期各级水行政主管官员、治水人物、水利科学家长期或临时居住过的场所，如李光斗等知名水利科学家曾经居住过的历史建筑，又如重庆市渝中区的大溪沟发电厂专家招待所旧址，这一建筑是苏联援建中国项目的物证和中苏友好的象征，真实地反映了重庆在新中国成立初期的工业发展状态及生活背景，对研究大溪沟发电厂工业遗产的历史脉络有着重要的史证价值和研究价值。水利祭祀建筑，主要指历史时期修建的用来祭祀各种水神、祭拜治水名人的寺、庙、观、祠、坛、塔等建筑，如用来祭祀龙王的龙王庙、祭祀大禹的禹王庙，在三峡库区比较有名的古代水神祭祀建筑包括重庆市湖广会馆中的禹王宫、湖北省宜昌市的黄陵庙等。

水利碑刻。石刻指镌刻有与水有关的文字、图案的碑碣等石制品或摩崖石刻。水利碑刻存于民间，是百姓积极参与本地区水源分配、水利权力划分的产物。一般情况下，通过勒石立碑形式记录下的水利信息都是庄严神圣、不可侵犯的，其内容多是古代区域先民与水相关的知识，治水精神、治水思想、策略，以及水源管理、水利知识、经验的记载和总结，如历代刻有大量记录治水、管水、颂功、奖励或经典治水文章等内容的石碑，还有各种镇水神兽雕刻，如镇水铁牛、镇水石兽等，以及治水人物的雕像；又如全国重点文物保护单位白鹤梁水利题刻，曾保留有从唐代至清代1100年间人们在石梁上留下的文字题刻。这些题刻为利用长江进行灌溉、航运、发电及城市、桥梁建设等提供了可靠依据，被誉为"保存完好的世界唯一古代水文站"，具有很高的科学价值。

水利文博设施。水利文博设施主要是指与水利、治水有关的博物馆、展览馆、纪念馆等。博物馆是为社会服务的非营利性常设机构，负责研究、收藏、保护、阐释和展示物质与非物质遗产。博物馆向公众开放，具有可及性和包容性，促进多样性和可持续性。博物馆以符合道德且专业的方式进行运营和交流，并在社区的参与下，为教育、欣赏、深思和知识共享提供多种体验。通常，博物馆分为综合博物馆、专门博物馆、科学博物馆、历史博物馆和美术博物馆等5类。

水润古村镇。党和国家历来高度重视历史文化名城、名镇、名村的保护工作，《中华人民共和国文物保护法》《中华人民共和国城乡规划法》确立了历史文化名城、名镇、名村保护制度，并明确规定由国务院制定保护办法。2008年7月1日，《历史文化名城名镇名村保护条例》正式施行，规范了历史文化名城、名镇、名村的申报与批准。

国家历史文化名城保存的文物特别丰富，历史建筑集中成片，保留着传统格局和历史风貌，历史上曾经作为政治、经济、文化、交通中心或军事要地，或发生过重要历史事件，或其传统产业、历史上建设的重大工程对本地区的发展产生过重要影响，或能够集中反映本地区建筑的文化特色、民族特色。

历史文化名城可分为历史古都型、传统风貌型、一般史迹型、风景名胜型、地域特色型、近代史迹型、特殊职能型等7类。中国历史文化名镇名村，是由建设部和国家文物局从2003年起共同组织评选的，保存文物特别丰富且具有重大历史价值或纪念意义的、能较完整地反映一些历史时期传统风貌和地方民族特色的镇和村。

三、水文化景观资源

水利风景区。水利风景区的发展除了满足地方维系水工程、保护水资源、改善水环境等多层级多方面的需求外，也给当地的生态保护、社会发展和经济发展带来了显著效益。水利风景区，是指以水域（水体）或水利工程为依托，具有一定规模和质量的风景资源与环境条件，可以开展观光、娱乐、休闲、度假或科学、文化、教育活动的区域。

根据水利部《水利风景区发展纲要》（2005年），依据水利工程性质为标准，把水利风景区划分为6种类型，分别为水库型、自然河湖型、湿地型、城市河湖型、灌区型、水土保持型，它们不只面向的对象有所不同，其在城市发展中所扮演的角色重点也不尽相同。

风景名胜区。风景名胜区，一般是指具有观赏、文化或者科学价值，自然景观、人文景观比较集中，环境优美，可供人们游览或者进行科学、文化活动的区域。风景名胜包括具有观赏、文化或科学价值的山河、湖海、地貌、森林、动植物、化石、特殊地质、天文气象等自然景物和文物古迹、革命纪念地、历史遗址、园林、建筑、工程设施等人文景物，以及它们所处的环境、风土人情等。

风景名胜区的主要作用是：①保护生态环境与生物多样性；②发展旅游事业与丰富文化生活；③开展科研和文化教育，促进社会进步；④通过合理开发，发挥经济效益和社会效益。风景名胜区划分为国家级风景名胜区和省级风景名胜区。自然景观和人文景观能够反映重要自然变化过程和重大历史文化发展过程，基本处于自然状态或保持历史原貌，具有国家代表性的，可以申请设立国家级风景名胜区。国家级风景名胜区由国务院批准公布。具有区域代表性的，可以申请设立省级风景名胜区，省级风景名胜区由省、自治区、直辖市人民政府批准公布。

旅游景区。旅游景区是旅游业的核心要素，是旅游产品的主体成分，是旅游产业链中的中心环节，是旅游消费的吸引中心，是旅游产业面的辐射中心，是指以旅游及其相关活动为主要功能或主要功能之一的区域场所，能够满足游客参观游览、休闲度假、康乐健身等旅游需求，具备相应的旅游设施并提供相应的旅游服务的独立管理区。旅游景区包括风景区、文博院馆、寺庙、旅游度假区、自然保护区、主题公园、森林公园、地质公园、游乐园、动物园、植物园及工业、农业、经贸、科学教育、军事、体育、文化艺术等各类旅游景区。我国的旅游景区质量等级划分为 5 级，从高到低依次为 AAAAA、AAAA、AAA、AA、A 级旅游景区。国家 A 级旅游景区是由国家旅游景区质量等级评定委员会授权省旅游局，依照《旅游景区质量等级管理办法》国家标准进行评审，颁发国家 A 级旅游景区标志牌，是一项衡量景区质量的重要标志。

四、非物质形态水文化遗产资源

非物质形态水文化遗产是指某一族群在识水、用水、治水和护水过程中形成的能够世代相传、反映其特殊的生活生产方式的传统文化表现形式及其相关的实物和场所。简言之，它是一种包含了随时代迁移而容易被埋没的水文化记忆，依托于人本身而存在，以声音、形象和技艺为表现手段，并以身口相传作为文化链而得以延续，是"活"的文化及其传统中最脆弱的部分。因此，对于非物质形态水文化遗产传承的过程来说，人的传承显得尤为重要。2003 年 10 月，联合国教科文组织颁布《保护非物质文化遗产公约》将非物质文化遗产分为五大类：一是口头传说和表达；二是表演艺术；三是社会习俗；四是传统手工艺；五是自然界的知识和实践。

三峡地区是一个民间文艺荟萃的地方。自古以来，三峡地区各族人民在生产生活实践中创造了具有地方特色的非物质文化遗产。这些遗产质朴而真实，又具有很好的文艺性和艺术价值，是三峡文化的重要组成部分。基于此，本书将非物质形态水文化遗产概括为如下 5 个方面：

口头传统和表述。指产生并流传于民间社会的、最能反映民间社会情感和审美情趣的与水或治水有关的文学作品。大致分为散文体民间文学和韵文体民间文学。前者主要包括与水或治水有关的神话、传说、故事、寓言等，如女娲补天、大禹治水等。后者主要包括与水或治水有关的诗词、歌谣、谚语等，如郦道元的《三峡》、李白的《早发白帝城》、毛泽东的《水调歌头·游泳》等。女娲补天、大禹治水等民间传说集中反映了远古时期的先人在对水的利用和治理过程中所创造出的水文化。女娲是治理"滔天洪水"的女英杰，大禹是治理"漫地洪水"的男豪雄，他们都是"苟利国家生死以，岂因祸福避趋之"的伟大先驱。面对导致天昏地暗、生灵涂炭的洪涝灾害，女娲和大禹毫无畏惧、挺身而出，以救黎民安天下为己任，可补即补，能堵就堵，宜疏则疏，堵塞与疏导因时制宜、因地制宜，相对而用，不愧是大胆识、大智慧。大禹通过治水，划天下为九州，使全国形成统一安定的局面。正是人类大规模、长时间的治水，才打破了原始氏族社会中各地的"老死不相往来"的封闭状态，人们才冲破天神统治的思想禁区，生产力得以较快发展，创造和刷新了华夏文明的历史，极大影响了中国历代政治、经济、社会、文化乃至生态的发展。可以说，中华文明始于治水，水是孕育中华文明的摇篮。

表演艺术。指通过表演而完成的与水或治水有关的艺术形式，主要包括说唱、戏剧、歌舞、音乐和杂技等，如川江号子、峡江号子等传统音乐；北泉板凳龙、平桥耍龙等传统舞蹈。

传统的手工艺技能。指产生并流传于民间、反映民间生活并高度体现民间技能的与水或治水有关的工艺品制作技术，如大宁河柳叶舟建造技艺、古船模型制作技艺等。

知识和实践。指人类在治水实践和日常生活中积累起来的与水或治水有关的知识的总和，如重庆江北区耗儿石上"大蜀明德二三年岁次丙申二月上旬，此年丰稔倍常，四界安怡，略记之。水去此一丈"，这些传统知识传递出江河水位变化与地方农业丰歉之间的关系。

社会风俗、礼仪、节庆。指人类在治水实践和日常生活中形成并世代传承的民俗生活、岁时活动、节日庆典、传统仪式及其他习俗。因为大多数的传统节日源于原始宗教，而宗教仪式一旦在时间上固定下来并形成相当规模，就容易演化成节日，所以传统节日与仪式密不可分，如秭归县的端午节、渝中区的禹王庙会、丰都县的"水龙祈雨"等。

第三节　三峡水文化资源现状

三峡是长江的标志性河段，是长江最早的人类活动地。三峡水文化是长江文化最具魅力的构成单元，保护、传承、弘扬三峡水文化，对于彰显长江文化的博大精深具有独特作用。我们所保护的是千年文脉，传承的是党的伟大精神，弘扬的是社会主义核心价值观、中华文明与新时代长江文明。

一、三峡水文化资源现状

三峡库区具有承启东西、牵引南北、通江达海的地理优势，长江作为连通巴蜀与中原最便捷、最重要的通道，以及三峡复杂多变、雄固险要的山川形势，使之成为巴蜀文化与荆楚文化、中原文化等文化之间交流、融合的重要通廊。三峡文化源远流长、多元一体，包含盐业文化、水利航运文化、三国文化、诗词文化、水电文化、三线文化等丰富内涵，拥有黄陵庙、白鹤梁、石宝寨、西沱古镇、宁厂古镇等重要水文化资源，拥有世界首座水下博物馆——白鹤梁水下博物馆等一批重量级文化工程，是长江流域最具融合特性的文化形态，是长江文化的典型代表，在长江文化中具有极高的辨识度。

三峡库区历史悠久，有 8 个国家级、省级历史文化名城名镇名村，81 个国家级传统村落，是长江流域文化遗产数量最多、风貌最完整的地区。长江三峡水利开发历史悠久，自夏末商初的第一次移民，已有 3600 多年的区域文化发展史，是我国长江流域重要的生态水源和文化发源地。

长期的水利建设为三峡库区遗留下大量的水利文化遗产。这些遗产类型众多、形式多样、历史悠久、数量巨大，包括物质形态和非物质形态的水利文化遗产。前者包括水利工程类水文化遗产或资源，如城市防洪工程、古代灌溉工程、古代排水工程、水电站等，非水利工程类水文化遗产或资源，如水神祭祀古建筑、水利碑刻、水文化景观等；后者包括民间文学、传统音乐、传统舞蹈、传统体育、游艺与杂技、民俗和传统技艺等。据不完全统计，三峡库区各类水利文化遗产资源总和达 456 处（项），其中，水利工程类水文化遗产 310 处、非水利工程类水文化遗产 106 处、非物质类水文化遗产 40 项；国家级水文化资源 50 项，省级水文化资源 74 项，县级及其他共 332 项。

三峡库区各县（区）水文化资源类型与数量

单位：处（项）

地区	水文化资源总量	资源类型		
		水利工程类水文化遗产或资源	非水利工程类水文化遗产或资源	非物质类水文化遗产
湖北秭归县	29	9	17	3
湖北兴山县	13	8	3	2
湖北夷陵区	20	11	7	2
湖北巴东县	19	7	9	3
重庆巫山县	22	17	3	2
重庆巫溪县	11	4	6	1
重庆奉节县	15	9	5	1
重庆云阳县	19	14	2	3
重庆开州区	12	11	1	
重庆万州区	34	29	3	2
重庆忠县	12	8	3	1
重庆涪陵区	17	14	3	
重庆丰都县	12	10		2

地区	水文化资源总量	资源类型		
		水利工程类水文化遗产或资源	非水利工程类水文化遗产或资源	非物质类水文化遗产
重庆武隆县	12	7	2	3
重庆石柱县	14	5	8	1
重庆长寿区	13	10	2	1
重庆渝北区	14	13	1	
重庆巴南区	16	12	2	2
重庆江津区	22	12	7	3
重庆渝中区	38	25	9	4
重庆北碚区	11	8	2	1
重庆沙坪坝区	11	10	1	
重庆南岸区	20	16	3	1
重庆九龙坡区	17	14	2	1
重庆大渡口区	16	13	2	1
重庆江北区	17	14	3	

这些数量众多、类型多样、保存完整的水利文化资源具有突出的历史文化科技价值,至今仍在发挥水利工程效益、社会经济效益和观景环境效益。其中多项被纳入全国、省级重点文物保护单位。库区内的白鹤梁题刻是全国重点文物保护单位,现存题刻 175 则,石鱼 18 尾,石雕观音 2 尊,石雕白鹤 1 只,其中涉及水文价值的题刻有 108 段,是全世界唯一的一处以刻石鱼为"水标"观测记录水文的古代水文站,被联合国教科文组织誉为"保存完好的世界唯一古代水文站"。此外,以屈原祠、重庆古城墙等为代表的全国重点文物保护单位的古代水利工程遗产价值突出,社会知名度高、美誉度好,具有较好的传承效果和利用价值。1953 年,世界和平理事会将屈原列为世界四大文化名人,其祠堂对研究屈原文化具有相当重要的价值。2009 年 9 月 30 日,联合国教科文组织保护非物质

文化遗产政府间委员会第四次会议批准"中国端午节"等76个项目列入《人类非物质文化遗产代表作名录》，端午节也是中国首个入选世界非物质文化遗产的节日。

二、三峡水文化资源特征

深入发掘三峡水文化中所蕴含的深厚的文化内涵，有助于三峡地区社会、生态、文化关系的协调发展；三峡库区所蕴含的民族精神、爱国精神、移民精神为三峡区域社会经济可持续发展提供了强有力的精神支柱。三峡水文化与其他三峡文化之间的交流、融合和补充，可以极大地促进社会系统相互联系的开放性和交换深度，从而推动三峡社会生态系统的平衡和优化，保证三峡发展的稳定性、协调性和持久性，实现三峡区域社会的可持续发展。

三峡库区历史源远流长。旧石器时代早期，沿着长江的巫山、丰都、奉节等地就已有人类繁衍生息，如在巫山龙骨坡发现的"巫山猿人化石"及洞穴居住遗址中的早期石器掀开了三峡地区人类文明的历史开端。新石器时期，峡江地区已经成为先民建筑房屋、修筑石器、制作陶器等生产、生活的主要地区，如1979年在对宜昌中堡岛遗址发掘时发现，在面积250平方米左右的大溪文化地层中出土了3000余件农业生产工具，以及大量猪、狗、牛、羊等家畜动物骨骸。夏商时期，巴人以坚毅劲勇的精神立国，三峡地区成为他们的主要活动区域。《山海经·海内南经》中记载"夏后启之臣曰孟涂，是司神于巴。人请讼于孟涂之所，其衣有血者乃执之，是请生。居山上，在丹山西。丹山所在丹阳南，丹阳居属也"，成为当地巴人活动的最早记录。春秋战国时期，重庆逐步演化为区域政治、经济、文化中心，开始与东部楚地和周边的少数民族开展商贸往来、文化交往。秦汉统一之后，巴渝文化逐渐与中原文化融合，区域人口日益增多、影响力日益强大，根据《汉书·地理志》所记载的资料推断，西汉元始二年（2年），三峡地区的人口约为50万人，人口密度约为每平方千米 5.4 人；又据《后汉书》所记载的资料推断，东汉永和五年（140 年），三峡地区的人口约为 69.5 万人，人口密度约达到每平方千米 7.2 人。这一历史时期，三峡地区开始受到汉代中央政府的管辖，众多汉族官员和汉族人开始移居到三峡地区。隋唐宋元时期，三峡诗词唱响中国古典文学高峰，历代歌咏三峡的诗作超过 4000 首，大量摩崖石窟石刻的开凿掀起了南方晚期石窟寺开凿的高潮，白鹤梁题刻成为中国最早的水位测量站。明清时期，三峡成为长江上游水运交通和陆路交通的要道，三峡上游的重庆市依托长江航运，成为中国内陆最早对外开埠的通商口岸，并逐步发展成为长江上游商贸经济和文化交流中心。重庆历经 4 次筑城、跨江开埠等发展阶段，是长江干流重要的国家历史文化名城。

三峡文化璀璨多姿。三峡治水的历史源远流长，水文化遗产资源底蕴浓厚、数量和类型丰富。西起重庆市奉节县，东至湖北省宜昌市南津关的 197 千米长江两岸，彼此衔接的瞿塘峡、巫峡、西陵峡组合成的"三峡"是世界最大的峡谷之一，成为巧夺天工的山水文化景观。白帝城遗址、巫山猿人遗址、悬棺遗址、屈原祠、昭君宅、向王庙等，共同构成了别具风情的历史文化遗址。葛洲坝和三峡水利枢纽工程的兴建，改变了三峡原有自然山水景观格局和景观风貌，形成了传统文化和现代文化交相辉映的新形态。据不完全统计，三峡库区现有世界自然遗产 1 处、列入世界自然遗产预备名单遗产 1 处、国家历史文化名城 1 座、国家历史名镇 14 座、全国重点文物保护单位 66 处、AAAAA 级旅游景区 8 处、国家级风景名胜区 7 处、国家级非物质文化遗产 36 项，以及大量的诗词歌赋、文化典籍等。三峡的山水空间格局孕育出了巴楚文化、三峡文化、移民文化、水利文化，璀璨多姿、内涵丰富，使其完全有条件成为长江国家文化公园建设的"主战场"。

三峡移民精神时代价值鲜明。三峡是历代移民的走廊和集散地。早在夏朝末年，便有所谓"夏耕之户"的中原农耕部族逃到三峡定居；尤其是宋末元初、元末明初、明末清初的 3 次改朝换代之际，反复发生的如"湖广填四川"的大移民，更是我国移民史上颇具规模和影响的移民运动。

1992 年 4 月 3 日，第七届全国人民代表大会第五次会议审议通过《关于兴建长江三峡工程的决议》，伟大的三峡工程开始兴建。1993 年 8 月，《长江三峡工程建设移民条例》正式施行，三峡库区移民工作进入正式实施阶段。移民工作采取"一级开发、一次建成、分期蓄水、连续移民"的方案实施，1992 年，按照水利部长江水利委员会测算，三峡库区直接受淹人口 84.6 万人，其中重庆库区直接受淹人口 72.25 万人，占三峡库区受淹总人数的 85.4%。1997 年 11 月 7 日，国务院三峡库区移民工作暨对口支援联席会议提出"达到搬得出、稳得住、逐步能致富"的目标，采取本地安置与异地安置、集中安置与分散安置、政府安置与移民自找门路安置相结合的"三个结合"的方式进行移民安置。2009 年，三峡库区基本完成三峡移民"搬得出"的任务，围绕"稳得住、逐步能致富"的目标，开始进入三峡后续规划实施阶段，正努力把三峡库区建设成为经济繁荣、环境优美、人民安居乐业、和谐稳定的新库区。习近平总书记指出，"三峡工程是国之重器"，"这是我国社会主义制度能够集中力量办大事优越性的典范，是中国人民富于智慧和创造性的典范，是中华民族日益走向繁荣富强的典范"。三峡工程移民是世界上涉及人口数量最多的移民工程。库区人民"舍小家、顾大家、为国家"，为三峡工程做出了重大贡献、重大牺牲，书写了众多可歌可泣的移民故事。重庆三峡移民纪念馆被列入中华民族文化基因库红色基因库首批试点单位。三峡移民体现出的顾全大局的爱国精神、艰苦创业的拼搏精神、舍己为公的奉献精神、万众一心的协作精神，都是长江伟大奋斗精神的重要组成部分，丰富拓展了长江文化的时代价值。

三、三峡水文化资源保护利用存在问题

三峡水文化资源保护不够均衡，协同保护能力不足。由于自然地理条件、气候条件、生活方式，以及文化心理等自然生态与人文环境上的相似性和相通性，三峡的先民自古以来在文化习俗上存在相似性、艺术表现形式上存在相通性、文化资源上呈现出同源性。与此同时，三峡库

区社会经济发展的过程中形成了相似的文化内蕴和相通的文化价值，承载着相似的文化记忆，构建了统一的文化传统。

根据前期水文化资源梳理的结果，可以明显发现三峡水文化资源在分布上存在不均衡性，加之重庆市和湖北省的县（区）在区域社会经济发展上存在着显著的差异，进一步导致三峡各地在文化资源保护利用方面呈现出明显的不均衡状态，如三峡水文化资源保护存在城镇优于乡村地区、经济发达地区优于经济欠发达地区、在用的文化资源保护水平优于非在用文化资源等问题。与此同时，由于我国实行文物和文化资源分级管理模式，也使得不同级别的文化资源保护状况不一，国家级、省级的文化资源保存情况较好，而县级和未定级的文化资源保护情况则相对较差。此外，基层单位普遍存在着人才、资金短缺的困境，也造成基层地区，尤其是经济落后地区文化资源保护工作难以满足需求，进一步加剧了库区各地水文化资源保护不均衡的状况。除了明显的不均衡性外，三峡水文化资源保护传承工作还存在着责任主体多，管理效率有待提升；规章制度不健全，保护工作缺少制度保障；水利文化资源本体条件复杂，分类保护难度大；传承利用项目少，项目抓手落地难；投入保障有待加强，行业遗产保护机制待加强；遗产活态展示不足，展示方式单一；遗产关注力度不足，濒危遗产项目增加；淹没区水文化遗产搬迁重建后与周边社会生态系统融入与关联、关注不足，传统施工工艺、文化传承方式等存在面临消失的危险等诸多问题。

三峡水文化资源的活化利用仍然存在难点。在当前三峡水文化资源保护、传承和利用的过程中，水文化资源的活化利用是关键。目前，物质形态的水文化资源的活化利用主要依赖于政府扶持，活化利用的模式较为单一。同时，众多的水文化资源仍旧侧重于水利功能性开发，还存在文旅、生态景观、休憩等衍生功能闲置现象突出；遗产宣传严重滞后，社会认可度低；遗产价值阐释单一，遗产资源结构性浪费严重等诸多问题。与物质文化资源的保护工作相比，非物质水文化遗产的保护利用则存在概念界定模糊、保护理念与方式传统、数字化保护程度低、品牌量化程度低等难题。比如，三峡涉水的非物质文化资源众多，但家底情况不清，尚有很多发掘和整理性工作需要去做；现有的非物质文化资源传承利用的理念和方式较为传统，仍停留在行政主导的方式，以静态的、单点的活化利用为主，抑制了水利非物质文化资源永续活化利用的活力。此外，目前非物质文化资源保护的数字化、信息化程度也偏低，不利于后续产品的开发。

三峡水文化资源与旅游融合度不高。目前，三峡地区各城市发展旅游产业仍主要依托于现有的文化资源，以游客的参观游览为主，对于各类旅游文化资源背后蕴含的文化内涵开发不足，文旅产品类型相对单一，缺乏创新，与市场需求结合度低，缺乏核心IP打造，旅游开发的同质化现象较为严重；尽管三峡水文化资源丰富，文化和旅游项目日渐增多，但当前的文旅融合产业发展定位不明，核心竞争力不强，品牌塑造力不足，尚未实现文化产业与旅游产业的提档升级。此外，文旅产业涉及很多行业，需要一些配套服务和设施，发展资金需求很大。由于财政资金短缺、社会资本干预少、融资渠道单一，以及文化旅游投资回报期长等因素的影响，目前三峡文旅融合的配套设施建设仍不完善，无法满足未来文旅深度融合发展的需求。

公众参与文化资源保护的意识较为薄弱。《中华人民共和国文物保护法》《中华人民共和国非物质文化遗产法》《中华人民共和国旅游法》等诸多法律文件里都确立了公众参与文化资源保护开发利用的原则，但在实践中，公众参与文化资源保护的合理机制仍然缺乏，导致在水文化资源保护利用过程中社会力量长期处于低参与状态。如公众尚未在思想上完全树立水文化资源保护的主体意识，尽管部分公众有意愿参与水文化资源保护利用工作，又遇到渠道不通畅的问题。同时，我国的文化资源管理制度是一套自上而下的行政管理制度，政府在文化资源保护的实践中一直居于主导地位，社会公众在水文化资源保护中的知情权、参与权与监督权难以得到有效保障。鉴于此，文化资源保护中的群众边缘化现象频现。此外，社会流动性加大引起社会结构的变动间接导致人们的文化归属感淡薄。

第三章
工程类水文化遗产资源举要

第一节　灌溉工程遗产

本部分遴选了三峡地区 34 项古代灌溉工程，包括古代梯田[①]、古堰、塘坝、引水渠道、渡槽[②] 等几种类型。

大石板梯田

大石板梯田位于重庆市万州区太安镇天峰村，开垦历史可以追溯到唐代，成形于明代。梯田南起太安镇天峰村，西至太安镇河堰村，东达太安镇柏湾村，北抵白羊镇三元村，整个梯田坐南朝北。梯田位于海拔千米的凤凰山半山腰上，在海拔 500～1027 米的山腰上分布有 1133

---

① 梯田是在丘陵山坡地上沿等高线方向修筑的条状阶台式或波浪式断面的田地。我国的梯田修筑始于秦汉时期。元代农业科学家王祯在《农书·田制门·梯田》中写道："世间田制多等夷，有田世外谁名题？非水非陆何所兮，危颠峻麓无田蹊。层蹬横削高为梯，举手扪之足始脐。伛偻前向防颠挤，佃作有具仍兼携。随宜垦斸或东西，知时种早无噬脐。稚苗亟耰同高低，十九畏旱思云霓。凌冒风日面且黧，四体臞瘁肌若刲。冀有薄获胜稗稊，力田至此嗟欲啼。田家贫富如云泥，贫无锥置富望迷。古称井地富可稽，一夫百亩容安栖。余夫田数犹半圭，我今岂独非黔黎。可无片壤充耕犁，佃业今欲青云齐。一饱才足及孥妻，输租有例将何赍，惭愧平地田千畦。"梯田是治理坡耕地水土流失的有效措施，蓄水、保土、增产作用十分显著。梯田的通风透光条件较好，有利于作物生长和营养物质的积累。按田面坡度不同而有水平梯田、坡式梯田、复式梯田等。

② 渡槽是将远处的水引到水量不足的城镇、农村以供饮用和灌溉的桥梁，又称过水桥、高架渠。其架设于河渠、山谷、洼地、河流和道路之上，也用于排洪、排沙等。渡槽最早诞生于中东和西亚地区。公元前 703 年，亚述国王西拿基立下令建一条 483 千米长的渡槽，引水到国都尼尼微。渡槽建在石墙上，跨越泽温的山谷。石墙宽 21 米，高 9 米，共用了 200 多万块石头，渡槽下有 5 个小桥拱，让溪水流过。中国最古老的渡槽，距今已有 2000 余年，早期修建的渡槽多为木石结构。

层田块，梯田面积约 15 平方千米。大石板梯田先后获得"中国美丽田园""全国十大梯田"等荣誉。

江津太和梯田

江津太和梯田位于重庆市江津区中山古镇太和村，海拔 600～900米。太和梯田规模化开垦与中山古镇的历史同步，大致可以追溯到宋代，被当地人称为中国第三大梯田胜景，是劳动人民创造的古代农耕文化的结晶。

凉桥坝

凉桥坝位于重庆市万州区长岭镇乔家村 1 组，始建于民国时期。该坝为拦河坝，利用巨石阻断河流，在巨石上砌筑条石而形成。坝高 7 米，宽 2.5 米，长 10 米，有东西两条引水渠。灌溉面积包括立韦村、付家村等共千余亩土地。该坝的形成满足了上千人的生产、生活用水，造福一方。该坝巧妙利用有利地形，筑坝浇灌，对人们了解三峡地区农业浇灌史、水利史等有一定参考价值。

羊渠古堰

羊渠古堰位于重庆市万州区长滩镇社区 1 组（谢家坝），此堰渠修于汉代羊渠县，经历代整修，现仍具有泄洪排水的功能。此堰为南北走向，横穿谢家坝（羊渠县城旧址），流入磨刀溪，羊渠古堰由大小不等的河卵石垒砌而成，宽约 1.35 米，深 1 米，长 1000 余米。该堰是研究羊渠县历史的重要实物资料。

廖家沟拦河堰

廖家沟拦河堰位于重庆市万州区高梁镇五福村 6 组，建于 20 世纪60 年代。拦河坝用条石叠砌，坝面宽 15 米，高 2 米，深 2 米。拦河坝西侧用条石砌筑长 120 米的堰沟，将河水自北向南引入下游农田。廖家沟拦河堰对研究"农业学大寨"时期的水利建设有一定价值。

鹅复大堰

鹅复大堰位于重庆市万州区龙沙镇印盒村2组，东西走向，建于20世纪60年代，由条石砌成，通高5.0米，宽0.8米，深0.5米，残长55米，堰槽下方由条石砌成的石墩支撑，石墩宽1.0米。鹅复大堰结构稳固，建筑质量优良。

云巫大堰

云巫大堰位于重庆市云阳县沙市镇富市村2组四方塘，始建于清道光十年（1830年）。大堰由巫溪县马坪起源至云阳县沙市镇，全长约2768米。流向从北至南，现当地村民仍在使用，对研究当时农业生产活动有较高的价值。

红溪穿山堰

红溪穿山堰位于重庆市南岸区广阳镇回龙桥村董家林，始建于清道光三十年（1850年）。石砌沟壁全长30米，宽2.9米，高5.1米；石闸门宽2.9米，高3.15米，深2.9米。拱门楣有蛇形图案的浅浮雕，堰门石壁上镌"道光三十年造""宣统二年补修"题刻，至今清晰可见。目前，该堰仍在用于农业生产。红溪穿山堰是清代保留至今为数不多的农业生产生活引水堰沟，具有较高的文物历史价值。

永丰堰

永丰堰位于重庆市开州区中和镇河东村北1.5千米，建于清嘉庆年间，清道光三十年（1850年）维修。堰长9千米。坝上有石碑，高1.6米，宽0.8米，厚0.11米，题刻"永丰堰碑记"5字，字径10厘米左右。碑文以楷书竖列书写了72行，记载着该堰修筑过程。

东风大堰

东风大堰位于重庆市巫山县大昌镇境内洋溪河流域，大堰堤整体呈东北西南向分布，首尾长约 10 千米，分布面积 73 000 平方米，大堰堤宽 0.6～0.9 米，高 2.0～4.5 米，堰宽 4.8～6.2 米，部分堰堤为暗堤，堰堤落差约 20 米。该大堰 1966 年开始修建，工程建设施工动用精壮劳力数百人，是当时巫山县一项重要的水利工程。1972 年，开工修建拦河大坝，1974 年，工程整体竣工发电及农田灌溉。该工程对巫山县域经济、社会发展具有重要价值，是巫山县一处重要的近现代史迹。

斐然渠

斐然渠位于重庆市沙坪坝区中梁镇庆丰山村，为民国时期农业水利设施，该渠原来是三口相互连接的天然"干堰塘"，每逢暴雨会蓄水，但很快就会从堰塘下的阴河流走而干涸。现存堰坝一处，堰坝下半部分被淤泥掩埋，残高 7 米多，堰坝倾角 30°，其正中设有 9 道称为"龙冒眼"的泄洪口，现因淤塞仅余 5 个，泄洪口直径 27 厘米，间距 92 厘米，呈上下"一"字形排列，用于调整水库水位。泄洪口两侧为两列台阶，台阶宽 43 厘米，高 20 厘米，长 68 厘米，现存 17 级。塘堰底部有题刻，高 0.73 米，宽 2.05 米。碑文为阴刻楷书"斐然渠"，字宽 0.27 米，高 0.3 米，年款"中华民国三十二年七月"，题款人"沈鸿烈"，其为时任国民政府农林部部长，字宽 0.05 米，高 0.03 米。斐然渠堰坝为沙坪坝区现存不多的、保存较为完整的一处民国时期的农业水利设施，对于研究抗战时期大后方农业水利建设有着重要的史料价值。

玉带河遗址

玉带河遗址位于重庆市石柱土家族自治县南宾镇，始建于明代，其贯穿石柱县城内，流向由东南向西北，全长 1000 米，河宽 4～5.5 米，深 2.5 米，总占地面积 5000 平方米。其从关门岩与龙河分支，贯穿石柱县城腹心，在七星桥汇入龙河，其中关门岩至梯子坎段约213米，均为河卵石砌成河堤；梯子坎至七星桥段约787米，为条石砌成河堤，呈梯形，上大下小。据《石柱厅志》记载，秦良玉始筑河堤，后清乾隆、嘉庆、道光至近现代各时期增筑、复修，至今仍在起作用。该遗址对研究石柱县城水利史提供了实物资料，具有重要历史文化价值。2011年12月31日，玉带河遗址列入石柱县第四批文物保护单位。

慈母山引水渠

慈母山引水渠位于重庆市南岸区鸡冠石镇，始建于清代。慈母山引水渠是为法国教堂提供饮用水而修建的，水渠长约600米，条石拼接或就石凿渠，顺着山势引水下山。每块条石长1米，高和宽均为0.4米，再将条石凿出高0.1米、宽0.15米的引水槽，引水源头在南山山脚下岩洞里，现还残留有石拱门，石拱门高1.3米，宽1.2米。慈母山引水渠是与慈母山修院同时所凿而成，当时主要是供修院生活用水，水渠流经约100年，至今法国教堂和周围的村民仍在饮用引水渠的水。慈母山饮水渠仍在造福于子孙后代，是重庆地区不可多得的引水设施，具有较高的文物价值和重要的社会史研究价值。

蒋家湾水渠

蒋家湾水渠位于重庆市云阳县南溪镇天合村6组蒋家湾，东北至西南走向，修建于1968年"农业学大寨"时期。横跨于蒋家湾上，全部由条石叠砌，用于农业引水灌溉及行人通道，具有水渠和桥梁的双重功能，全长37米，宽2米，高3.8米，水渠宽0.6米，高0.5米。该水渠具有很强的时代特色，对研究渝东地区历史发展、农业生产有一定的价值。地质结构稳定，旧遗址保存基本完整，仅有一定程度的风化和磨损。

巴东红旗渠

巴东红旗渠位于湖北省巴东县清太坪镇至宜昌市长阳县之间，地处海拔千米的悬崖峭壁之上。这条犹如挂在绝壁上的"天河"，被人们称为鄂西深山中的"红旗渠"。1966年，当地政府组织勘测后，决定在崇山峻岭中开凿一条人工灌渠。渠道设计成了宽2米，深2米，每千米下降约33厘米，绕山自流。时任清太坪区太平乡党委书记饶大喜被任命为工程总指挥。该渠于1967年开始修建，起自水流坪，途经水布垭、清太坪的10多个村庄，止于长阳县的龙王冲，全长约28千米，耗时11年于1978年建成。在这期间全区17个公社67个大队的近万名壮劳力，投入到这场引水大会战。工程共用工1 077 154个，开挖土石方1 020 000立方米，勾缝海底540 000平方米，筑坝2个，开凿隧道828米、半隧道120米、通风洞948米，人工架拱1580米，解决巴东、长阳4个公社、13个大队、102个生产队的人畜饮水及农田灌溉问题。2019年1月，巴东红旗渠被湖北省人民政府公布为省级文物保护单位。

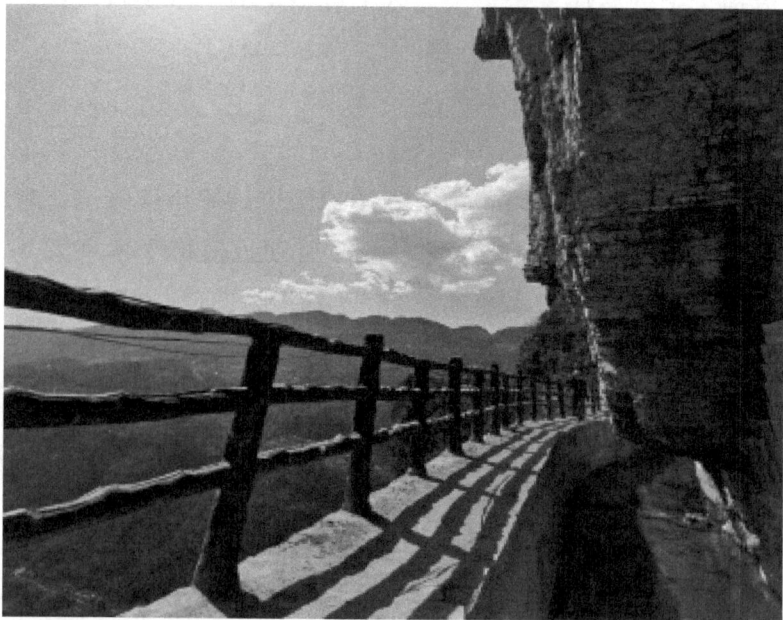

石龙水渠

石龙水渠位于重庆市九龙坡区白市驿镇高田坎村 9 社，系引大河沟水库的灌溉工程，流经高田坎村 9 社、12 社、14 社、15 社、18 社，高峰寺村 10 社、11 社、12 社、15 社，止于梅乐村 4 社。该水渠建于 20 世纪 60 年代，全长 3 千米，均系石砌水槽，渠宽 1 米，深 0.9 米。凹凸不平处以砌拱的方式支撑水槽，以使水流平稳，最大的拱跨有 50 米。如中段由邓家院子至二中坡的一段，长有 154 米，共有 16 个孔，每孔跨距不等、高矮不等。该水渠沿途流经基本农田区，对发展农业生产有重要作用。

乐居水军涵洞

乐居水军涵洞位于重庆市忠县洋渡镇上祠村 1 社。涵洞上部为圆弧状，下部为矩形，整体由十四条石块拼合而成。其中，圆弧状斗拱上书"安乐水军"4 个大字。两侧有 1 副对联，但由于被路基石覆盖，对联内容已不清楚。该涵洞为比较少见的水利设施，对于研究民国时期川东地区的社会、生产、生活状况有一定的价值。

汪家坝水渠

汪家坝水渠位于重庆市开县正安镇永共村 1 社。该水渠始建年代不详，据当地村民回忆：水渠修建于清代，距今已有 200 多年的历史。渠身横跨在平坝上面的农田中，南北走向，灌溉面积约 1000 亩。水渠总长 528 米，其中水槽长 119 米。水渠由青条石围砌，宽 0.65 米，深 0.50 米；水槽由数段青石连接而成，宽 0.35 米，深 0.50 米。支撑水槽的青石墩高 1.3 米，宽 1 米，共计 32 个。2004 年 9 月 4 日，洪水将水槽南端冲毁，后由当地村民自发修复，修复段水槽宽 0.50 米。该水渠虽经多年使用，主体结构仍保存较好，目前仍在使用。汪家坝水渠凝聚着开县人的智慧，对研究当地清代水利设施建设提供了重要的实物佐证，具有较高的史料价值。

长寿湖拦河大坝

长寿湖拦河大坝位于重庆市长寿区东面，距长寿城区 28 千米，龙溪河下游。系堆石坝，坝高 52 米，坝顶长 1014.3 米，顶宽 8 米，底宽 98 米。堆石坝由混凝土防渗墙、堆石和楔形体组成，迎水面的防渗透墙为钢筋混凝土斜墙，墙内有 523 米的廊道，斜墙底有基础截水墙，墙下采取帷幕灌浆，在坝的底部设有 4 米 ×4 米方形的排水涵洞两孔，每孔最大泄水流量有每秒 40 立方米，大坝于 1956 年建成后，不久便开始蓄水发电，而且对下游防洪，工业、农业生产和人民生活都起到重要的作用。

凤仪水库

凤仪水库位于重庆市万州区恒合乡凤安社区 4 组，坐南向北，建于 1958 年。水库堤坝由条石砌筑，长 28 米，高 9 米，顶上堤面宽 3 米，坝基宽 10 米。水库南北长约 400 米，东西宽 150～200 米，可蓄水 30 多万立方米，能灌溉凤安、水口、五星等 7 个社区（村），解决了周边地区农业和生活用水问题。

海底沟水库

海底沟水库位于重庆市北碚区复兴镇境内华蓥山余脉龙王洞山的腹地，是我国第一座地下水库，也是西南地区迄今唯一中型地下水库，在工人挖煤时无意发现的地下洞穴的基础上修建而成。1970 年，海底沟地下水库建成，建设所花成本仅为 35 万元。此后，当地群众连续投工两年，修建了密如蛛网的主渠和支渠与地下水库相接，在春夏农忙时放水，就可以顺流而下，自行浇灌复兴、三圣等乡镇的 5 万余亩农田，被当地人称为"微型都江堰"，至今还在发挥灌溉作用。

东升村渡槽

东升村渡槽位于重庆市北碚区柳荫镇东升村的西南部，是重庆规模最大的渡槽。渡槽始建于 1970 年，距离地面落差超过 50 米，上面是渡槽，宽 1.2 米；下部为拱形桥，跨度最大有 85 米。由于规模较大，历时 10 年于 1980 年才完工，从金刀峡胜天湖水库取水，用作柳荫镇农田灌溉。柳荫镇是名副其实的水渠之乡，自 20 世纪 50 年代中期至 20 世纪 70 年代，当地因地制宜修建了山坪塘、石河堰、引水渠，以及水库、渠道等水利基础设施，历经 10 年终于竣工。全镇共有水渠 14 条，其中，干渠 2 条，总长约 12 千米，支渠 12 条，总长约 31 千米。

新立渡槽

新立渡槽位于重庆市忠县新立镇，全长约 60 千米，为砖石结构，造型古朴，整体建构清晰，由上至下为槽口、槽身、拱券、柱墩和柱础几部分，这几部分均为条石砌筑。新立渡槽在设计、建造的过程中因地制宜，通过调整柱墩的高度和拱券的跨度来适应地形，不影响公路上汽车的通行。新立渡槽规模大，穿过村庄、农田和居民区，历史风貌保存良好。

黄泥凼渡槽

黄泥凼渡槽位于重庆市武隆区巷口镇白村黄泥凼组，建于两山之间，平面随地形做三折处理，底面据地势高低起伏，全长 700 余米，为十八孔拱式渡槽，外围两侧均刻有具时代特色的生产性标语，有车行乡路穿行其下。渡槽形体优美，建材取自天然，横跨在山林乡野间，与周边自然环境和谐统一。

圆明渡槽

圆明渡槽位于重庆市九龙坡区西彭镇元明村 9 社。该渡槽于 1964 年开始修建，1966 年 10 月 1 日建成，渡槽主体呈西南—东北走向，两端有较短的引槽，共有 13 个礅、14 个孔，渡槽总长约 140 米，宽 1.45 米，拱高约 11 米，礅距 5 米。其中引水槽宽 0.65 米，深 1.35 米，渡槽槽身正中双钩楷书阴刻"园明渡槽"四字和渡槽建成时间。圆明渡槽将团结水库的水引入宝华乡，供当地村民灌溉农田，长期以来为当地农业发展发挥了巨大的作用，现渡槽保存完好、结构稳定，仍在使用。

团结渡槽

团结渡槽位于重庆市九龙坡区西彭镇玉凤村 13 社岛石桥园九公路旁，该渡槽始建于 1977 年，石质结构，呈南北走向，两礅跨度和高度由中间向两侧递减，渡槽全长约 300 米，宽度 2.4 米，其中引水槽内壁宽 1.4 米，深度 1.2 米，渡槽中心石拱跨度约 40 米，通高 12 米，拱高约 8 米。该渡槽将团结水库的水引入宝华村、元明村，供当地村民灌溉农田，长期以来在工业、农业生产中发挥了巨大的作用。团结渡槽保存完好、规模宏大，作为当时引水灌溉工程保存至今。

迎新渡槽

迎新渡槽位于重庆市九龙坡区西彭镇迎新村 2 社门头山，该渡槽始建于 1966 年，石质结构。渡槽主体呈西南—东北走向，两端设阶梯登槽，渡槽总长约 230 米，宽度 1.2 米，通高 8.7 米，拱高约 7.7 米，礅距 5.8 米。其中引水槽内壁宽 0.6 米，深度 0.3 米。该渡槽将红旗水库的水引入迎新村 5 社供当地村民灌溉农田，长期以来在工农业生产中发挥了巨大的作用。迎新渡槽保存完好、结构稳定，作为当时引水灌溉工程保存至今。

张家沟渡槽

张家沟渡槽位于重庆市万州区弹子镇三坝村 2 组，南北走向，建于 1973 年，占地面积 94 平方米，建筑面积约 500 平方米，石结构，渡槽高 6～8 米，长 70 米，宽 1.34 米，由 8 个拱洞组成。该渡槽为弹子镇周边土地提供了丰富的工业灌溉用水。

红岩子渡槽

红岩子渡槽位于重庆市万州区李河镇蒲团村 2 组，东西走向，建于 20 世纪 60 年代，分布面积 210 平方米，石结构，长约 160 米，通高 2.6～3.8 米，宽 0.4 米，深 0.6 米。渡槽由条石砌成的 20 个长 1.2 米、宽 1 米的石墩支撑，石墩之间为跨度 6.2 米的石拱，共有 21 个拱洞。渠水自飞机包流向钟世梁，为蒲团村周边土地提供了丰富的工农业灌溉用水。该渡槽是"农业学大寨"时期的遗存。

生田渡槽

生田渡槽位于重庆市万州区白土镇石家村 3 组，东西走向，建于 1969 年，1974 年由万县水利局补修完整，占地面积 142 平方米。渡槽由 9 个高 3～6 米的槽墩托起，全长 70 米。水槽宽、深均为 0.60 米，全用钢筋混凝土浇灌而成，坚固耐用，没有漏水现象。生田渡槽将毛金狗水库、虾耙口水库的水由西引向东，解决了石家村、谭家村等的用水问题。

莲米塘渡槽

莲米塘渡槽位于重庆市万州区长岭镇乔家村 1 组，南北走向，建于 20 世纪 60 年代，占地面积 110 平方米，建筑面积 95 平方米。石结构，依地势而建，13 个石墩支撑渡槽，石墩宽 1.5 米，高 1～11 米，每个石墩之间用 2 根铁条连接，从而增加稳定性。引水槽宽 1 米，深 0.8 米，长 91 米。渡槽的建成解决了周边群众的生产、生活用水问题，保障了农业的丰产、丰收。

垭口坝渡槽

垭口坝渡槽位于重庆市万州区高峰镇赵家村 2 组，南北走向，建于 20 世纪 60 年代，长 100 米，宽 1.0 米，深 0.6 米，槽壁厚 0.2 米。渡槽下用石墩支撑，现存石墩7座，石墩宽1.2米，高6.5米，石墩间隔为6.0米。该渡槽为赵家村周边土地提供了丰富的工农业灌溉用水。

南沱红星渡槽

南沱红星渡槽，又叫连丰渡槽、五星渡槽，位于重庆市涪陵区南沱镇，建于20世纪50—70年代。南沱红星渡槽水文化遗产包括1座渡槽和1座水库，渡槽西北东南走向，长9000余米，横跨连丰、关东、焦岩、南沱、沿坪、石佛6个村。高架槽基础宽3.5米。渡槽单拱最大跨度49米，最高处28米；内为三合泥地坪，内宽1米，内空高0.88米，槽沿0.3米。渡槽侧立面阴刻16段标语，其气势磅礴、宏伟壮观，对研究现代灌溉历史及水利工程具有相当重要的价值。2011年，南沱红星渡槽入选"第三次全国文物普查百大新发现"。2019年，南沱红星渡槽被公布为重庆市文物保护单位。

涧槽遗址

涧槽遗址位于重庆市巫溪县上磺镇，工程始建于清嘉庆十年（1805年）。涧槽全长162米，用108节石槽相连接砌成，由30根石柱子支撑。石槽用条石挖凿而成，每节石槽长1.5米，厚35厘米，宽55厘米。支撑涧槽的石柱用块石砌成，高2.5米，宽60厘米。据碑文记载，该涧槽用于跃进村1社和2社的居民灌溉农田和饮水，是当地罕见的水利设施建筑，对于研究清嘉庆年间当地居民的生产、生活和民间水利工程的发展有重要价值。

第二节　防洪工程遗产

本部分遴选了三峡地区7项古代防洪工程，包括古代堤防、古代防洪墙等。

迥龙桥堤坝

迥龙桥堤坝位于重庆市大渡口区建胜镇四胜村10社，该桥修建时属于堤坝，现在主要是兼作桥使用，有2个排洪孔，堤长16.5米，宽1.1米，跨度1.8米，占地18.5平方米，堤面距水面约0.6米。堤坝上部水流来的一面雕琢成龙首，背水流的一面作向上收分状。该堤坝石雕保存较好，具有一定的研究价值。

永安堤

永安堤位于重庆市巫山县庙宇镇永安村3社黑桃树，永安堤始建于清嘉庆十六年（1811年），经清嘉庆二十二年（1817年）、清光绪五年（1879年）、清光绪十一年（1885年）多次维修。2007年，政府出资1400万元，在原堤基础上进行了加宽、加高、加固，全长3千米，河面宽 6 米，高 2.6 米，堤宽 0.60 米，用水泥条石筑成。永安堤经历代维修，现存清代碑刻 5 通："嘉庆十六年碑刻""嘉庆二十二年碑刻""光绪五年碑刻""光绪十一年碑刻""光绪十七年碑刻"，均用青石刻制。二碑的主要内容是修堤借款、还款办法和堤筑成后的奖罚办法。余碑分别刻于清光绪五年（1879 年）、清光绪八年（1882 年）、清光绪二十年（1894年），碑文内容为重修永安堤事等。其中清光绪五年碑刻如右图所示。修永安堤的目的是防止洪水淹没农田，确保当地村民的正常生产生活。永安堤目前基本完好。

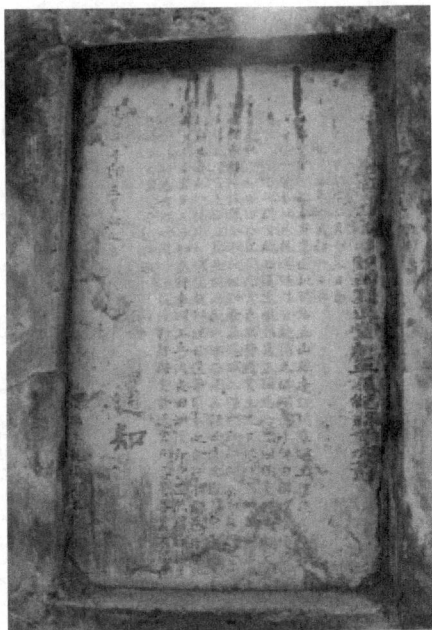

重庆古城墙

重庆古城墙遗址传统风貌区位于重庆市渝中区，包含"九开八闭"17 道城门及城墙沿线，左至金汤门，右至东水门，上至朝天门，下至储奇门，承载着重庆古城的历史，现存通远门、东水门、太平门（含瓮城）和人和门 4 座城门及其附近城墙。重庆古城墙切山为墙、辟峡为门，是世界建城史上最具特色的城墙之一。在古城墙遗址的传统风貌区中，明清城墙长约 8720 米，现存 4364 米。

重庆历史上曾 4 次大规模筑城，最早可追溯到 2000 多年前。公元前 314 年，战国秦将张仪修筑土城墙；三国时期（226 年），江州都督李严在旧城基础上新筑江州城；南宋嘉熙四年（1240 年），四川安抚制置副使兼重庆知府彭大雅为抗击元兵筑城；第四次就是明代戴鼎在宋城基础上筑城。清乾隆《巴县志》中记载："明洪武初，指挥戴鼎因旧址砌石城，高十丈。周二千六百六十丈七尺，环江为池，门十七，九开八闭，象九宫八卦。朝天门、东水门、太平门、储奇门、金紫门、南纪门、通远门、临江门、千厮门为九开门。翠微门、金汤门、人和门、凤凰门、太安门、定远门、洪崖门、西水门为八闭门。"重庆古城便有了"九开八闭"17道城门及城墙沿线。1921年，杨森任重庆商埠督办，主张撤临江门，发展城郭间交通；1922年，重庆商埠督办扩建郭外马路二道，临江门瓮城、通远门瓮城及城墙分别被拆除；从1926年开始，潘文华任重庆市市长时，为建筑马路和宏阔码头，朝天门、南纪门、西水门、定远门、太平门（瓮城门及城墙）等悉被拆毁或掩埋；1935年，因修建缆车，太安门被拆除，重庆古城墙自此逐渐衰败湮没。

目前，重庆古城墙保存较好的有通远门城门、城墙和东水门城门、城墙。其中，通远门城门为拱形顶，条石砌成，其中部分残损。城门高5.33米，宽3.5米，厚7.41米。在其左右残存城墙约100米。通远门原筑有瓮城，由于年代久远，现已全毁。原来的通远门是重庆城区的边缘，出门向西为佛图关，是通往成都的要道。随着历史的变迁和城区的扩展，通远门现在位于市区中干道上，3条公路在这里交汇，每天车水马龙、人流不断，城门洞下市井生活悠然自得，原来守护城区的关隘如今成为人民安居乐业的场所。通远门城壁顺山势而筑，居高临深，呈现出典型的具有山城特色的古城墙，具有较高的建筑科学价值和艺术观景价值。

东水门城门宽3.2米，高5米，厚6.7米，属石卷顶城门洞，附近有200余米的石城墙一段，高约6米。因城门朝东，与东去的长江流水同向而得名。条石城垛及门大体如旧，为单门，门洞呈拱形，门额上的"东水门"3个字已风化。东水门城墙面临长江，孤峙江中，险厄天成，气势巍峨，呈现出典型的具有山城特色的古城墙，具有较高的建筑科学、艺术观景价值。

重庆渝中古城墙兼有"御敌"和"防洪"双重功能，既是城墙，又是河堤。其创建、演变的悠久历史过程，充分反映了巴渝儿女的勤劳、勇敢与智慧，也反映了重庆悠久的历史和厚重的文化，作为重庆母城的重要史证，对历史的陈迹有着重要意义，对重庆古城考古有着重要的研究价值。1992 年，重庆古城墙被列为重庆市文物保护单位（市级）。2000 年，重庆古城墙再次被列为重庆市文物保护单位（省级）。2013 年，重庆古城墙被国务院列为第七批全国重点文物保护单位。

江北嘴遗址

江北嘴遗址位于重庆市江北区江北城，自古以来就是北上西进省城的通衢。因为江北城镇锁两江口的缘故，这里也是重庆北面一道重要的军事防御屏障和城市防洪工程。清嘉庆年间（1796—1820 年），老江北城筑四门土城。清道光十年（1830 年）开始，建起金沙门、保定门、觐阳门、汇川门、东升门、问津门、文星门和镇安门 8 道城门，建城墙 2.5 千米。随着历史的变迁，老江北城仅存 4 段城墙，以及保定门、东升门、问津门 3 道城门。3 道城门均为卷顶双拱，其中保定门向南，东升门向东北，问津门向北。打铁街、江边码头的城墙保留得最好，古城门中则是保定门保留最好，连抵门柱的石洞都一一留存。2019 年，江北嘴遗址被公布为重庆市文物保护单位。

大宁古城

大宁古城位于重庆市巫溪县城厢镇。大宁因盐昌兴。巫溪自东汉建县以来，曾设县、郡、监、州建制，名称先后为北井县、始宁郡、永昌郡、大宁监、大宁州、大宁县、巫溪县，曾为历代政权治地，乃峡郡政治军事文化中心。

　　大宁古城群山拱卫，三面环山，一面临水，东望凤凰山，南靠龙头岭，西枕麒麟山，北倚九层楼，四周浓翠，碧水绕廓，风光旖旎。现存的大宁古城墙，始筑于500年前的明朝正德年间。《夔州府志》中记载：明正德初，砌石城，高一丈二尺，周围三里五分，计六百三十丈。门四：东阳和、西安平、南永靖、北振武"。清光绪二十二年（1896年），知县熊登第以工代赈，用条石筑城墙280余丈①，高2.8丈，防洪御敌兼备，并将4道城门的名字改成：东为宾作门，南为阜时门，西为宣成门，北为拱辰门。民国年间，街道增为"五街十二巷"，谓为"满城楼阁"。古城寺庙众多，计达"九宫十八庙"，一堂两坛两庵，一寺两阁两观，香火鼎盛，晨钟暮鼓，古称川东"庙城"。

　　巫溪古城墙因山势而建，面临大宁河，老城墙兼有"御敌"和"防洪"双重功能，既是城墙，又是河堤。大宁古城北门内拱题有"蜀江锁匙"4个大字，对研究重庆域内古代城墙防御设施及防洪堤坝设施修建技术具有重要价值。2019年，巫溪古城墙被列为重庆市第三批文物保护单位。

夔州城墙

　　重庆市奉节县的夔州古城墙，面积为1700平方米，城墙总长182米、高7.37米，保持了原"夔州古城墙"历史风貌。"夔州古城墙"属三峡地面文物迁建工程中最长的古城墙。其中，依斗门，又名大南门，始建于明成化十年（1474年），得名于杜甫诗句"每依北斗望京华。"城门目前保存完好，系条石垒砌，高13.7米，长27米，厚13米。三峡工程后整体迁至宝塔坪。

　　夔州初为夔子国，是巴人的主要聚居地之一。战国时期，属楚国

---

① 明清时，1丈约合3.11米。

管辖，秦汉年间改为鱼复县。关于"鱼复县"的名称，传说与战国时期的爱国诗人屈原有关。唐贞观二十三年（649年）改称奉节县，隶属夔州府。因奉节是夔州府治地，所以人们往往忽略了奉节的县名，而称它"夔州"或"夔府"。

归州古城

归州古城又称葫芦城，也称"石头城"，位于湖北省宜昌市秭归县归州镇。素有"三峡咽喉、西峡明珠"之称的屈原故里归州镇，位于三峡大坝上游33千米的西陵峡北岸，地处秭归县腹地中心。归州古城分东门、西门、南门、北门、鼎心门5道城门。每道城门都高大雄伟，城门上建有城楼，高10多米。城楼下的城门洞约6米高，4米宽，不仅可以行人，还可以通马车。由于年久失修，历经数百年后，至20世纪中叶，归州城的西门、北门和鼎心门旧貌难辨，唯有东门（迎和门）和南门（景贤门）保持完好。

归州城背靠卧牛山。卧牛山主峰海拔523米，因山上有一巨石，如卧牛一样，故此得名。卧牛山腰有一山堡，位于城后山东北角。相传明洪武二年（1369年），有一位乔岳将军在堡上游览过，故名将军堡。将军堡是城外的一个制高点，立足堡上，古城一览无余。由于归州城墙很像一个开口向着卧牛山的大葫芦，故曰"葫芦城"；又因城墙全部用大青石砌成，也称"石头城"。归州古城有张公桥、万寿桥、恋爱桥和雷鸣洞石刻等水利防洪设施。

万寿桥。《归州志》对此桥也有记载，"万寿桥在城东一里，旧架木为之，咸丰五年改建石桥。"这说明，原万寿桥是木桥，1855年才改建为石桥。100多年过去后，归州城扩大了，万寿桥不再为"城东一里"，而是归州民主路东端去副食品加工厂及大慈寺必经的通道。

雷鸣洞石刻。鼎心门下有数道由巨大怪石群组成的石梁，挡住从川东奔腾而下的长江，形成了归州城天然屏障。浩荡江水冲击着这些石梁，发出雷鸣般的吼叫。细数一下，共有9道巨大怪石群由西向东没入水中，如同九条巨龙呼啸着奔向长江，故曰"九龙奔江"。据《秭归县地名志》记载："相传，这9条石梁为九兄弟的化身。其中有一石梁背上有人工开凿的石洞叫作'雷鸣洞'。"雷鸣洞洞口呈圆形，直径约3米，深6米。清代荆南观察使李拔于清乾隆辛卯年（1771年）在此题刻"雷鸣洞"3个大字。三字石刻位于石梁顶上一个直径约1.7米的褐砂岩上，3个大字清晰可见，落款小字"乾隆辛卯""巴蜀李拔"已难辨认。

第三节　给排水工程遗产

本部分遴选了三峡地区36项古代防洪工程，包括古井和输水渠道（管道）等。

照面井

照面井位于湖北省宜昌市秭归县平湖大道，相传系屈原所凿。因为岩石特别坚硬，屈原挖了很久，才挖了一个小坑，但他毫不灰心，终于感动了山神。山神送给他一把铁镐，他又挖了七七四十九天，终于挖成此井，井成后，四季不涸，清澈可鉴。屈原和他的妹妹每天都要来井前梳洗整妆，故名照面井。清咸丰十年（1860年），乡民在井边常青树下置"照面井"碑，上刻："此系屈公遗井，以后切勿荒秽；此株青树，永世勿得砍伐。"井与碑石，至今犹存。

老屋井

老屋井位于重庆市江津区白沙镇高屋村，建于清乾隆四十年（1775年）前后。石质井。井台呈长方形，长1.7米，宽1.5米。井口呈方形，边长1.5米。井腹为圆柱形，直径1.8米，井深9.5米，条石砌成。水质清澈。

三圣庙井

三圣庙井位于重庆市江津区白沙镇河口村,始建于清嘉庆年间。石质井。井台呈长方形,长 2.25 米,宽 1.5 米。井口呈圆形,直径 0.6 米。井腹呈方形,深 7.7 米,用条石砌成。井水冬暖夏凉,水质好。

龙井湾井

龙井湾井位于重庆市江津区石蟆镇郭坪村,开凿于清嘉庆年间。单眼石质井。井台呈长方形,长 1.8 米,宽 1.7 米,上层为八角形,边饰花纹。井口呈圆形,径 0.7 米。井腹呈圆柱形。井深 1.5 米。井水长年不枯,水质好。

鸳鸯井

鸳鸯井位于重庆市江津区蔡家镇鸳鸯村,建于清嘉庆年间。石质井。井台呈方形,边长 2 米。井口呈圆形,直径 0.8 米。井腹呈方形,条石砌成,井深 8 米。水质清激,长年不竭。该井原存题刻文字,后毁。

官道金钗井

官道金钗井位于重庆市江津区白沙镇河口村,建于清代。石质井。井台呈方形,边长 0.84 米。井口呈圆形,直径 0.6 米。井腹呈圆形,上小下宽,深 2.57 米,石块砌成。

小瓦口井

小瓦口井位于重庆市江津区几江街道办事处仙池村,建于清代。石质井。井口呈长方形,长 2 米,宽 1.8 米。井口呈圆形,直径 0.7 米。井腹呈圆形,下小上大,深 10 米,整石凿成。水质尚佳,终年不枯。

三桥场井

三桥场井位于重庆市沙坪坝区回龙坝镇青龙庙村，开凿于清代。双眼石井。井台长3.85米，宽2.5米，高1.2米。井口呈圆形，直径0.52米。井腹相通，条石砌成，井深1.68米。井水终年不枯，不论寒暑，水位稳定。井一侧石壁刻"井泉龙神香位"及清嘉庆元年（1796年）创修，民国四年（1915年）、民国七年（1918年）捐修等内容。

大石桥井

大石桥井位于重庆市长寿区葛兰镇冯庄村，开凿于清代。单眼石井。井口呈长方形，长2米，宽1.2米。井腹长宽同井口，井深7米。水质清澈，天旱时，来此取水者远至十里开外。

"天师泉"井

"天师泉"井，又名大水井，位于重庆市云阳县云阳镇人民路，建于明嘉靖前期。条石井。井口呈六边形，径1.55米，高0.3米，每边长0.9米，厚0.1米。井台四周铺石板呈方形，占地面积12平方米。井壁呈六角形，条石镶砌，井深5米许。水源清澈，终年不枯。井旁原有一小小庙，门额刻"天师泉"三字，已毁。井结构完好，为云阳县县级文物保护单位。

"孔圣泉"井

"孔圣泉"井，又名天然泉井，位于重庆市巫山县巫峡镇圣泉居委会旁山壁上，开凿于清代。孔圣泉是《水经注》中提及的泉水，泉水从西壁中部离地高1米处淌出流入井池内，井池长3米，宽2米，用条石构成。泉眼上方刻"孔圣泉"3个字，字旁署款为"乾隆五十年"。

龙王井

龙王井位于重庆市开州区中和镇七星社区，旧为龙王庙水井，现庙毁，仅留此井。井始建于清乾隆元年（1736年）前，占地面积150平方米，由井、池两部分组成。井长5.5米，宽5米，深1.2米，由条石砌成。井顶为近人加修的混凝土拱券。井外两石质水池，长4米，宽2米，深0.5米，前存77级石阶。

玉泉井

玉泉井位于重庆市涪陵区新妙镇两汇老街，开凿于清代。井上遮盖有一石券拱，长3.1米，宽1.8米，深0.6米。井口呈"∩"形，井台石板砌成。井腹呈长方形，井壁用不规则的条石砌成。泉水清澈、甘甜，终年不竭。井旁石壁上刻"嘉庆十六年十月……"等字，为修井题刻。保存较好。

圣水寺井

圣水寺井位于重庆市涪陵区珍溪镇中寺村，凿于明万历八年（1580年）。井台高0.48米，边宽0.55米，井口呈方形，井腹呈长方形，条石砌筑，井深2.13米，井身保存完好。井右侧原立有一碑刻有"大明万历八年……"字样，可惜已毁。

檬子井

檬子井位于重庆市涪陵区龙桥街道酒店村，开凿于清代。石井。井口呈长方形，长2米，宽1.4米。井台高0.92米。井腹长3米，宽2.5米，深2.11米，井壁用不规则的条石砌筑，上方壁面刻有"乾隆五年王上口立"字样。现井体保存完好。

龟陵城遗址及古井

龟陵城遗址，又名三台城，位于重庆市涪陵区李渡新区（今涪陵新区）马鞍街道办事处玉屏社区 1 组，地处长江北岸上桥河与长江交汇而成的三台山上，西临上桥河，南濒长江，东距涪陵城区约 10 千米。遗址分布面积约 1 平方千米。据《宋咸淳丙寅春记》《宋史》《舆地纪胜》《涪州志》等史料记载，龟陵城由涪州观察使阳立创建于南宋咸淳二年（1266 年），南宋咸淳三年（1267 年）涪州移治于此，龟陵城成为宋元战争时涪州战场的军政指挥中心，与渝中重庆城、合川钓鱼城、奉节白帝城、广安大良城等共同构成宋军山城防御体系。2004 年，龟陵城遗址被公布为涪陵区文物保护单位。通过考古调查，共发现宋、元、明、清时期的文物遗存 49 处，包含城门 3 座、城墙 13 段、炮台 8 座、墩台 3 座、建筑基址 5 处、井 1 口、排水沟 5 条、道路 3 条、题记 3 则、墓地 4 处、采石场 1 处。遗存类型丰富，整体保存较好。2019 年，龟陵城遗址被公布为重庆市文物保护单位。

何家井

何家井位于重庆市长寿区八颗镇付何场,形制为双眼石井。据地方志材料记载,该井建于清嘉庆年间。井盖厚 30 厘米,口径 70 厘米,井腹长 2.7 米,宽 1.7 米,深 3.9 米。水质清澈,常年不枯。干旱时,可供方圆数里的人饮用。

韩氏井

韩氏井位于重庆市长寿区葛兰镇葛兰村,开凿于清代。传为当地韩氏所建,故得名。石井,井台已改建,井口呈圆形,直径 0.72 米,井圈厚 0.14 米,井腹呈方形,上面小,下面略大,宽 0.7～0.8 米,条石砌成,井深 6 米。井水丰盈,原供半条街共饮,现已弃用。

陈家坝井

陈家坝井位于重庆市丰都县双龙镇群力村,开凿于清代。单眼石井。井圈呈长方形,由长 1.65 米、宽 1.4 米的 2 块石板组成。井口呈方形,边长 0.55 米。井腹呈方形,深 2.1 米,由 5 轮条石砌成,上方第一轮条石刻有楷体"道光十七年"字样,字径 10 厘米许。保存较好。

饮马凼井

饮马凼井位于重庆市长寿区八颗镇梓渣村河边空地上,开凿时代不详。石井 1 眼。井圈呈方形,边长 1.3 米。井口直径 0.75 米,井口磨损较甚,深约 2 厘米,井深 4 米许。井腹上小下大,呈四边形。该井常年淌水,天旱时,可供 100 余户人家饮用。

柏树堡井

柏树堡井位于重庆市武隆区鸭江镇双河园村长安桥组,开凿于清代。石质方井,条石构筑。井上砌拱形顶,拱高 1.8 米,宽 1.52 米,拱顶刻"清道光二年修"字样。井口方形,边长 1 米。井深 2 米,至今水清见底,常年不竭。保存较好。

洛碛镇井

洛碛镇井，又名八角井，位于重庆市渝北区洛碛镇洛碛场。开凿于宋代，为南宋进士冯时行使用的井。条石叠砌而成。井台呈四方形，边长2米。井口呈圆形，直径55厘米。井腹八角形，上有"重修八角井"字样。近年，因污染已废弃。

红军井

红军井位于重庆市石柱县南宾镇红井居委后河组猫圈坡。数十年来，此井从不枯竭，成为附近群众不可缺少的水井。此井占地面积24平方米，石质，呈长方形，井台长3.15米，宽2.05米，高0.35米，井口长0.8米，宽0.8米，井深0.98米，井台侧立有县政府命为"红军井"石碑。红军井是石柱县红色文化的典型代表，并于1982年12月1日被石柱县人民政府列为县级文物保护单位。

洗墨池

洗墨池位于重庆市云阳县云安镇西北一天井内。开凿于宋代，据明嘉靖《云阳县志》记载，井为北宋著名理学家邵雍寓云安西林寺时，洗笔、砚的水池。条石构成，方形，长0.9米，宽0.85米，深1.3米。为天然泉水，终年不竭。

八角池

八角池，又名八角井，位于重庆市北碚缙云寺内。青石质，八角形，直径5米，深4米，栏高0.5米。水质甚佳，终年不竭。传宋代进士冯时行曾于此池洗墨，故又呼"洗墨池"。前立一块碑，上刻"八角池"3个字。

长生古井

长生古井位于湖北省宜昌市巴东县东瀼口镇牛洞坪村，是中共巴归兴县委扩大会议（对坡）遗址的一部分。古井中井水潺潺，引来行人驻足休息。

昭君楠木井

昭君楠木井位于湖北省宜昌市兴山县高阳镇宝坪村。西汉末期，由王昭君与村人共同开掘。井口呈六角形，边长 1 米，深 1.5 米。青石垒砌。井中置一楠木，千年不朽，故名楠木井。井水清澈见底，常年不竭。1992 年，昭君楠木井被评为湖北省文物保护单位。

长春古井

长春古井位于重庆市渝北区龙兴古镇藏龙街龙兴寺的围墙外侧，明初开凿。井于岩石开凿，占地约 25 平方米，井口呈圆形，较高，井台方形，井腹为正方形。作为渝北区历史文化研究的重要实物资料，长春古井具有较高的文物价值。

凉水井

凉水井位于重庆市渝中区洪崖洞。开凿年代不详，在清光绪时期的《重庆府治全图》中已有该井的记载。

"古井春风"井

"古井春风"井位于重庆市渝中区中兴路 1 号，南宋后期十八梯设官道，旁侧掘有古井，井水甘甜至极，成为附近居民的饮用水源。相传，水井的位置刚好有十八级石梯，从此，这条街便取名为十八梯。名自井始，街以名传，虽历经八百年沧桑却从未改变。

王家水井

王家水井位于重庆市渝中区大坪百货总公司与大坪中医院内。

章家祠堂水井

章家祠堂水井位于重庆市渝中区大坪公安派出所内。

四方田水井

四方田水井位于重庆市渝中区大坪街道办事处。

肖家湾老井

肖家湾老井位于重庆市渝中区大坪街道肖家湾。

大宁河输运盐水栈道遗迹

大宁河古栈道遗迹分布在重庆市巫溪县、巫山县境内的龙门峡西岸崖壁之上。栈道始建于东汉永平七年（64 年），历经唐、宋、元、明历代维修，是重要的输引盐水水利工程。《大宁县志》中记载："石孔乃秦汉新凿，以用竹笕引盐泉到大昌熬。"秦汉时期开凿的石孔是用来架立输卤栈道的，通过输卤栈道，将宁厂盐泉引到下游的大昌古镇进行熬煮制盐。石孔与河面平行直线排列，现存 6800 余眼，规整有序，全长约 200千米。该栈道位于大宁河西岸峭壁上，自巫山县龙门峡起始，经小山峡中的龙门峡、巴雾峡、滴翠峡、大昌盆地至庙峡南口，长约 30 千米。

其中巫溪段遗址位于大宁河东岸陡壁上，是大宁河古栈道保存最好的遗迹，系平梁式栈道。现存方形梭孔主要呈单层水平分布，孔边长0.18 米，深 0.3 米，孔距 1.75 米，距江面 1～3 米。巫山县南段遗址，南段孔保存较好，不少地段分布两层孔，个别地方发现有三层孔。栈孔呈上下交错排列，上下孔距 2.7 米，左右孔距 2.7～3.5 米，每孔边长 0.24米，孔深约 0.5 米。栈孔高出水面数米或十余米。

大宁河古栈道为典型的平梁式建筑形式，已形成庞大的栈道网，栈道不仅具有输送盐卤的功能，行人也可以在上面通行，成为与外界联系的重要媒介。大宁河古栈道遗迹见证了川东地区盐业发展的历史进程，具有重要的历史文化价值，现为巫溪县、巫山县县级文物保护单位。

綦江抗战闸坝及输水道

綦江抗战闸坝是重庆市抗战历史文化的重要遗迹。该遗迹已经建设有 80 余年，发挥着巨大的战略作用、经济作用和运输作用，有重要的历史价值和科学价值，是抗战大后方非常重要的文化遗产。

1937 年，抗日战争全面爆发。为了保存抗战力量，国民政府军政部兵工署、经济部资源委员会钢铁厂迁建委员会决定将汉阳钢铁厂迁至重庆大渡口，成立重庆钢铁厂，继续生产，抗击日本侵略。重庆钢铁厂所需燃料能源和铁矿原料均产自綦江（区）。为了保证有效运输，1938 年 1 月，由西迁入渝的国民政府导淮委员会承担綦河航道治理和提升任务，开始渠化建设。渠化段的綦河上下游之间总共有 3 米多的落差，在不同河流断面修筑梯级堤坝和船闸（简称"闸坝"），周边还配套建有发电站，总共建成 11 座（綦江段 8 座、江津段 3 座）。其中，綦江区石角镇大仁闸坝，横跨綦江支流蒲河中游，为条石砌成的长方形闸坝，闸坝流水坝长 58 米，船闸长 66 米、宽 9 米、高 8 米。在闸坝北 30 米处有碑刻一通，为 1940 年导淮委员会副委员长陈果夫撰文、代理委员长沈百先所著的《大勇船闸碑记》，记载了导淮委员会修建綦江闸坝过程，以及每座船闸的规格、经费等。

綦河闸坝建设促进了当地经济发展，同时也加快了向重庆钢铁厂、兵工厂运送煤炭、铁矿、铁砂的速度，为军工企业生产提供保障，成为抗日战争时期大后方重要的战备、能源生命通道，为保卫战时陪都稳定和抗战胜利做出了巨大贡献。綦河闸坝使经过渠化的綦河河道可连通长江，构成内河航道网，成为抗战大后方物资、人员流动的重要网络且各个闸坝现仍在使用，并配套发电站，为綦河流域的水运、电力的开发提供了重要保证。綦江闸坝的设计和建设凝聚了老一辈水利专家工程师们的智慧结晶（如张光斗、王寿亭等，包括闸坝所需"代水泥"技术），这些船闸建筑工艺，为长江三峡葛洲坝船闸建设提供了重要参考、工程借鉴和设计启示，是一份珍贵的近代水利科学遗产，具有很高的科学价值。

第四节　近现代水电工程

本部分遴选了三峡地区 7 项具有里程碑意义的近现代水电工程。

桃花溪水电站

桃花溪水电站位于重庆市长寿县（今重庆市长寿区）境内的桃花溪上。1937 年，长寿县人王绍吉在桃花溪三洞沟二洞岩建成了长寿县第一个水力发电厂，取名恒星电厂，并于同年冬天试车成功。费时 4 年，历尽艰辛，长寿县的第一座水电厂终于建成，装机容量 42 kW，并开始向城内和河街送电，县城始有电灯千余盏，从此揭开了长寿城内有电灯的历史。

王绍吉（1897—1961 年），原长寿县江南街道扇沱场人，是中国早期水电实业家，长寿地区水电事业的开拓者。王绍吉家居桃花溪畔，对桃花溪三级瀑布形成的水电资源情有独钟，很想一试身手。经过考察，厂址最终选择在二洞岩下，随即破土动工。1936 年，王绍吉亲赴上海购买安装材料，两次行程和购买英国古柏公司进口的机器设备，花大洋近万元。机器运回，由于资金紧缺而被迫停工。一筹莫展之际，王绍吉央求岳父周静潭辗转找到了原籍长寿的天津大中银行董事长孙仲山，向孙仲山借款 5000 元大洋，安装工程得以顺利进行。

抗日战争爆发后，国民政府迁都重庆。沿海工业大量内迁，用电需求猛涨。1937 年 7 月，国民政府经济部资源委员会成立了龙溪河水力发电工程筹备处，1938 年 9 月接管恒星电厂，改建为桃花溪水电站，以供急需。桃花溪水电站主要设计负责人是龙溪河水力发电工程处设计课长张昌龄，总工程师是从美国留学回来的水电专家张光斗。1938 年 11 月开工，在头洞上游 20 米处建浆砌条石重力式滚水坝，长 78 米，高 2 米，蓄水量 90 万立方米。为提高蓄水能力，在中上游的长寿桥和磨滩建节水堰 2 座，建阮氏桥蓄水库 1 座，蓄水量 90 万立方米，可起月调节作用。

引水道由进水明渠、暗渠、直井、隧洞及压力管道连接组成，全长 630 米，过水能力为 1.5 m/s，引水至厂房发电。

厂房位于二洞瀑布下游约 200 米处左侧，设计水头 90 米，装 3 台单机容量 292 kW 水轮发电机组，总装机容量 876 kW。选用的水轮机为横轴冲击式，系英国古柏公司制造。发电机额定容量 365 kV·A，电压 6.9 kV，发电机及配电屏由美国西屋公司制造。1939 年，水轮机和发电机经海运至越南海防，再经滇越铁路多次转运至长寿桃花溪。水轮发电机组于 1941 年 3 月中旬安装完毕，因处理隧洞直井漏水，延至 8 月 25 日才正式发电。电站于 1949 年 11 月 29 日深夜被国民党军潜炸毁，发电 8 年零 3 个月，实际发电量 2263 万 kW·h。

桃花溪水电站是我国首个由中国人自己规划设计、自己施工安装的水电站。桃花溪水电站正式发电后，为国民政府第 26 兵工厂、第 28 兵工厂等国防工业提供了充足的电力，为抗战做出了卓越的贡献。中华人民共和国成立后，重庆市人民政府于 1949 年 12 月 4 日动工抢修，1 号机组于 12 月 12 日修复发电，2、3 号机组分别于 1950 年 6 月和 7 月修复发电。

瀼渡电厂

瀼渡电厂是中国水利水电事业开拓者之一——张光斗先生留美归国后设计的第一件水电作品，是三峡地区最早的水电站。瀼渡电厂位于重庆市万州区瀼渡镇西面约 5 千米的长江支流瀼渡河上，距离长江口 5 千米。该电厂修建于抗战时期，当时因大量工厂、人口内迁万县（今重庆市万州区），需电量激增，万县火电厂原有装机容量不够用了，但万县地区缺煤，兴建火电厂较为困难，故着手研究开发当地的水力资源。

1937 年冬，四川省政府开始与国民政府建设委员会（后改并经济部资源委员会）洽商，投资合办万县水电厂。1938 年，双方洽商就绪，订立合约，定名为经济部资源委员会、四川省政府万县水电厂，办理万县及其邻近电气事业及市区自来水事宜，并兼管市区电话。万县水电厂先有鸭子沟发电所，内装 2 台蒸汽发电机，后又在钟鼓楼附近增设第二发电所，添装柴油发电机 1 台。经资源委员会批准，1939 年 3 月，由资源委员会派龙溪河水力发电厂工程处主任黄育贤率队来万县勘测水力资源。黄育贤等人踏勘了万县境内的磨刀溪、瀼渡河，由于磨刀溪工程量大，输电距离远，而且需要跨过长江，最后选定先开发瀼渡河。

1940 年 5 月 1 日，资源委员会批准成立瀼渡河水力发电工务所（后改为瀼渡河水力发电工程处）着手工程设计。张光斗担任工程处主任，负责水电站的设计和建设工作。按照工程处拟定的瀼渡河水力开发工程计划，除仙女洞（距离长江口 5.5 千米）、鲸鱼口（距离长江口 5 千米）两个发电厂外，上游还将建龙洞发电厂（距离长江口 13 千米），分别简称仙厂、鲸厂和龙厂，均利用天然瀑布的落差拦河筑坝、发电。囿于当时人力、物力、财力，三厂不能同时修建。鉴于仙女洞厂址离长江口最近，运输较为方便，可装机容量较大，能解县城用电急需，因此决定最先修建仙女洞发电所。鲸鱼口距离仙女洞仅 500 米，一部分工程可同时进行，运输路、堆栈、办公室等都可合用，故鲸鱼口发电所继仙女洞之后开工，最后再兴建龙洞发电所，后因战时机器采购困难，龙洞发电所暂不修建，仅先筑进水闸及临时泄洪闸，供给下游用水。

仙女洞发电所于 1940 年 8 月 1 日开工，最先动工的是耍坝子滩口上修筑的一道长近 60 米、坝顶宽 3 米、最大坝高 6.8 米的条石重力滚水坝。在当时缺少大型机械、主要依靠人力的情况下，修筑大坝用了近 4 年时间，是当时水电站的重大工程之一。其次是引水设施，需要将水引至数百米之外的电厂，其中最引人注意的当属引水渠末端长 170 米、桥墩最高 14 米的十七孔石拱引水渡槽，中间两孔面仙女洞瀑布一侧原有曾任万县首任市长的杨森所题"飞虹"二字。在引水渠工程行将竣工之时，仙女洞厂房工程开始动工，历时 3 年又 8 个月才完工。鲸鱼口发电所紧随仙女洞发电所之后开工，在鲸鱼口瀑布上约 15 米处修建一条平面呈圆弧形的条石滚水坝，其引水设施较仙女洞发电所短了许多，厂房体量亦偏小，全部工程于 1944 年 1 月完工。1944 年 8 月，电厂正式开始发电后，成立瀼渡河水力发电所，隶属万县水电厂。1949 年后，作为万县水电厂的水力发电车间，由万县水电厂管理使用，隶属四川省工业厅。1980 年仙女洞厂房区域进行扩建，1983 年 7 月，瀼渡河洪水暴发，鲸鱼口厂房屋面被岩石崩塌的泥石砸碎，墙身全部被冲毁，之后重修鲸鱼口厂房。

工程由 3 个部分组成：①发电厂房，石木结构，长 24 米，宽 9.5 米，总高 9 米，西式建筑风格；②引水渠，长 1500 余米，其中有 180 米高架渠道一段，石渠底宽 2.2 米，顶宽 3.4 米，凿岩引水竖井高 20 米；③拦河重力坝，石砌拦河坝长 130 米，最大坝高 5.5 米，坝底高程海拔 399 米。瀼渡电厂为三峡地区最早的水利水电工程，具有重要的历史价值、科研价值。

2008 年，万州区人民政府公布其为第二批万州区文物保护单位。2009 年，重庆市文物局公布其为重庆市抗战遗址文物保护点。2009 年 12 月，被重庆市人民政府公布为第二批重庆市文物保护单位。2019 年 10 月，被列入第八批全国重点文物保护单位名单。

龙溪河梯级水电站

龙溪河水电梯级开发始于 1936 年，由狮子滩、上硐、回龙寨、下硐四级电站组成。新中国成立之前，国民政府经济部资源委员会对龙溪河流域进行了长达 15 年的水电开发，此即龙溪河的前期开发。龙溪河的前期开发，以著名水电专家黄育贤赴长寿实地考察为起点。1935 年冬，经过实地考察，黄育贤提出了开发龙溪河、建设水电站的建议。黄育贤等人的建议，很快获得了国民政府经济部资源委员会的核准。1937 年 1 月，黄育贤再次奉命率领测量队来龙溪河详测地形，研究水文，并由当时的中央地质调查所熊永先负责地质调查，以资精密规划。同年 6 月，勘测工作完毕。根据勘测情况，黄育贤提出了于龙溪河下游的狮子滩建立龙头水库，在狮子滩、上清渊硐（上硐）、回龙寨、下清渊硐（下硐）建立水电站的四级开发方案。当年 7 月，国民政府经济部资源委员会成立了龙溪河水力发电工程筹备处，黄育贤为主任。1938 年 6 月，正式成立龙溪河水力发电工程处，黄育贤任处长，张光斗任设计工程师，吴震寰任工程师兼工务长，开始钻探、测绘，并做具体规划和工程设计。龙溪河四级水电开发工程相当浩大，于是聘请美国古柏工程公司技术人员担任顾问工程师。在进行四级电站规划设计的同时，黄育贤开始组织建设公路、码头、宿舍等。为解决电站施工用电问题，遂在长江边的羊角堡建立煤气发电所，于1940年12月开始发电。1941年8月，桃花溪电站发电后，改由桃花溪电站供应施工用电。

狮子滩电站是龙溪河水电梯级开发的第一级，也是最为重要的一级。从1938年6月起，经过一年多的筹备，完成了地质钻探、地形测量、方案设计、图样绘制等工作。由于狮子滩电站工程浩大，各种条件均不具备，迟迟不敢正式开工。至新中国成立前夕，仅修通长寿至狮子滩的公路，狮子滩电站主体工程未施工。1954年8月1日，狮子滩电站再次开工，1956年10月第一台机组发电。

下清渊硐（下硐）电站，于1939年10月开工兴建。机组于1944年1月安装完毕，投入运行。这是我国第一次自行设计、制造的当时容量最大的水力发电机组，且被实践证明设计制造十分优良。于1948年建成装机容量2990 kW。1959年5月，下硐水电站重建，2台1.5万kW的机组相继发电。

回龙寨电站，于1940年8月开始兴建。施工之初，着手修建拦河坝和引水道，到1941年底，因经费不济而停工，1944年完全停建，仅完成拦河坝的80%、引水明渠的60%、隧洞的20%，平水井基本挖完。

上清渊硐（上硐）电站于1946年4月开工实施，到1949年5月因工程经费来源断绝而停工。这时拦河坝已基本完成，半地下式厂房也基本开挖完毕，但仅完成土木工程的75%。这是一个装机仅1万多千瓦的水电站，但在当时，却是我国自行建设的最大的水电站。

1959年5月，狮子滩、上硐、回龙寨、下硐4座水电站全部竣工投产，共装机10台，总容量为10.45万kW。龙溪河水电梯级开发完成，使龙溪河成为我国最早完成梯级开发的河流。1958年，周恩来视察狮子滩水电站时题词：为综合利用四川水力资源树立榜样。1963年4月3日，朱德来到狮子滩，作《狮子滩电站》曰："龙溪河上狮子滩，四级阶梯一水源；利用层层修电站，功成恰是跃进年。"作为最早实现梯级开发的中型河流，龙溪河水利开发是中国早期水电建设的重要成果，成为中国水利水电史上的重要里程碑。2020年12月，狮子滩梯级水电站枢纽入选国家工业遗产名单。

青龙河堤及发电站遗址

青龙河堤及发电站遗址位于重庆市万州区甘宁镇楠桥村与永胜村之间，是拦截青龙河水的河堤。河堤为中国水利泰斗张光斗设计，建于1947—1948年。河堤长150米，高2.8米，内坎笔直，两磴挡水，外为7步台阶，梯次收缩上顶。河堤上设173步石跳磴以供行人过河，跳磴宽1.2米，高0.63米，厚0.40米。河堤东端为发电机房引水道和泄洪道。1994年，打造青龙瀑布风景区时，河堤中段改为水闸，占用跳磴74步。青龙河堤是万州境内一处时间较早的水利设施，在三峡地区水利史上有较为重要的价值和作用。

高洞电站

高洞电站位于重庆市江津区白沙镇高洞村驴子溪高洞瀑布，是重庆市级文物保护单位。高洞电站筹建于1944年，由夏仲实等人倡议入股筹建，吴震寰任工程师。抗战时期，由于资金问题，工程于1945年4—5月停工两个月。1946年建成，这是我国早期自行设计施工的水力发电厂。高洞电站机房坐落在悬岩边沿，呈圆洞形，落差20米，圆洞直径4米。该电站为坝后式，从机房到井的顶部螺旋式逐渐上升，共7层，梯步有130多步。机房底部呈壶胆，通长32.7米，宽5.9米，顶部呈"T"字形。发电机组2台，装机容量120 kW。

三峡水电站

三峡水电站，即长江三峡水利枢纽工程，又称三峡工程，位于湖北省宜昌市夷陵区的长江西陵峡段，与下游的葛洲坝水电站构成梯级电站。三峡水电站是目前世界上规模最大的水电站和清洁能源生产基地，也是中国有史以来建设的最大型工程项目。而由它所引发的移民搬迁、环境等诸多问题，使它从开始筹建的那一刻起，便始终与巨大的争议相伴。三峡水电站的功能有 10 多种，如航运、发电、养殖等。三峡水电站 1992 年获得全国人民代表大会批准建设，1994 年正式动工兴建，2003 年 6 月 1 日下午开始蓄水发电，于 2009 年全部完工。三峡水电站大坝高程 185 米，蓄水高程 175 米，水库长 2335 米，总投资 954.6 亿元，安装 32 台单机容量为 70 万 kW 的水电机组。三峡水电站最后一台水电机组于 2012 年 7 月 4 日投产。2012 年 7 月 4 日，三峡水电站已成为全世界最大的水力发电站和清洁能源生产基地。

葛洲坝水电站

葛洲坝水电站位于湖北省宜昌市境内的长江三峡末端河段上，葛洲坝工程是万里长江建设的第一座大坝，属于三峡工程的一个组成部分。它是长江上第一座大型水电站，也是世界上最大的低水头大流量、径流式水电站。

葛洲坝工程的研究始于 20 世纪 50 年代后期。1970 年 5 月，为了缓解华中地区工业用电十分紧缺的局面，武汉军区和湖北省革命委员会向中央建议先修建葛洲坝工程。1970 年冬，周恩来亲自主持中央政治局会议，研究和讨论了长江三峡水利枢纽工程的组成部分——葛洲坝水利枢纽工程的有关问题。随后，毛泽东批示"赞成兴建此坝"。1970 年 12 月 26 日，中央批准了兴建葛洲坝工程，1970 年 12 月 30 日，葛洲坝水利枢纽工程正式启动。该工程于 1971 年 5 月开工兴建，1972 年 12 月停工，1974 年 10 月复工，1988 年 12 月全部竣工。

　　葛洲坝工程的兴建不仅缓解了华中地区电力紧缺的局面，而且还在一定程度上缓解了华中、华东地区的缺电问题。同时，工程兼顾长江防洪并改善了三峡地区长江的通航条件。葛洲坝工程的建设为三峡工程建设积累了宝贵的经验。

第四章
非工程类水文化遗产资源举要

第一节　水利碑刻遗产

本部分遴选了三峡地区 26 项与水有关的古代石刻、题刻等。

巴东摩崖石刻

巴东摩崖石刻位于流经巴东的 38 千米的长江沿岸，共有古石刻 20 多处，多为清代和民国初年的文人墨客被这里的山光水色所吸引后，乘兴而题。其中，荆南观察使者西蜀李拨的题书有四处：在老政府后岩有"楚峡云开"；在牛口滩有"化险为夷"；在链子溪有"峨峰氏率属重修"；在接近与重庆巫山交界处有"楚蜀鸿沟"。在楠木园有"共话好山川""浪淘英雄"。在官渡口有"要区天成""铁岭衍秀"。在县城西部无源洞，有"川流悟道"。其中"楚峡云开""化险为夷""我示行周"等多处石刻都与治理长江水道有关，更是见证三峡治水的特殊印痕，书写了一部认识水、探索水、利用水、兴水利、除水害的历史。

刻于清代乾隆年间的"化险为夷"石刻是水位标记的代表，处在巫峡与西陵峡交界水位落差较大的一个地段，"化险为夷"4 个大字清晰可见，既能让人观测到三峡河道的安危，又能给人以除险排难的勇气。过往的船只望见这个标志，便可安全航行，因此被称为"水下水文站"。"我示行周"石刻也是水位标记。清代光绪年间，为了让船只顺利进出门扇峡，水利官员童天泽经过潜心研究，掌握了船只通过的规律，堪石为标，以示行船和行人，以保其顺利通过。

　　从巴东古代水利题刻的位置来看，其多在江流湍急、地势险要处，通过石刻的特殊位置，彰显古代三峡官员治水为民、利民的理念和三峡人民在治水过程中英勇无畏的水文化精神。

治理西陵峡航道摩崖题刻

　　治理西陵峡航道摩崖题刻位于湖北省秭归县和巴东县，是湖北省第三批省级文物保护单位之一。摩崖石刻21题，石碑4通。摩崖石刻幅面、字径大小不一，石碑均为青石质。刻铭及碑文均阴刻，或行书，或楷书，内容多为水文资料，也有些记载着修筑道路、疏通河道和游记等内容。

万寿桥水文碑刻

　　万寿桥水文碑刻位于湖北省秭归县香溪镇八字门村。刻于清光绪九年（1883年）。青石质，屋顶式碑首，方座。高1.38米，宽0.65米，厚0.18米。题阳刻"万寿桥"。碑文楷书12行，满行38字，记载了新滩岩崩、江水泛滥并重修万寿桥的事情。1992年，万寿桥水文碑刻被公布为湖北省文物保护单位。秭归县香溪镇八字门村万寿桥1860年涨水碑记如下图所示。

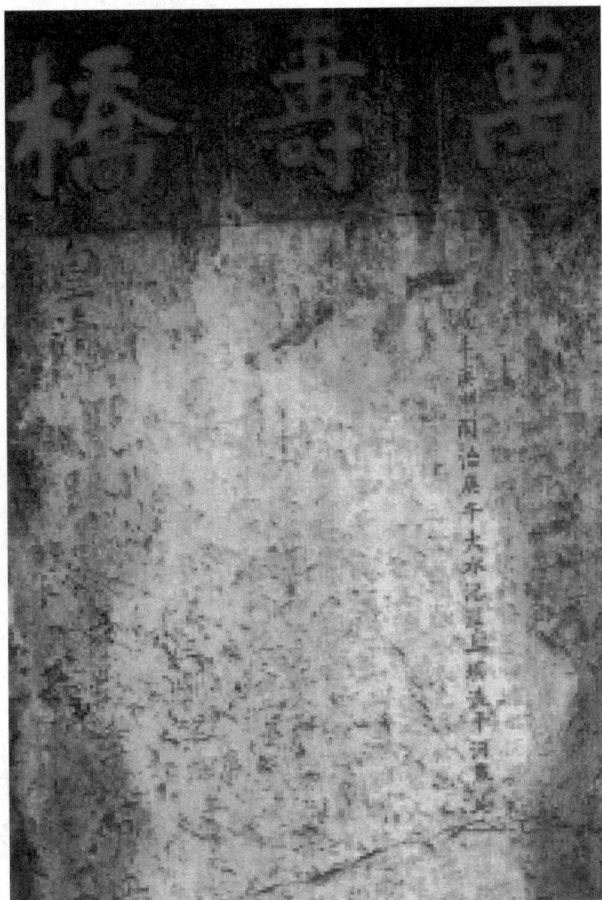

瞿塘峡摩崖石刻

瞿塘峡摩崖石刻位于重庆市奉节县白帝镇瞿塘南岸白岩山西侧傍江处，有一片面积达千余平方米的大青石，上下数十米，布满了自宋代至近代的碑刻共 12 幅。其中，最大的字为民国人士孙元良的隶书"夔门天下雄，舰机轻轻过"和李端浩的篆书"巍哉夔峡"题词，每个字的直径都有 1 米左右。这些石刻均为阴刻，字体有楷书、隶书、草书、篆书等。其中最为著名的为南宋孝宗乾道七年（1171 年）赵公硕（南宋著名书法家）所书的"皇宋中兴圣德颂"碑，内容述及高宗禅让一事，被称为记载这段历史的"活的史料"。三峡工程建成后，这些摩崖石刻以原地保护为主，仅将"皇宋中兴圣德颂"碑异地搬迁保护。这些凿刻于瞿塘峡岸边险崖绝壁之间、高居于长江惊涛骇浪之上的石刻，或颂人，或记事，或抒情，或言志，内容驳杂，不仅令人对古代工匠无比的勇气、坚强的毅力及精湛的石刻技艺感到震撼和景仰，而且使人感受到其宏伟的气势和博大的胸怀。2009 年，瞿塘峡摩崖石刻被列为重庆市文物保护单位；2013 年，瞿塘峡摩崖石刻被国务院公布为全国重点文物保护单位。

鲍超府洪水碑

鲍超府洪水碑位于重庆市奉节县鲍超府旧址内。青砂质，长方形，楷书，竖列 3 行，行 4～8 字。1870 年，长江大水导致奉节县城被淹。碑面竖列"洪水至此"4 个大字，两侧刻有"同治九年季夏月，洪水至此。光绪九年仲秋月立"的文字，海拔高度 146.5 米。

刘心源"甘雨亭"碑

刘心源"甘雨亭"碑位于重庆市奉节县白帝城西碑林。碑高 0.35 米，宽 1.59 米。横书"甘雨亭"三字，笔画圆浑舒展。后为跋文，魏碑体，加款 15 行，行 38 字。文为"此亭旧名'望峡'……以为'望峡'二字切则切矣，于民事无关也。今春旱荒得雨，遂易兹名。光绪廿又三年中秋，刘心源书。碑立白帝寺……"

安坪水文碑

安坪水文碑位于重庆市奉节县安坪乡，共 2 通。一碑位于路旁石墙上，青石质，已裂为 4 块，残高 0.7 米，宽 0.6 米，厚 0.15 米；隶书，竖列，行文从右至左，文"同治九年庚午岁口月二十日，口水至此。"一碑位于粮站侧，楷书，竖列，文为"大清同治九年庚午岁六月二十日，洪水至此。"石碑位置海拔高程为 147.24 米。

白鹤梁题刻 [①]

白鹤梁题刻位于长江三峡库区上游涪陵城北的长江中。白鹤梁是一块天然的石梁，东西长达 1600 米，南北宽达 10 余米，常年淹没于水中，只在冬春的枯水季节时才露出梁脊，是长江中上游的一处著名的水文古迹。联合国教科文组织将其誉为"保存完好的世界唯一古代水文站"。

从唐代开始，白鹤梁上共凿刻了 36 尾石鱼，并已有"水位降至石鱼下 4 尺，来年就会丰收"的预测经验。清代涪州知州萧星命石工摹旧迹在石上重刻二鲤，并凿刻了题记。平时，石鱼隐于水面以下，遇到枯水时才露出水面。石鱼的周围刻记着自唐广德元年（763 年）以来至 20 世纪初年，近 1200 年间的 72 个最低枯水年份线。据长江干流多年实测的水文记录表明，长江最低枯水位出现约 10 年为一个周期，与石鱼的记录颇为吻合，故而石鱼题刻对研究长江中上游的枯水规律及生产建设、航运等都有重大的史料价值。古人有"石鱼出，兆丰年"的经验之谈，1953 年、1963 年、1973 年，白鹤梁上的石鱼 3 次露出水面，而当地这几年也都获丰收，因而石鱼被看成是年成丰歉的预告表。

石梁上除了石鱼和水文的刻记外，还有历代的文学家，如黄庭坚、晁公道、朱昂、王士祯等的诗文题刻 163 幅，共计 1 万多字，还有石鱼 14 尾，题刻人姓名全者 500 余人。题刻中以宋代居多，次为元、明、清三代和近现代。题刻随地势凿刻，琳琅满目，故又有"水下碑林"之誉。题刻主要有 3 个方面的内容：一是记述石鱼出水的枯水现象和枯水程度；二是就石鱼出水现象与本年或来年农业丰收的关系发表议论和感言；三是来观看诗人们的题名。此外，还有少许其他内容的题刻。这些题刻中

---

① 水文题刻是用符号或文字标示河道洪枯水位变化时断面位置、水位、水情发生时间等特征，是研究江河古水文变化的重要参考和印证资料。目前，具有史料资料功能和科学研究意义的水文题刻，主要包括洪水题刻和枯水题刻两种。目前发现的绝大多数水文题刻都是标划江河洪水最高水位的，大致从宋代延续到民国时期，时间跨度约 1000 年。标划枯水水位的题刻较少，目前已发现的主要有以下几处：重庆市涪陵白鹤梁、朝天门灵石、江津莲花石、巴县迎春石、丰都龙床石和云阳龙脊石。

唐广德二年（764年）至清宣统元年（1909年）间的60个年份枯水数据，是长江上游建立现代水文观测站前最重要的枯水水文信息来源，是中国古代不可移动的实物水文档案库。1988年8月，白鹤梁题刻被国务院公布为全国重点文物保护单位，2006年，白鹤梁题刻被国家文物局列入中国世界文化遗产预备名单。

猴子岩水文摩崖题刻

猴子岩水文摩崖题刻位于重庆市涪陵区南沱镇，有洪水题刻2则。一则位于猴子岩河的石壁上。石刻幅高1.1米，宽0.7米。楷书，竖列5行，行1～6字，字的直径为16厘米左右。文为"大清庚午岁同治九年六月二十日，水安此处。"海拔高度175.28米。下游不远处崖上还存一则，题刻高1米，宽0.6米。楷书，竖列5行，行6～8字，字径10厘米左右。文为"大清同治九年庚午六月十九甲寅申时，河水涨至此处。上轻车都财七十又八，王肇都题。"海拔高度175.37米。

江北耗儿石题刻

江北耗儿石题刻位于重庆市江北区长江江北鱼嘴江段航道上的"耗儿石"上，题刻刻于后蜀孟昶明德三年（936年），比白鹤梁上所发现的最早的有纪年的水文题刻——北宋开宝四年（971年）题刻还早35年。

耗儿石发现时间较晚，1987年3月20日才被首次发现，1999年3月11口下午2点，寸滩水位158.32米，耗儿石后蜀题刻出水，清晰的文字呈现眼前："大蜀明德三年岁次丙申二月上旬，此年丰稔倍常，四界安怡，略记之。水去此一丈。"共32字，仅"之"字损。耗儿石长2.4米，宽0.8米，高0.65米，是"川江七大枯水题刻"中体积最小的。三峡大坝蓄水成功，耗儿石题刻沉于水下。

迎春石枯水题刻

迎春石枯水题刻位于重庆市巴南区麻柳嘴镇长江南岸的河道上，与渝北洛碛镇隔江相望，常没于水，枯水方显露，古有"石出迎春"之说，故得名。分上、中、下三石，上石约长60米，宽40米，中石不常现，下石约长27米，宽13米。题刻始刻于宋，延至晚清，共存题刻10余则，但是多数受到水的浸蚀严重，已经难以辨认。迎春石上，较著名的题记有宋人冯时行题刻，明初人谢政题刻及明礼部尚书王应熊题刻等，其余的或无法识别题刻人或在水下，多为本土籍人士留下的题刻，内容多与修禊习俗及士大夫游赏有关，但保存状况普遍不好，多数题刻剥落严重，已经很难辨识。现为巴南区级文物保护单位。

龙床石题刻

龙床石题刻位于重庆市丰都县名山镇县城南水门外长江河道上。龙床石长约27.1米、宽13.9米状若龙床的水下磐石。《丰都县志》中记载："江流击石，……传为蛟龙栖息之窟。"题刻面积达376平方米，上有南宋绍兴、端平，元大德，明、清，民国题记72则。题刻幅面大小不一，大者为1.5米×1米，小者为0.6米×2.5米，字体多为行楷。大字有"龙床床春玩""龙床堆""石楼"等。处于最低处的题刻有2则，一为"天下文章莫大于是"；二为"阁乾坤之大笔，写江汉之雄才"。字体为行书和楷书。字迹受到水的浸蚀很严重。现为县级文物保护单位。

"渌水池"石刻

"渌水池"石刻位于重庆市丰都县名山镇西南方向800米的江心。存明代题刻7则,清代1则,位于长江河床上。其一,七言诗一首。幅高0.8米,宽0.64米。草书,阴刻,可惜文字无法辨识,仅见"大明嘉靖丙午三月上已,文林郎七十六翁葫山戴吉题。"其二,王邦诗句。高0.84米,宽0.7米。草书,"莺花二月天,箫鼓木兰船。鸿迹依云石,龙光映碧川。暮游乾道纪,故事水和年。觞咏临流水,高风愧前贤。"其余明刻残毁。清代题刻高0.76米,宽1.78米,楷书,横列,"渌水池"三字;左附诗一首,楷书,文"为寻名胜迹,信步到江滨。此地何多石,题诗早有人。鸭头凭涨固,鸿爪易沉沦。莫忘桃花水,当前正暮春。"现为县级文物保护单位。

瓦渣地水文摩崖题刻

瓦渣地水文摩崖题刻位于重庆市忠县忠州镇红星村西南长江畔的崖壁上。题刻幅高0.94米,宽0.44米。竖列,楷书,4行,字的直径为6厘米左右,行距4厘米。文为"绍兴二十三年癸酉六月二十六日,洪水泛涨至此。"多清晰可识。现为县级文物保护单位。

斜石盘水文摩崖题刻

斜石盘水文摩崖题刻位于重庆市忠县忠州镇北门村东长江畔的石梁上。题刻幅高1.14米,宽0.64米。竖列,楷书,共3行,字的直径为10厘米左右,字距2.5厘米,行距3厘米。文为"大明庚申加(嘉)靖三十九年七月廿三日,大水到此。"现为县级文物保护单位。

黄莲村水文摩崖题刻

黄莲村水文摩崖题刻位于重庆市万州区高峰镇朝阳村山壁面上,有洪水题刻共2则。其一,楷体,竖列2行,16字,文为"皇清乾隆五十三年六月二十，水安此处。"字高 12 厘米，宽 9 厘米，字距 3 厘米，行距 8 厘米。其二，相距约 60 米。石刻高 1.13 米，宽 0.76 米。楷书，竖列 3 行，横列 1 行，共 26 字，正文字径 10 厘米，额横书"万古流传"4 个字，正文"皇清同治九年庚午岁六月二十三，水安此地，张大成立"。海拔高度 156.6 米。现为万州区级文物保护单位。

"信古碑"水文题刻

"信古碑"水文题刻位于重庆市万州区陈家坝街道旅密村土地庙旁的"信古碑"上，幅宽 0.3 米，高 0.4 米。楷书，计 3 行，文为"清同治九年庚午六月十九日，大水涨至此。文生张俊三。"海拔高度 154.98 米。

猫儿峡摩崖题刻

猫儿峡摩崖题刻位于重庆市大渡口区跳磴镇蜂窝坝村。猫儿峡古称大茅峡，与铜锣峡、明月峡并称为重庆长江小三峡，也称"巴渝小三峡"，是大渡口区文献记载较早的著名自然景观之一。清王士祯《蜀道驿程记》载："过猫儿峡，莲峰叠嶂，亏蔽云日，一山突起，石棱刻露，其色青碧，曰青石尾，长年云，百般秋水涨，石尾没，则舟不敢行。"民国《巴县志》载："……至铜罐驿下游，两山壁立，约束江水流向猫儿峡，古大茅峡也。""东山面西，自南始，曰大茅峡，俗名猫儿峡，石壁峭立，皱皱入画。"

猫儿峡长江北岸峡口岸上有一座王爷庙，庙中供奉镇江王爷，舟楫往来，必进庙祈祷而后行，以求庇佑。猫儿峡摩崖题刻位于王爷庙上方崖壁山体上，坐北朝南，用行楷阴线双钩，自右向左横刻"岷江一束"4 个大字，字径高 60 厘米，宽 40 厘米，体量较大，雕刻工整。据传北宋嘉祐四年（1059 年），苏轼、苏辙随父苏洵自四川眉山顺江去汴京途中，于此停舟上岸祭拜时手书，被王爷庙的僧人刻于崖壁之上。由于年代久远，风化剥蚀严重，现仅存"岷江"二字。该题刻具有重要的历史和艺术价值，为研究大渡口区宋代摩崖题刻艺术提供了重要的实物资料。

2020 年 2 月，猫儿峡摩崖题刻被公布为第二批大渡口区文物保护单位。

莲花石题刻

莲花石题刻位于重庆市江津区几江镇南长江中，时代为宋至清。莲花石题刻位于江津区几江东门外长江航道北侧江水中，距几江长江大桥约 100 米。它由 36 块礁石、38 段题刻组成，高 180.89 米，全露面积可达 800 多平方米。因其宛若一朵盛开的莲花而得名。莲花石题刻记录了近 800 年的长江枯水位情况，因其地处三峡库区最上游，是长江上游水文的重要参考资料。同时，石上的诗词、书法、镌刻艺术等均有研究价值。2000 年，莲花石题刻被重庆市人民政府公布为第一批重庆市文物保护单位。

大顺桥碑

大顺桥碑位于重庆市江津区中山镇常乐村，桥已毁，存碑1通，位于一溪畔的坡地上。碑砂石质，六棱形，带盖，通高2.2米，单边宽0.25米，六角攒尖顶。碑面记有该桥修建经过及捐款人名单等。落款"清乾隆五十六年"。基本完好。

云雾村修桥碑

云雾村修桥碑，又名观音碑，位于重庆市南川区大观镇云雾村西北公路侧，立于清乾隆十九年（1754年）。碑方首，方跌，通高1.65米，宽0.89米，厚0.17米。圆形龛额，直径0.36米，内浮雕观音像，已残。碑文载修桥始末。

龙脊石题刻

龙脊石题刻是重庆云阳境内长江中一处别具情趣的石刻奇观。龙脊石是位于云阳县城南长江之中形如巨龙的一段砂岩石梁，长200多米，宽10多米，随夏秋丰水冬春枯水，石梁或如龙潜江中，或露出龙脊戏于碧水，故称之为龙脊石。旧俗，每逢人日（农历正月初七）"邑人游其上，以鸡子卜岁丰吉。"历代文人学士游乐宴饮之余，或诗或文，年代日久，便在龙脊石上留下了大量的诗文题刻。龙脊石上的题刻，阴刻、阳刻、单线双钩技法各异，真、草、隶、篆各种书体皆有，大都字迹清楚，完整无缺。题刻中字多者数百言，少者仅一字；字大者径2米，小者仅2厘米。比如，清乾隆十八年（1753年）云阳县令单行举所书"水落石出"四字，字近人高，书法遒劲，意趣盎然。后有行书诗跋"江峰览不尽，云树字年年，苍龙如可驾，我欲问青天"，字大如盘，豪迈飘逸。又如，明崇祯戊辰（1628年）一武科举子题七言"天造江心一片石，往来何故多留题？愿将洗净贯污胆，压酥好臣骨如泥。"字里行间尽泻出诗作者的心中忧愤。云阳龙脊石早已是古代人们用来观察和记载长江水位的水文观测站。明代曹学佺《蜀中名胜记》记载有一首流传于云阳的古老民谣："龙床如拭，济舟必吉；龙床仿佛，济舟必没。"（龙床即龙脊石）这首古老歌谣，生动形象地说明龙脊石早已成为长江行船的天然航标。经过长江水文考古工作者对龙脊石上的题刻进行深入的研究，获得了53个枯水水文年份的历史资料。这些资料对分析长江水文历史、综合开发利用长江资源有着极宝贵的价值。

重庆丰年碑

重庆丰年碑位于重庆市渝中区朝天门嘉陵江与长江交汇的江底，是一条长约200米的石梁，在枯水期露出，在石梁中间镌刻有12块从东汉建武年间至清代康熙年间的枯水位石刻。巴渝人十分重视石梁的出现，相传石梁出现预示着丰年的到来，石梁上的枯水碑又称为丰年碑。清乾隆庚申（1740年）二月石梁现出，全城百姓倾城而出，观看朝天门丰年碑，并非每个人都能看到。有记载的1700多年以来，平均600年才露一次面，最后一次是1937年盛夏。现在三峡航电已开蓄水，丰年碑则沉睡在静静的江底。从目前的史籍记载看，灵石上有题刻内容共10多段，记录了从东汉建武年至清乾隆十九年间的19个年份枯水位。记载了较长时间跨度的枯水年份题刻，一定程度上反映了川江水文变化情况。

佛图关石刻

佛图关石刻位于重庆市渝中区鹅岭公园佛图关园区。该地地势险峻，两侧环水，三面悬崖，海拔388米，自古有"四塞之险，甲于天下"之说。为兵家必争的千古要塞。重庆半岛三面环水，古代涨水季节不可卒渡时，出入重庆必经佛图关至二郎关一线要道。《巴县志》中记载："渝城三面抱江，陆路惟浮图关一线壁立万仞，磴曲千层，两江虹束如带，实为咽喉扼要之区，能守全城可保无恙。"佛图关摩崖造像刻于宋朝，另有清朝文人严学淦（嘉庆九年举人，历任湖南耒阳知县、湖南武冈知州）等人题刻，并遗存唐宋以来的石刻、佛像、佛来洞及各时期碑文。因

《佛图关铭》《佛图关》《清正廉明》等多种记事碑铭，以及岩壁上刻有摩崖石刻佛像，故名浮图关，后更现名佛图关。佛图关碑记、石刻，年代悠久，唐、宋、明、清各时都有。这些石刻的笔力雄浑稳健，笔锋古朴厚重，是巴渝文化的珍贵遗产。1992 年，佛图关石刻被重庆市人民政府公布为市级文物保护单位。

周恩来题词碑亭

周恩来题词碑亭位于重庆市长寿区长寿湖镇长寿湖拦河大坝上，为石质及混凝土结构的仿古六角亭，亭子通高 8 米，基座与柱子为石头雕造，顶部为混凝土。纪念碑立于亭子正中，为大理石材质的四棱碑，通高 3 米，边长 1 米，正面刻周恩来题词，左面刻李先念题词，右面刻刘澜波题词，后面刻狮子滩水力发电厂总体情况介绍。1954 年，国家"一五"重点工程——狮子滩水力发电厂长寿湖拦河大坝正式动工修建，1956 年竣工。1958 年 3 月 5 日，周恩来在李富春、李先念的陪同下，来

到长寿湖视察并题词。周恩来的题词是:"为综合利用四川水力资源树立榜样,为全面发展四川经济开辟道路。"李富春、李先念的题词是:"为长江综合开发,开辟了道路。为四川的国民经济的发展服务。李富春李先念一九五八年三月五日。"刘澜波的题词是:"综合利用祖国水力资源,贯彻勤俭建国方针,又多、又快、又好、又省、又安全的建设水电站,为祖国电气化而努力。刘澜波一九五八年一月一十三日。"为此,1958年3月,长寿县人民政府组织修建了这座纪念亭。目前是重庆市市级不可移动革命文物。

弹子石摩崖造像

弹子石摩崖造像位于重庆市开州区弹子石街道集翠村长江边上。开凿于元末明初。背依山崖,西对长江,有摩崖造像一龛,龛高 13.75 米,宽 10.45 米,深 2.55 米,呈长方形竖立状。两侧用条石砌成护壁,顶部有 20 世纪 80 年代初维修时所建的歇山屋顶覆护。龛内造像为一尊弥勒佛和两位胁侍弟子。

弹子石大佛原是用来镇压"水妖"的。元朝末年,天下大乱。1363年,红巾军将领明玉珍统一四川,建国号大夏,定都重庆。当年,重庆川江水患频繁,江面滩险浪急,船只时常触礁,民间流传是因对岸一座酷似人头的"人头山"有妖魔作怪。为了镇压妖魔,明玉珍命大将邹兴在长江南岸凿石刻像,以佑百姓平安。

邹兴凿造了临江大佛后,明永乐十九年(1421 年)又凿造了五尊佛。进入清代,该片区逐渐形成佛教寺院群落,有大雄宝殿、观音殿、玉皇殿等,占地约 30 亩,气势恢宏。现在仅存临江大佛和五佛殿。据《巴县志》记载:"明夏督察院邹兴所凿也。"元末开凿了河边大佛,明朝永乐年间雕刻了五尊佛,清代修建了庙宇——五佛殿。

该造像是目前我国唯一的可确认的农民起义军政权所凿刻的造像,具有较高的历史、艺术价值。2013 年 5 月,弹子石摩崖造像(大佛寺)被列为第七批全国重点文物保护单位。

第二节　水神祭祀古建筑 ①

本部分遴选了三峡地区 21 项古代水神祭祀建筑和与三峡工程密切相关祭祀建筑。

重庆湖广会馆 – 禹王宫

重庆湖广会馆位于重庆市渝中区长滨路芭蕉园 1 号，于清乾隆二十四年（1759 年）始建，清道光二十六年（1846 年）扩建。重庆湖广会馆占地面积 1.84 万平方米，系禹王宫、齐安公所、广东公所等清代古建筑群及仿古建筑的统称，坐落在高度差近 40 米的坡地上，建筑布局因地制宜，分层筑台、层层叠落，与自然地形充分结合，具有浓厚的山地特色。

重庆禹王宫始建于清康熙年间（1662—1722 年），由早期移民中的湖南、湖北富商、乡绅捐资兴建，修复后的建筑面积为 2141 平方米。禹王宫主体建筑大体依中轴线排列，巍峨古朴。与北方砖石结构的建筑不同，禹王宫是南方庙宇常见的木结构悬山式小山瓦顶。其正厅净空高达 10.65 米，是重庆湖广会馆建筑群中最高的一处殿堂。正万梁、柱选用粗大优质柏木建造，主要立柱直径达 50 厘米，历经 150 多年仍完好无损。万檐下为龙头斗拱，龙头都朝着长江，寓意大龙锁江。禹王宫戏楼台面阔 6.8 米，因地形限制，戏台与正厅距离仅有 3.3 米。戏楼上额枋雕刻的是八仙图，斜撑为圆雕。正厅与戏楼雕梁画栋、涂朱镏金，木雕镂刻保存完好。

---

① 祭祀是人类社会文化传承的重要纽带和载体，在东西方文化中都占有十分重要的地位。大禹祭祀文化是中华传统水文化的重要组成部分。大禹治水的功绩对中国历史的演进和发展有着深远的影响，大禹精神对中华民族起着无可替代的凝聚作用。自秦汉以来，中央王朝就开始系统性地祭祀大禹，形成了系统性的禹王祭典制度和礼仪，包括祭品、祭器、祭乐、祭舞和祭文等。各地尤其是濒临江海湖泊的居民，为了祈求水旱无虞，多建有禹王庙、禹王宫来祭祀禹王。除了祭祀大禹外，龙王、历史治水名人等也多被祭祀。

重庆湖广会馆在节假日多开展传统文化活动以延续会馆文化传承，如春节禹王庙会、清明节禹王祭祀等活动。重庆湖广会馆是清代重庆作为繁华商埠的历史见证，也是清代前期到民国初年的 200 多年间，重庆移民文化、商业文化和建筑文化的重要标志。2006 年 5 月 25 日，重庆湖广会馆被国务院公布为第六批全国重点文物保护单位。同年 11 月，重庆湖广会馆被评定为国家 AAAA 级旅游景区。

龙兴古建筑群 – 龙兴寺（禹王庙）

龙兴镇位于重庆市渝北区东南部，距重庆市中心区 36 千米，是国家级历史文化名镇、重庆市经济百强镇。古镇历尽沧桑，仍保存完好，文化遗产丰富，共有八大群体序列 70 余处文化遗址，典型建筑有古庙、古寨、祠堂、老街民居。龙兴寺（禹王庙）正是其中突出的代表。

禹王庙位于龙兴镇藏龙街，为会馆建筑，清乾隆二十四年（1759年）筹建，清嘉庆九年（1804 年）初建成正殿和乐楼，清道光二十五年（1845 年）及清光绪年间维修过，现改为龙兴寺，占地面积 2000 平方米。其庙为四合院布局，坐北向南，山门为随墙门，砖石结构，四柱三开，自中门而进即乐楼（戏台），乐楼与山门连墙，为单檐歇山顶，石柱木屋盖，铺金色筒瓦，乐楼面开三间，中心阔 5 米，进深 8 米，抬梁 4 架，四椽前后牵连，檐柱前后 8 根，台边为人物、花卉浮雕看枋。正殿为歇山式三重檐，黄色筒瓦，面阔 5 间，宽 22.5 米，抬梁梁架，前排檐柱为石质，横额木匾，第一层题"帝德神功"，额下横枋镂九龙纹图案；第二层横匾，左题"三江既奠"，右题"九州攸同"。左右两廊为穿斗式结构，长 50 米，进深 3.5 米，近乐楼处各有一耳楼，单檐歇山式屋顶，黄色筒瓦，房为上下两层，木板铺楼，外沿为砖砌风火墙。

龙兴古建筑群（含禹王庙）建筑风格各异、造型独特，具有古朴典雅、庄严凝重、神秘清幽的特色，显示着古镇深邃的文化内涵。2001 年，龙兴古建筑群被公布为渝北区文物保护单位，2009 年被公布为重庆市文物保护单位。

西沱云梯街民居建筑群－禹王宫

石柱县西沱镇历史文化悠久，早在清乾隆时期这里就"水陆贸易、烟火繁盛、俨然一沼邑"。场镇街道布局奇特、民俗民风淳朴、建筑风格多样，是长江上唯一一个全程垂直于等高线布局的场镇，也是渝东地区保存较为完好、系统的历史文化名镇。

禹王宫，坐落在双江北街，坐西面东，为清初砖木结构古建筑。占地 12 216 平方米，建筑面积 2556 平方米，保存完好，拥有重庆市规模最大、保存最完好的古戏楼之一。禹王宫正殿面阔五间 19.5 米，进深深二间 6.4 米，走廊宽 1.8 米，高 6.3 米，台基高 1.8 米，左侧存有台阶 4 级；砖木结构，庑殿顶，穿斗式梁架，梁上题有清光绪年间重修记。墙砖面模印"禹王宫"三字。保存较好。禹王宫曾是民国初年双江革命党及后来中国共产党地方及基层组织开展重要革命活动的阵地。1917 年，杨宝民在双江发动护法起义，成立"四川靖国军川北司令部"，反对向北洋军阀政府投怀送抱的四川督军刘存厚，其司令部便设于此。1938 年，中共川东临委派了一支乡村女服务队到双江宣传抗日救国和发展党的组织，也在禹王宫驻扎。

2003 年 11 月，西沱镇被建设部、国家文物局公布为中国第一批历史文化名镇。2009 年 12 月 15 日，重庆市人民政府公布西沱云梯街民居建筑群为第二批重庆市文物保护单位。

丰都县禹王宫

丰都县禹王宫位于重庆市丰都县三坝乡厢坝村，建于清乾隆三十九年（1774 年）。占地面积 29 平方米，现仅存 1 殿。面五间 13 米，进深四间 10 米，台基高 0.6 米，土木结构，硬山顶，抬梁式梁架。明间壁面题"乾隆三十九年"造房记。

云阳镇禹王宫

云阳镇禹王宫位于重庆市云阳县云阳镇梅树村，始建于清光绪六年（1880 年）。占地面积 217.5 平方米，坐北向南，四合院布局，四周高墙封闭。大门石质，门尚存，二楼开窗。前殿面三间 15 米，进深四间 7.50 米，高 11 米，砖木结构，硬山顶，风火山墙，拍梁式梁架。正殿面周三间 15 米，进深二间 6.5 米，硬山顶，风火山墙，拍梁式梁架。两侧厢房各面二间 8 米，进深 4 米，台基高 2 米。保存较好。

庙宇镇禹王宫

庙宇镇禹王宫位于重庆市巫山县庙宇镇禹王宫居委会，建于清咸丰十年（1860 年）。占地面积 450 平方米，坐北朝南，现存前殿、正殿。前殿面阔三间 14.3 米，进深二间 7.8 米，高 8.5 米，木结构，欧山顶，穿斗式梁架。正殿面阔三间 14.3 米，进深三间 9.4 米，高 8.5 米，木结构，歇山顶，穿斗式梁架。天井西墙上有清咸丰十三年（1863 年）修建碑 1 通，青石质，碑高 0.67 米，宽 1.13 米，计 30 行，千余字。碑文载有县令朱家凉对商贸管理、举子考试等制定的一些规定。

巫山神女庙

巫山神女庙原址位于重庆市巫山县飞凤峰。巫山神女是中国古代神话中的人物。神女名曰瑶姬，相传为炎帝之女，在大禹治水时，神女瑶姬授以治水秘籍，并遣属神助之，三峡民间有巫山神女消灭恶龙、派神鸦为行船指点航路、为百姓驱除虎豹、为人间兴云降雨、为百姓治病育种灵芝等传说。为了纪念她授书助大禹治水的功德，唐仪凤元年（676年）在神女峰修建神女庙，北宋宣和四年（1122年）改为凝真观，南宋绍兴二十年（1150年）封神女为妙用真人，凝真观又称妙用真人祠。南宋陆游《入蜀记》记载："过巫山凝真观，谒妙用真人祠。真人即世所谓巫山神女也。祠正对巫山峰峦，上入霄汉，山脚直插江中。"清顾祖禹《读史方舆纪要·四川一·名山》记载："巫山亦曰巫峡，在夔州府巫山县东三十里，下有神女庙。"自唐代以来直至民国时，神女庙香火十分旺盛。抗战期间，神女庙被毁，农历初七祭祀神女的习俗也逐渐消失。现神女庙遗址属三峡水库淹没文物，已作为旅游景点在长江北岸的巫峡口复建。

新田禹王宫

新田禹王宫位于重庆市万州区新田镇，始建于清道光二十七年（1847年）。坐南朝北，原布局不详，现仅存正殿。面五间21.3米，进深9.2米，高8.65米，条石台基高2米，下有石阶5级。木结构，硬山顶，抬梁式梁架。鼓形柱础高0.5米。保存较好。

丰盛禹王宫

丰盛禹王宫位于重庆巴南区丰盛镇。丰盛古镇始建于宋代，兴盛于明清。古镇较好地保存了明清时代的石板街、四合院及禹王宫、十全堂、仁寿茶馆、一品殿、曾义堂等古建筑。禹王宫是湖广商人建立的会馆，建于明代。禹王宫与古镇原有的万寿宫（江门会馆）、万天宫同在中轴线上。禹王宫是由正殿、戏楼及左右厢房构成的一个四台院式建筑，坐北朝南。禹王宫屋顶造型为硬山式，两边的高墙为封火墙，属典型的徽派建筑。修建之时所有砖上均刻有"禹王宫"字样。其正殿脊上遗有"大清咸丰年秋月补修"字迹。2008年12月，丰盛古镇被国家住房城乡建设部、国家文物局授予中国历史文化名镇称号。2016 年 12 月,丰盛古镇被评定为国家 AAAA 级旅游景区。

南岸禹王庙

南岸禹王庙位于重庆市南岸区迎龙镇塞家边村,始建于明末,清代修葺。占地面积 700 平方米,坐西向东,四合院布局,原前殿、厢房已拆,后殿保存较好。面阔三间 17.2 米,进深一间 6.35 米,高 15 米,木结构,歇山顶,抬梁式梁架,七架梁。老角檐下各存有 1 个圆雕兽头。

九龙坡禹王庙

九龙坡禹王庙位于重庆市九龙坡区巴福镇,始建于清道光年间。占地面积约 1458 平方米,坐东向西,原为四合院布局,现存上殿、右厢房。上殿面阔三间 11 米,进深二间 10 米,砖木结构,硬山顶,拍梁式梁架。

龙凤寺

龙凤寺位于重庆市九龙坡区直港大道之端,倚岩而建,面临万里长江。原名"王爷庙",始建于清朝初年,建庙意在祈保过往船只、纤夫与当地民众平安福慧。数百年间,香火鼎盛,名扬巴蜀。2000 年,九龙坡区人民政府正式批准开放。因地处龙凤溪,以龙凤呈祥之意,更名"龙凤寺"。

长寿紫云宫王爷庙

长寿紫云宫王爷庙位于距重庆市长寿区西 15 千米的长江南岸扇沱场口,也称扇沱王爷庙。为纪念镇江王爷,以求镇江降妖,免除水患,明代当地居民在江边兴建紫云宫,复修于清乾隆五十九年(1794 年),高程 185 米,占地 1500 平方米,建筑面积 1100 平方米,主体建筑尚存,至今为长寿唯一保存较好的清代砖石木结构的建筑物。

王爷庙占地约 2 亩。全庙由正门、戏台和上殿、下殿等组成,左右各有厢房相连，构成"回"字形。庙四周外壁为砖石构建，房架、门窗为木质结构。地势显耀，造型别致，气势雄浑、壮观。正门左右设有两道侧门，侧门上有斗拱和鲤鱼跳龙门、龙口喷水、水波云纹等图案和造型。王爷庙以其乞求镇江王爷护佑镇妖降魔、免除水患的祷拜祭祀场所和独特精美的建筑，曾吸引众多乡民百姓、善男信女和文人学士来此祭祀祷拜和观赏游玩。其庙门为白色，显而易见，是险滩和危险区域的警示信号。镇江王爷是水手、船工、纤夫等从事水上货运、客运的人们所共同供奉的神。

王爷庙以水神祭祀文化闻名于世。当地对镇江王爷祭祀和供奉时间分为3个时段：农历三月二十八日，农历五月二十八日，农历九月二十八日。每年农历三月二十八日起，为长江枯水期，在扇沱场长江流域段，暗礁险滩浮出江面，行船出事多于此季节；农历五月二十八日为长江洪汛开始时间，为了一年的行船安全和丰衣足食，渔民和航货运老板们多于此际祭祀镇江王爷；农历九月二十八日后即将入冬，万物以冬眠待时而动，鱼类活动渐渐减少，而且江面多雾，是行船和捕鱼禁忌期，所以，对镇江王爷的祭祀和供奉就格外殷勤、庄重。此外，每年的农历二月二十四日为龙王诞辰，农历五月二十日为龙母诞辰，当地的祭祀活动也甚为隆重。王爷庙祭祀活动不仅是一种平安祈福，更是作为一道人文景观，备受江上往来人的推崇。

长寿紫云宫王爷庙系清朝巴蜀一带民间建筑和官式建筑的混合体，依山就势，体现了山地建筑选址布局的集中特征。1986年，长寿县人民政府将其定为县级文物保护单位；2001年，长寿区人民政府将其定为库区淹没文物；2019年，重庆市人民政府将其公布为第三批重庆市文物保护单位。

涂山寺

涂山寺位于重庆市南岸区黄桷垭街道，始建于清代。相传大禹娶涂山氏于此，后世为纪念大禹治水之功建禹王庙，唐称涂山寺，宋改名真武庙，历代屡经维修，现名涂山寺。《华阳国志》中记载："江州涂山，

帝禹之省存焉。"唐代白居易作《涂山寺独游诗》。涂山寺中现有殿宇 8
重，房间 100 间，占地 1 万多平方米。坐东向西，复四合院布局。中轴
线排列玉皇殿、韦驮殿、大雄宝殿，殿侧为厢房，厢房侧建有药师殿。
大雄殿，面五间、进深四间，木结构，悬山顶，抬梁穿斗混合式梁架。
主殿之内即供有释迦牟尼像，另立有"禹王治水碑"，可称是佛道和睦共
处的庙院。脊饰宝瓶，两端鱼吻。卷棚檐廊楼雕斜撑。寺后山巅立有明
万历二十三年（1595 年）重庆总兵刘廷铸铭文的铁桅杆 1 根，高 10.5 米。
2000 年被公布为重庆市文物保护单位。

黄陵庙

黄陵庙，古称黄牛庙、黄牛祠，又称黄牛灵应庙，是长江三峡地区
保存较好的古代建筑群。黄陵庙坐落在三峡西陵峡中段长江南岸黄牛岩
下的湖北省宜昌市夷陵区三斗坪镇，矗立于波澜壮阔的长江边。黄陵庙
以纪念大禹开江治水的禹王殿为主体建筑，保存有大量珍贵的长江三峡
特大洪水水位、镇水神兽等重要的水文遗迹和实物资料，是长江三峡地
区水位变化的水文资料库。黄陵庙内保存的水文化资源为葛洲坝水利枢
纽工程和长江三峡水利枢纽工程的建设提供了重要的历史水文依据。

据《宜昌府志》记载：春秋战国时期，长江三峡一带即流传有黄牛神助大禹治水的神话传说，此庙即为那时人们为祭祀黄牛神和大禹所建，称黄牛庙。三国时期，诸葛亮率师入蜀时重建此庙，并撰《黄牛庙记》一文且刻石碑保留庙中至今。唐宣宗大中元年（847年）建禹王殿兼祭大禹，庙名亦称"黄牛祠"。现存主体建筑禹王殿系明代中期所复建，禹王殿脊银质宝瓶铸有"皇明正德五年"建造字样。自明代中期正德年间复建禹王殿后，专祭大禹，庙名改称黄陵庙。

黄陵庙古建筑群占地面积 20 980 平方米，建筑面积 4680 平方米。由山门、禹王殿、屈原殿、佛爷殿构成一条中轴线，分别建在逐次升高的 4 个平台上，各台基相距高约 2 米。山门：建在海拔 75.56 米的江边坡地上。从江边至大门石砌阶梯分两段，下段 18 级，上段 33 级，寓意十八层地狱和三十三重天。山门始建于唐代，毁于 1870 年长江特大洪水，现存建筑为清光绪十二年（1886 年）重建。

禹王殿是黄陵庙现有建筑群的主体建筑，重檐歇山顶，穿斗式木结构，八架椽屋。通面阔五间 18.44 米，通进深五间 16.02 米，占地面积 400 平方米，布楠木柱 36 根，明间柱高达 17.4 米，直径 0.783 米。正背中置莲花座银质宝瓶，黄色琉璃瓦屋面。上下斗拱 96 攒，六辅作，规矩整齐，承托飞檐翼角，前、后檐共 8 根檐柱。上端均置龙头鱼身五彩木雕，满门格肩，两山面墙为木板，大殿正面悬两方木质匾。上为"砥定江澜"，下为"玄功万古"。边框浮雕二龙戏珠，飞金走彩。此匾被编入《中国名匾录》一书，殿后檐悬木匾"明德远矣"褐字蓝字，为出生于宜昌县（今湖北省宜昌市）、官居南阳知府的清代大儒顾嘉衡于光绪甲申年（1884 年）所书。殿内天花板彩绘井口天花 47 组，图案为蓝天金龙俯视长江，五彩祥云普照人间，与殿内禹王雕像、壁雕相映生辉，庄重堂皇。

禹王殿楠木柱上还保存了 1851 年以来长江最高的两次洪峰淹没的痕迹。一次是清代咸丰十年（1860 年）；另一次是清同治九年（1870 年）。经水文专家测定，1870 年长江三峡洪水流量达 10.5 万立方米／秒。还有几十处记录数百年来有关洪水的刻文和标记。上述洪水痕迹、刻文和标记，为长江水利枢纽工程葛洲坝和三峡大坝的建设提供了重要的水文依据。

黄陵庙历史悠久、规模宏大、保存完整，是长江三峡地区唯一没有拆迁的最大明清古建筑群。1956 年，被湖北省人民政府公布为湖北省第一批重点文物保护单位。2006 年 5 月 25 日，被国务院批准列入第六批全国重点文物保护单位名单。黄陵庙内 1860 年及 1870 年洪水碑记如下图所示。

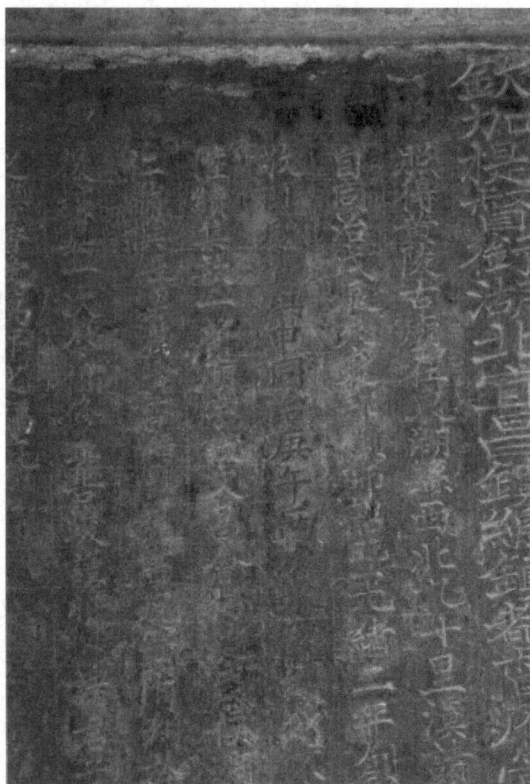

江渎庙

江渎庙又名杨泗庙，原址在秭归县新滩南岸桂林村，据史料考证，至少在北宋年间就有了江渎庙，被复建的江渎庙建于"大清同治四年寅丑秋月"（庙内檩枋有题记）。中国历史上有祭祀岳三神、四渎水神的民俗传统，祭祀的四渎水神为"江淮河济"。江渎庙是人们祭礼长江的所在。据我国著名古建筑专家罗哲文介绍，江渎庙除具有浓厚的地方建筑特色，其建筑样式和建筑风格在三峡少见外，其还是全国为数不多的保存完好的"江淮河济"四渎庙之一，具有较深厚的文化积淀和十分丰富的古建筑文化价值。

江渎庙原建于新滩古民居群之中，始于北宋皇佑三年（1051年）。新滩地处西陵峡中的兵书宝剑与牛肝马肺峡之间，因滩急水险，过往船只常面临覆船之灾，过路商贾和船只老板便捐银修建了此庙。清同治修《宜昌府志·坛庙》云："江渎庙在新滩南岸，相传神人阴修。"凡过往船只路过新滩，都要到江渎庙烧香朝拜，以求水神保佑过往船只的安全。2001年，因三峡工程文物保护所需，江渎庙迁建至秭归新县城的凤凰山。江渎庙风格独特、工艺精湛，堪称三峡地区古建筑中的艺术精品。该庙为木排架结构，以砖合围，坐南朝北，依山而建。平面布局呈四合院式，门厅前有一小院，另有正厅、厢房、偏房和天井。厢房设有楼，厢房外有廊桥。正厅和厅屋大木构架为抬梁式，次间为穿斗式，梁为月梁造型。建筑内装修精美，各种雕饰、图案充满了浓郁的乡土气息和峡江神韵，形象生动，独具匠心。庙屋面为硬山顶式，马头墙，小青瓦，瓦头和山花上堆塑有花草和游龙，大有翻江倒海与腾云驾雾之势，充分显示了人与建筑、建筑与自然的和谐统一。

屈原祠

屈原祠位于秭归县凤凰山，又称清烈公祠，占地面积约30亩，为纪念屈原而建。始建于唐元和十五年（820年），其址在归州古城东2.5千米的屈原沱。20世纪70年代，屈原祠因水利工程修建而搬迁。1976年7月，因葛洲坝水利枢纽工程兴建，屈原祠迁往归州向家坪。2006年11月，因三峡工程兴建，屈原祠再次迁建至秭归凤凰山。

屈原祠总面积33.3公顷，祠堂内有山门、屈原青铜像、屈原衣冠冢、纪念屈原陈列馆、东西碑廊等。山门建筑风格独特，歇山重檐，三面牌楼，六柱五间，三级压顶。三面牌楼通高 20 米。郭沫若先生手书"屈原祠"3 个苍遒的大字镶嵌在牌楼上方正中的天明堂；襄阳王树人所书的"孤忠""流芳"分嵌左右额枋；大门门楣匾额上闪烁着"光争日月"4 个金光灿灿的大字。山门色彩匠心独具，立柱土红色，墙面白色，屋面绿色琉璃瓦。山门两侧配房为硬山顶，滚龙背，面墙正中有 1 个巨大圆弧浮雕，中饰"龙凤呈祥"图案。

屈原祠是为纪念屈原而修建的。屈原，名平。公元前 340 年诞生于秭归县乐平里，是中国最早的伟大爱国诗人。他曾在古代楚国做过左徒和三闾大夫，后因奸臣排挤而被放逐江南，当楚国被秦兵攻破时，他愤而以身殉国，投汨罗江而死。其《离骚》《九章》《九歌》等诗篇，声贯古今，名扬中外，1953 年，世界和平理事会将屈原列为世界文化名人。其祠堂对研究屈原文化具有相当重要的价值。

屈原祠以屈原文化为统领，是三峡地区能够把物质文化遗产和非物质文化遗产保护利用充分结合起来的重点区域，将成为三峡地区最大的

文化遗产保护基地和屈原文化展示平台。2006年，屈原祠被国务院公布为第六批全国重点文物保护单位。2015年12月，屈原祠入选长江三峡30个最佳旅游新景观之一，是国家AAAAA级旅游景区三峡大坝－屈原故里旅游区的组成部分。

凤凰山古建筑群

凤凰山古建筑群位于湖北省秭归县茅坪镇凤凰山。凤凰山位于湖北省秭归县新县城，毗邻三峡大坝，是观三峡大坝、览高峡平湖的最佳区位。1990年，因兴建三峡大坝，将屈原祠等古建筑迁建于茅坪凤凰山。凤凰山古建筑群占地27 000平方米，建筑面积约11 000平方米，分三大区域布局，屈原祠区，古民居、庙祠区及古桥梁、石刻、城门区。

自1998年起，秭归县人民政府将三面环水的凤凰山划出10公顷地用于集中复建该县库区24处重要文物建筑。该复建区包括民居10处，祠庙6处，桥梁4处，城门2处，牌坊1处，古井1处，计有郑万琅老屋、郑韶年老屋、彭树元老屋、郑启光老屋、游县长老屋、屈原祠、杜氏宗祠、王氏宗祠、江渎庙、水府庙、惠济桥、江渎桥、屈子桥、屈原故里牌坊、新滩古井等，总体上还原其依山就势的原貌，为研究三峡地区古代民俗、水文、川江航道提供了不可多得的实物资料。

2006年，凤凰山古建筑群被列入第六批国家重点文物保护单位。

水府庙

水府庙位于长江三峡的兵书宝剑峡口，即湖北省宜昌市秭归县香溪与长江交汇处附近。水府庙又名镇江王爷庙、紫云宫，建于清朝乾隆二十三年（1758年），建筑面积约为473平方米。水府庙门正对着奔腾而来的长江，其前殿大门布局为歪门，入口偏东北。庙宇呈三殿结构，为四合院形制，为相互对称布局，通面宽12.51米，通进深24.92米。水府庙前殿有镇江王爷塑像，后殿供有观音像，中殿有普陀山、百子图，庙北香炉石上有洁白的昭君塑像。大殿之内雕梁画栋、香气缭绕，显得十分庄重古朴，颇有古色古香之气。

兵书宝剑峡素来是西陵峡水段水流最湍急之处，过往船只到此极易倾覆，故此，当地人认为其水下必有"水妖"为祸一方。出于对安全的考虑，古人便斥资修建水府庙，借水府王爷的神威镇压"水妖"，保一方太平。

狮子包古建筑群

狮子包古建筑群位于巴东新县城云沱小区，建于清代，系三峡工程文物建筑搬迁保护、集中复建文物点，包括万明星老屋、李光明老屋、顾家老屋、王宗科老屋、毛文甫老屋等5处民居，地藏殿、王爷庙等2处寺庙，济川桥及碑刻、寅宾桥等2处古石桥，"镇江阁碑记"碑刻、造船碑志等2处碑刻，以及龙船河水磨坊。2002年11月，狮子包古建筑群被列入第四批湖北省文物保护单位。

王爷庙，位于巴东县官渡口镇楠木园村一组，原名镇江阁。建筑面积138平方米。始建于清嘉庆十六年（1811年），清道光二十五年（1845年）扩建镇江阁主殿两侧的配房。主殿内供奉泥胎彩绘龙王爷塑像，配殿供奉火神、财神。正殿为单檐灰瓦硬山木构建筑，面阔三间，通面宽13.6米，进深三间，通进深9米。除前面施木装修外，其余三面均用墙体围合。明间梁架为抬梁式，采用5架梁加前后双步梁构造。殿内设金柱4根、檐柱10根，金柱同时又是上檐的檐柱，梁与梁之间不设驼峰而用金柱支撑，脊檩下有随檩枋，其余各檩均不用垫枋，前廊用鹤颈缘及荷包梁，构成鹤颈轩，前檐檐柱设鳌鱼撑。殿面游廊大门两侧设有3扇直棂四抹头隔扇窗，主殿设2扇六抹头隔扇门，两侧各有3扇直棂四抹头隔扇窗。前檐下抬梁处并设有万字回纹隔扇。次间边缝梁架为地方特色的穿斗式构架，十二檩、五柱落地。抬梁后端直接搁置于后檐墙上，两山及后檐为页子砖墙封护，两山墙下用条石砌筑槛墙，墙身用陡砖空斗式砌筑，山墙顶部用条砖筑呈弧状马头墙，上做墙帽。墙帽下绘有彩画，色调以黑色为主。后墙嵌"镇江阁碑记"石碑4通，高

1.36 米，宽 0.78 米，楷书，记修镇江阁起因及经过，刻于清光绪二十九年（1903 年）。台明前面设踏步十二级。王爷庙地处巫峡最险要位置，上接巫峡，下通信陵，古来商贾云集，十分繁华。由于此处水急浪大，遍布礁滩暗石，过往船工为乞求龙王爷保佑，自愿捐工捐钱，筑路修庙，人们便从供奉王爷、烧香许愿中来寻求安全感。因此，王爷庙的建立与长江息息相关，与长江航运史也有着直接的联系，对于研究长江航运史有着重要的历史价值。2002 年 11 月，王爷庙被公布为省级文物保护单位。2007 年因三峡工程，王爷庙被整体搬迁至"狮子包古建筑群"内。

地藏殿，原坐落于西陵峡左岸江边的高台地上，创建于清乾隆三十年（1765 年）。地藏殿西阔三间，明间为砖牌楼门面，两山以弯曲马头墙封护。建筑面积 156 平方米，占地面积 425 平方米。地藏殿的建立与地理位置有关，是历史上人们依赖长江并与长江相处的产物，它是古代长江航运艰险多舛的真实写照，同时也反映了峡江地区人民的质朴与善良。地藏殿建筑做工精美，建筑艺术富有特色。无论外表还是内部的处理上都突出了沉重的气氛，是建筑处理上的成功范例。

济川桥，位于巴东县东瀼口镇雷家坪村，始建于明代，清代重修，东西向跨县桥沟，单孔石拱桥，长 16.1 米，宽 4.6 米，孔跨 5.5 米。存济川桥石碑 1 通，碑高 1.66 米，宽 0.55 米，厚 0.21 米，楷书，额题"济川桥"，其下用满语、汉语两种文字各刻印款 1 枚，碑文记重修济川桥事。1994 年 4 月，济川桥被公布为州级文物保护单位。2007 年因三峡工程，济川桥被整体搬迁至"狮子包古建筑群"内。

张飞庙

张飞庙，又名桓侯庙，位于重庆市云阳县盘石镇龙安村狮子岩下，为纪念三国时期蜀汉名将张飞而修建，始建于蜀汉末期，距今已有 1700多年。后经宋、元、明、清历代扩建，现存建筑面积 1400 平方米，琉璃粉墙，金碧辉煌。

张飞庙充分利用地形地貌，依山座岩临江，山水园林与庙祠建筑浑然一体、相互衬托。庙外黄桷梯道、石桥涧流、瀑潭藤萝、临溪茅亭、峻岩古木等景场，秀美清幽。庙内结义楼、书画廊、正殿、助风阁、望云轩、杜鹃亭、听涛亭等古建筑，布局严谨、层叠错落、独具一格，兼具北方建筑的雄奇气度和南方建筑的俊秀质韵。因此，张飞庙素有"巴蜀胜境"之美誉。庙内现存石碑和摩崖石及木刻书画多达数百幅，书画作品最早为汉代，其余唐、宋、元、明、清各朝代均有收藏。其中以木刻颜真卿书《争座位帖》，石刻苏轼作前、后《赤壁赋》大字长卷；石刻岳飞书诸葛亮前、后《出师表》，黄庭坚书《唐韩伯庸幽兰赋》，郑板桥诗文和竹石、兰石绘画等最为著名。此外还有刘墉、张船山、竹禅等名家的木刻字画，历史价值和艺术价值很高。

因三峡工程建设，张飞庙作为三峡库区唯一一个远距离整体搬迁的文物单位，于 2002 年 10 月 8 日闭馆拆迁，溯江而上 30 千米，从云阳老县城对岸的飞凤山搬迁至盘石镇龙安村，2003 年 7 月 19 日，"搬旧如旧"的张飞庙正式开馆。"张飞"的搬迁经费及规格都堪称三峡库区最大的"移民"。迁建后的张飞庙与云阳新县城隔江相望、相映增辉。搬迁工程浩大、影响巨大，为这个古老的文化遗产注入了丰富的工程水文化价值。

张飞庙因其较高的自然人文景观价值，1980 年被定为四川省级文物保护单位，2001 年被国务院公布为全国重点文物保护单位，现为三峡库区内重庆市唯一全淹全迁的重点风景名胜古迹。

第三节　水文化景观

本部分遴选了三峡地区 12 项古代和近现代水文化景观。

土主镇流杯池 [①]

土主镇流杯池位于重庆市沙坪坝梁滩坝土主镇的人文名景飞雪岩附近，古称"九曲池"。飞雪岩自南宋时期起，便是巴渝地区一大自然、人文名景。梁滩河行到此处，河床突然断折，上下层河床相差十余米，上层河床有一石坑，古称"九曲池"，又称流杯池，岸边曾建有九层阁楼。开凿和修建年代至迟于宋代。王尔鉴《巴县志》中《流杯池》记载："飞雪岩上溪中有平石丈余，宋淳熙间状元冯时行修层阁于岩畔，复于溪石上凿九曲池，引水流觞，以次胜览。"南宋状元冯时行，明代名臣詹朝用、王应熊，清代翰林李为栋，近代文化名人郭沫若、田汉、朱偰等都曾留迹于此。流杯池的形状近似于"亚"字。现为拦河堰的积水所淹没。

[①] 流杯池是我国古代特殊的水文化景观。流杯池的兴起与"曲水流觞"的典故紧密相连，源于王羲之《兰亭集序》："又有清流激湍，映带左右，引以为流觞曲水。"曲水流觞是古代先民上巳节踏青郊游和文人诗酒酬答等民间聚会活动。流杯池作为曲水流觞的重要场所，为历代园林景观设计者所关注，北宋时期官方的《营造法式》记载了官式流杯池的具体样式图，并区分为"国"字形流杯池和"风"字形流杯池。

万州流杯池

万州流杯池，又称"曲池""曲水流觞"，位于重庆市万州区高笋塘街道川贸大厦旁，北宋嘉祐八年（1063年），由南浦郡守束庄所凿。池刻于大石表层，占地面积24平方米左右。池内刻有宽0.30米、形若"弓"字的流水曲道，四周以条石砌成六边形墙。因北宋黄庭坚曾在"流杯池"宴饮并书写了传世名作"西山碑"而闻名天下，流杯池为万州的一大人文胜景，万州古八景之一。每年"邦之人，岁修禊事于此"更为历代文人、墨客唱和之处。

流杯池畔有黄庭坚撰写的《西山题记》石刻，后俗称"西山碑"，属历史艺术珍品。西山碑高1米，宽2.6米，以天然山石一块刻成，碑文173字，字体行书，字的直径为10厘米左右，系黄庭坚挥毫撰写。据史书记载：建中靖国元年（1101年），黄庭坚顺江东归，道经南浦（现万州），应郡守高仲本之邀，到西山游览。当时黄庭坚见西山山麓鲁池浩瀚，竹柏丰茂，亭榭环绕，僧舍点缀，即兴写成《西山题记》刻于碑上。清咸丰七年（1857年），万县知县冯卓怀将"西山碑"拓本送给他的老师曾国藩，曾国藩称道："海内存世，黄书第一。"

目前，万州流杯池及西山题记石刻保存完好，为万州区级文物保护单位。

万州天生桥

万州天生桥位于市中心的苎溪河上，有一块天然巨石横跨东西两岸，形如大桥。相传李白曾渡此桥，故又名"天仙桥"。苎溪河是一条季节性山溪水，春夏之间，涨水时桥下瀑布飞悬，如雾似雪，枯水时刻，流水叮咚有声，酷似琴音，加之天生桥像一把平放的古琴，因而得名"石琴响雪"。明代诗人杜应芳在《天生桥》一诗中写道："灵根穿地起，神斧画天通。龙卧雷奔壑，鲸天雪渍空。平能舒险仄，坚不受磨礲。应与银河接，还期黄石逢。"清雍正年间，夔州知府杨本源在桥东西头题名"响雪""石琴"，有"有风因喷雨，无日不闻雷"之句。万县八景之一"仙桥虹济"即指此景观。《万州志》中，天生桥所在景观则被称为"仙桥虹济"，并且配有版画。20世纪30年代，美国柯达公司将"仙桥虹济"照片搜入《世界风景集》，20世纪80年代初，此处风景照片曾在美国旧金山展出。三峡工程蓄水后，天生桥水文化景观沉入水底。

洄澜塔

洄澜塔位于重庆市万州区江南新区山脚下，始建于清乾隆五十五年（1791年）。回澜源于韩非子"障百川而东之，回狂澜于既倒"，意为"回旋的波涛、波涛回旋，喻挽回局势"，所以洄澜塔又名"镇江塔"，主要功能是镇河妖江怪，保一方居民平安。据传时年"江妖"作祟，长江水面波涛汹涌，常有淹死人的情况发生，导致附近百姓不能过江，渔民也不敢下水捕鱼，给当地的居民生活和渔业生产造成了极大的困扰。1791年，时任万县知县孙廷锦急民之所急，解民之所忧，在了解情况之后立即组织筹建镇江宝塔。洄澜塔采用9层仿楼阁式砖石结构，六边形塔身，素面六边形塔基，通高32米，塔刹为红色3层小铁塔，其形挺拔玲珑，为六角攒尖式塔顶，塔门向东南，门楣下方镌刻太极图，以镇邪魔。洄澜塔是万州的标志性古建筑之一，也是万州的重要历史文物景观。2009年12月15日，洄澜塔被列为重庆市文物保护单位。

打枪坝水厂纪念塔

打枪坝水厂纪念塔位于重庆市渝中区七星岗打枪坝水厂，是打枪坝水厂中用于提升水压的加压塔。1927年，重庆商埠督办公署督办潘文华提议"官督商办"筹措成立重庆第一座自来水厂。当时整个工程委托华兴公司承包，设备从德国西门子公司采购。由德国留学回来的税西恒担任总工程师，负责整个工程的设计及施工管理。因打枪坝地势开阔且在重庆城最高处，可依靠自然高差向城区供水，故水厂选址于此，取水口选在大溪沟嘉陵江边。1929年2月工程开工，到1932年1月建成通水，结束了重庆无自来水的历史。重庆这家自来水公司也是我国最早自己设计和建造的自来水公司之一，目前只保留一处纪念水塔及一栋原水厂办公楼。

办公楼为一楼一底折衷主义风格，砖、石、木结构建筑，整体结构保留比较完好。纪念塔建筑面积120平方米，建筑占地面积50平方米，办公楼建筑面积1044平方米，建筑占地面积522平方米。塔底南面立有石碑，为纪念水厂创始人税西恒而立。纪念塔整体建筑材料结构以砖石为主，分为台基、塔座、塔身、塔尖4个部分。塔座为圆形，直径10.5米，开有一可上塔顶的小门，东、南、西、北四面均有五步石梯，石梯两边均有花台，底层共有立柱16根，二层为圆形石垒，三层为方形，由16根立柱组成，顶部设有避雷针及后期的航标灯。塔身表体由水泥砂浆及磨石组成，上方下圆，底层是一圈圆柱围成的圆形回廊，二层是圆形塔柱，三层变化为方形塔身和方柱、方开窗。塔身造型优美，比例尺度优雅，构建精美完整，整个风格既具有西方建筑特点，又吸收了中国古典元素，属折衷主义建筑风格。

打枪坝水厂纪念塔是重庆第一座自来水厂的纪念塔，反映了抗战时期民族事业的进步及爱国知识分子的智慧结晶，成为重庆近代公共事业发展的见证者，在重庆近代工业发展过程中具有特殊意义，是重庆的地标性建筑，具有很高的历史文化、科学技术、建筑艺术价值。2009年，打枪坝水厂纪念塔被列为市级文物保护单位，后被评为重庆市近现代优秀建筑（一级）。

大溪沟发电厂专家招待所旧址

大溪沟发电厂专家招待所旧址位于重庆市渝中区大溪沟 13 号。大溪沟发电厂于 1932 年开工兴建，最早安装 3 台 1000 kW 机组，是当时西南地区最大的火力发电厂。1938 年装机容量达到 1.2 万 kW，成为当时全国一等电力企业和四川最大的火力发电厂。大溪沟发电厂孕育了重庆电力的雏形，奠定了重庆电力工业发展的基础。新中国成立前夕，工厂开展了护厂运动，工人们保护了宝贵的电力企业，迎来了新中国成立。新中国成立后，该厂一直坚持生产发电，后由于设备陈旧老化，于 1982—1989 年报停报废。随着时间的推移和城市建设步伐的加快，电厂已不复存在，只保留了专家招待所的几栋小楼。

专家招待所始建于 1954 年，是为了来发电厂支援的苏联专家修建的，是苏联援建中国项目的物证和中苏友好的象征，真实地反映了重庆在新中国成立前的初期工业发展状态及生活背景，对研究大溪沟发电厂工业遗产的历史脉络有着重要的史证和研究价值。2009 年，大溪沟发电厂专家招待所旧址被公布为重庆市文物保护单位。

重庆海关监督公署旧址

重庆海关监督公署旧址位于重庆市渝中区解放东路 263 号。1891 年，重庆海关的建立标志着重庆正式开埠。重庆海关监督公署采用中西合璧的折中主义建筑风格，将中国元素与西方门牌风格完美结合，在当时一度引起风潮。海关办公楼是由 3 栋建筑组合而成，契合重庆地形，正面形象丰富动人。外墙主要为青砖砌筑，该建筑坐西北朝东南，风格典型。2009 年，重庆海关监督公署旧址被列为重庆市市级文物保护单位。

法国水师兵营

法国水师兵营位于重庆市南岸区弹子石谦泰巷 142 号，坐落于"重庆外滩"南滨路上，建筑风格上可以说是中西合璧，有精美的阁楼、陈而不腐的木质地板、青砖旧瓦、牌文题刻，历史和文化在这里得到了充分的积淀。法国水师兵营大门为牌楼重檐式古典建筑，原顶部并不是西藏佛塔似的尖顶，而是一只展翅而立的雄鹰，两侧有一对中国石狮。进去右边为平房，院内设有操场，其余3面均为两楼一底的西式建筑。其中，主楼为回廊式结构，二层为砖木结构，建筑面积566平方米。后楼为外走廊结构，首层前面有方形砖柱，交叉槽钢、扁铁作支架，上筑木质平台，形成上、下两层外廊，一端设铁架木制楼梯通达二楼。四层建筑均为砖混结构，正立面各层均出大跨度水泥浇筑檐廊，铁楼梯可达顶端，顶层建筑面积988平方米。2013年，法国水师兵营作为同盟国驻渝外交机构旧址群之一成为第七批全国重点文物保护单位。

水磨滩磨盘遗迹

水磨滩磨盘遗迹位于重庆市忠县野鹤镇，约建于清代，因该处原有水磨和水车，故得名水磨滩。水磨和水车原为当地村民磨面和米等粮食之用，目前其大型构件已不存在，仅残留固定木桩的孔洞和插槽，现已被废弃。孔洞孔径为0.11～0.12米，里面有雨水积存，孔壁上长有青苔。

插槽直径为 0.45 米。此发现为研究渝东地区清代水利设施和作业技术提供了重要的实物资料。

大宁盐场遗址

大宁盐场遗址地处重庆市巫溪县宁厂古镇后溪河狭长的南北两岸坡地上，是一处拥有 2000 多年制盐历史的工业遗址，总面积约 50 万平方米。该遗址是我国开发较早的以自然盐泉为基础的盐业遗址，是川渝盐业开发悠久历史的重要见证；该遗址盐灶群规模大、数量多，盐泉、输卤管道、蓄卤池等保存齐全，完整地展示了我国古代制盐生产流程；建栈道运输盐卤水煮盐则为三峡盐业水利运输的创举。《舆地广记·图经》载汉永平七年（64 年），"尝引此泉（大宁厂白鹿盐泉）于巫山，以铁牢盆盛之。"铁牢盆当为盛卤水或煮盐工具，汉代如何将白鹿盐泉引至巫山，待考证。但至迟在唐代三峡的大宁河流域就出现了管道运输大宁厂白鹿盐泉，如《方舆胜览》卷五十八《大宁监》引《晏类要》："山岭峭壁之中，卤泉涌出，土人以竹引泉，置镬煮盐。"清光绪《巫山县志》卷三十记载："石孔，沿宁河山峡俱有，唐刘晏所凿，以引盐泉。"蓝勇先生认为，此盐泉管道运输是唐朝时期产生的说法比较可靠，并指出峡江支流大宁河堵水道，在此时水道和栈道结合发展成为重要的交通古道。

大宁厂除将盐泉引到巫山煎煮外，还形成了独特的盐水引分流水利方法及特定的节日。如《舆地纪胜》中记载："淳化中，知监雷说，见人汲泉，强弱相凌，乃创为石池以蓄之，承以修竹，所谓盐有九色。"具体的做法在《天涯闻见录》中有记载："大宁白龙泉（白鹿泉），山皆石壁峭立，炼铁龙头于其上，俾水从龙口喷出，大尺许。下筑石井，置铁管注竹筒。筒以斑竹连缀，至数十丈或二三百丈，半由溪北接至溪南。竹筒之下，盛以四足竹架，系以篾绳，防其坠也。""灶倚山脚而居，卤水一眼……流注于池，名曰'龙池'。池前用铁筑横板一道，上穿六十八眼，复用竹笕由眼将卤水接出，分注各灶井中。"这种独特的盐水引分流水利方法，避免了各灶户的纷争，利于各灶两岸合理分布，成本低而便捷，最大限度地利用了盐业资源，在盐业水利史上具有人与人、人与自然和谐的意义。

《舆地纪胜》中记载大宁盐场绞篊节："绞篊在盐井引泉踏溪，每一笕一用篊，其笕与篊经一年，十月旦日，以新易陈。郡守作乐以临之，井民歌舞相庆，谓之绞篊节。"按"以竹通水曰'笕'。以篾编绞成束，与大船之坐（竹亶：牵索）相似，由岸北飞悬至南，以系篊竹，曰'过篊'。大灶多熔铁成炼为之，曰'铁过篊'。凡在南岸之灶，必须以篊系笕；若北岸一带，则不用过篊，只用木枧。铁篊经十余年，篾篊与笕竹，则一年一换。"换盐卤水分引流的篾篊与笕竹之日便是绞篊节，一般在每年十月之旦日。

该遗址规模宏大，功能分区清晰，历史风貌保存完整，文化遗产与自然环境有机融合，具有非常好的保护利用价值。2019 年，大宁盐场遗址被列入第八批全国重点文物保护单位。

温泉盐井遗址

温泉盐井遗址位于重庆市开州区温泉镇西长江北岸支流彭溪河上游的清江河岸坡地上。开州区内有盐井 20 眼，其中有 19 眼都在温泉镇，著名的盐井有码头井和玉泉井。现盐井已塌，井底灌水，尚存石块砌成的圆形熬盐炉灶，一座高 11 米，另一座高 3 米。

蛤蟆泉

蛤蟆泉位于湖北省宜昌市夷陵区三斗坪石牌村三峡人家风景区内。蛤蟆泉位于扇子山下，江边有一块椭圆形巨石，因从江中望去，好像一只张口鼓舌的蛤蟆而得名。其背后的泉水四季长流不息，水清味甘，是烹茶、酿酒的上好水源，这就是著名的蛤蟆泉。唐代"茶圣"陆羽品尽天下名泉后，在《茶经》中写道："峡州扇子山有石，泄水独清冷，状如龟形，俗云蛤蟆口水第四。"南宋著名诗人陆游在此留下诗句："巴东峡里最初峡，天下泉中第四泉"。除二陆之外，苏辙、黄庭坚、王士祯、张之洞等都曾在此留下咏泉诗文，如欧阳修的"蛤蟆喷水帘，甘液胜饮酎""共约试春芽，枪旗几时绿"，苏辙的"岂惟煮茗好，酿酒更无故"，黄庭坚的"巴人漫说蛤蟆碚，试裹新芽来煎尝"。

第五章
非物质水文化资源举要

第一节　传说故事

本部分遴选了三峡地区 7 项与水有关的传说故事。

大禹治水与疏浚三峡传说

三峡最早的传说来源于大禹治水。长江江患严重，大禹临危受命，用斧开山，三峡之源顿然破开，长江顺流入海江患平息。传说，大禹生于四川西羌石纽。《华阳国志》中记载："石纽，古汶山郡也。崇伯得有莘氏女，治水行天下，而生禹于石纽刳儿坪。"《蜀王本纪》中记载："禹本汶山郡广柔县人也，生于石纽，其地名痢儿畔。"传说大禹到四川砍直径为一丈多的大树，造成独木舟去治水。

史载大禹生于蜀地，娶于巴地，《华阳国志·巴志》中记载："及禹治水命州，巴、蜀以属梁州。禹娶于涂山，辛、壬、癸、甲而去。生子启，呱呱啼，不及视。三过其门而不入室，务在救时。今江州涂山是也，帝禹之庙铭存焉。""江州县郡治。涂山，有禹王祠及涂后祠。"大禹在巴地娶妻治水，可能是大禹所率父系部落治水得到巴地涂山氏母系部落的帮助与支持，并与之联姻。大禹娶涂山氏，治好江州段洪水，便来到三峡，故《水经注·江水》中记载三峡："盖自昔禹凿以通江，郭景纯所谓巴东之峡，夏后疏凿者。"《水经注·江水》引《山海经》中记载："夏后启之臣孟涂，是司神于巴。巴人讼于孟涂之所，其衣有血者执之。是请生，居山上，在丹山西。郭景纯云：丹山在丹阳，属巴。丹山西即巫山者也。"瞿塘峡是大禹开凿，而《水经注》中记载，大禹的儿子启派其臣孟涂在巫峡地区为官，大禹在三峡治水时，其地已经属于大禹所率部众管辖了，这也为启直接派官员管辖巴地创造了条件。

大禹在三峡治水时还得到了巫山神女的帮助，降伏洪水，故杜光庭《墉城集仙录·云华夫人》中记载："云华夫人者，王母第二十三女，太真王夫人之妹也，名瑶姬，受徊风混合万景练神飞化之道。尝游东海还，过江之上，有巫山焉，峰岩挺拔，林壑幽丽，巨石如坛，平博可玩，留连久之。时大禹理水驻其山下，大风卒至，振崖谷陨，力不可制，因与夫人相值，拜而求助，即敕侍女授禹策召百神之书，因命其神狂章虞余黄魔大翳庚辰童律等助禹斩石疏波，决塞导厄，以循其流，禹拜而谢焉。"据巫山神话传说："西王母的小女儿瑶姬，劈开十二条混江蛟龙以后，爱上了高峰入云、江水碧绿的巫山，便在此定居下来，帮助夏禹开凿三峡，疏通江水，为樵夫驱虎豹，为农人保丰收，为病人种灵芝，为行船谋安全，日久天长，她的身躯化为一座石峰，她每天最早迎来朝霞，又最后送走晚霞，故名望霞峰。"巫山神女帮助大禹治水的故事在当地家喻户晓，而由于宋玉的《高唐赋》与《神女赋》，巫山神女一般被认为是男欢女爱的化身，而"巫山云雨"也成为男女情爱与鱼水之欢的代名词。事实上，"巫山云雨"的本体意蕴应该是水滋润万物、创造万物、孕育生命、诞生文明的意思。巫山神女无论是云华夫人还是瑶姬，都是三峡地区护佑生灵的保护神，与大禹一道，是治水之神，当然也是制盐的水神。事实上，大禹从长江上游的岷江从上而下，一路治水，从蜀地到巴地，从三峡治水走向全国，最终用疏导的方法获得成功。

大禹是沿着岷江到长江上游重庆，再到三峡，然后顺流而下到中国东部地区的黄淮流域及长江中下游地区的，而大禹部族和与之联姻的长江沿岸的土著部族曾整治江道，使巴蜀与外界相联系，后来治水统领万邦，最终开创夏朝。《华阳国志·巴志》中记载："禹会诸侯于会稽，执玉帛者万国，巴蜀往焉。"其交通必赖长江，途经三峡而达会稽，长江的水路交通，到达巴蜀、吴楚等地畅通无阻。而"会诸侯于会稽，执玉帛者万国"，则体现大禹已经是诸侯之主，诸侯皆听从大禹号令。华夏进入了夏王朝，大禹为开国之君。故历代统治者以治水安邦为统治之国策。大禹治水的文化影响非常大，各地关于禹的传说与相关地名非常多，如"禹穴"有四川北川禹穴，传说是大禹降生处；浙江绍兴禹穴，传说是大禹葬身处；湖南衡山禹穴，传说是大禹藏书处；陕西石泉禹穴，传说是大禹休息处等。"禹碑"又叫"大禹功德碑"或"岣嵝碑"，有湖南衡山"禹碑"，相传为大禹所建。西安碑林、浙江绍兴、四川北川、河南禹州等处均有"禹碑"。"涂山"是大禹治水期间娶涂山氏女之地，重庆江州、浙江会稽山、安徽当涂和怀远、山西晋源都有被称为涂山的地方。而各地禹王宫（庙）更是层出不穷，以巴蜀、两湖地区为最多。大禹治水已经成为中华民族勤劳、聪慧、不畏艰难、人定胜天等品质的符号。大禹治水也是华夏水文化的文化记忆符号。

鳖灵治水传说

早在春秋之前，巴蜀、湖广地区就有文化交流，其中春秋中叶，巫峡地区曾有一次较大的洪水灾害，一个叫鳖灵的人从楚地迁到巴蜀，组织人民对三峡水路加以疏凿和开通。如扬雄《蜀王本纪》记载："望帝积百余岁，荆有一人，名鳖灵，其尸亡去，荆人求之不得。鳖灵尸随江水上至郫，遂活，与望帝相见。望帝以鳖灵为相。时玉山出水，若尧之洪水。望帝不能治，使鳖灵决玉山，民得安处。鳖灵治水去后，望帝与其妻通。惭愧，自以德薄不如鳖灵，乃委国授之而去，如尧之禅舜。鳖灵即位，号曰开明帝。"晋阚骃《十三州志》记载："有一死者名鳖令，其尸亡至汶山却是更生，见望帝，以为蜀相。时巫山壅江，蜀地洪水，望帝使鳖令凿巫山，治水有功，望帝自以德薄，乃委国禅鳖令，号曰开明，遂自亡去，化为子规。"《太平广记》卷三七四《灵异》引《蜀记》曰鳖灵："时巫山壅江，蜀民多遭洪水，灵乃凿巫山，开三峡口。蜀江陆处。后令鳖灵为刺史。"从上面史料可知，鳖灵（令）治理峡江，并因此赢得蜀人的信任和尊重，以至于蜀地国君望帝禅国于他，其与大禹一样，治水得民心，治水安邦得国。

屈原传说

屈原是我国伟大的爱国诗人。在湖北省秭归县境内以屈原的出生地乐平里为中心，周边延展至归州、周坪、沙镇溪、泄滩等乡镇，流传着许多关于屈原的动人故事和美丽传说。晋庾仲雍《荆州记》中记载："秭归县有屈原宅、伍胥庙，捣衣石犹存。"可见屈原传说于晋代之前已颇为流行。屈原传说题材丰富，其中包括人物传说、地名传说、景物传说和习俗传说等。目前已收集到屈原传说 91 则，故事情感浓烈，撼人心魄，神奇浪漫，想象丰富，内涵深邃。

公元前 278 年，秦军攻破楚国郢都。屈原眼看着自己的祖国被侵略，心如刀割，但是始终不忍舍弃自己的祖国，于农历五月五日，在写下了绝笔作《怀沙》后，抱石投汨罗江身死，以自己的生命谱写了一曲壮丽的爱国主义乐章。相传屈原死后，楚国百姓哀痛异常，纷纷涌到汨罗江边去凭吊屈原。渔夫们划起船只，在江上来回打捞他的真身。有位渔夫拿出为屈原准备的饭团、鸡蛋等食物丢进江里，说是让鱼龙虾蟹吃饱了，就不会去咬屈大夫的身体了。人们见后纷纷仿效。一位老医师则拿来一坛雄黄酒倒进江里，说是要药晕蛟龙水兽，以免伤害屈大夫。后来，人们怕饭团为蛟龙所食，便想出用楝树叶包饭，外缠彩丝，逐渐演变为粽子。

屈原传说是秭归人民将屈原与境内自然景观、人文景观相互联系起来而创作和传承的以抒情和表意的民间文学。2008 年 6 月，屈原传说被列入第二批国家级非物质文化遗产名录。

三峡传说

三峡地区素有"摆龙门阵""讲古""打调子"的民间习俗。三峡地区独特封闭的自然环境与民间习俗孕育和传承了丰富多彩的三峡传说。

三峡传说是一座民间文学的宝库，富集、流传于地处三峡腹地的巴东、秭归、巫山、奉节等地。三峡传说大致包括 10 类：三峡神话传说、三峡风物传说、三峡名人传说、三峡鬼传说、三峡幻想传说、三峡动物传说、三峡植物传说、三峡机智人物传说、三峡笑话传说、三峡生活传说等。举凡宇宙演变、人类起源、天文地理、神话现实，莫不涉及，题材丰富多彩。独特的地域特色，很多传说为三峡地区所独有，与中国其他地区传说迥然不同，印证了中国民间文艺的多样性与独特性。高妙的艺术手法、巧妙的结构、经典的语言、奇特的想象，汇聚了民间艺人的艺术才华。

三峡传说体系庞大、内容丰富，仅巴东县文化工作者就已搜集整理400多万字的传说故事。2010年，巴东县文化工作者搜集整理的《中国三峡民间传说故事》全套10部由中国三峡出版社正式出版，该书共收入三峡传说1270个，计250万字。巴东县成为长江三峡地区搜集整理三峡传说数量最大的地区。2013年10月，三峡传说入选湖北省第四批非物质文化遗产代表性项目名录。

巫山神女传说

神女峰，又名望霞峰、美人峰、仙女峰。神女峰，巫山十二峰之最，相传巫山神女瑶姬居住在此处，在重庆市巫山县城东约15千米处的巫峡大江北岸，位于著名的长江三峡风景区内。一根巨石突兀于青峰云霞之中，宛若一个亭亭玉立、美丽动人的少女，故名神女峰。古人有"峰峦上主云霄，山脚直插江中，议者谓泰、华、衡、庐皆无此奇"之说。每当云烟缭绕峰顶，人形石柱像披上薄纱似的，更显脉脉含情、妩媚动人。巫山十二峰各有特色，有的若金龙腾空，有的如雄狮昂首，有的像少女亭亭玉立，有的似凤凰展翅，千姿百态，其中以神女峰最秀丽、最有名。三峡大坝蓄水后，游人泛舟于神女峰的山脚下，仍需仰头眺望，才能欣赏到"神女"的绰约风姿。

神女峰因其宛若绰约多姿的少女、萦绕着缥缈云烟及其神秘浪漫的神话传说而吸引了历代无数文人墨客为其留下灿若繁星的诗篇。"神女应无恙，当惊世界殊。"神女峰，古老中国最多情的一块石头，神秘东方最多梦的一块石头。传说西王母之女瑶姬下凡助大禹治水，之后化身为石，为庄稼保丰收，为行船保平安。在百姓的眼中，神女是胸怀博大的护佑之神。而在文人墨客的笔下，巫山神女是充满神秘的、美的精灵，是豪情奔放的爱的化身。飘逸在巫山云雨中的巫山神女，让文人们有了无穷的想象空间。屈原的吟咏，宋玉的遐想，李白的寻觅，刘禹锡的留恋，元稹的比照，苏轼的怅惘，陆游的感慨，及至当代伟人的浪漫勾画，当代诗人舒婷的深情呼唤……"锦衾瑶席何寂寂，楚王神女徒盈盈。""妾在巫山之阳，高丘之阻。旦为朝云，暮为行雨，朝朝暮暮，阳台之下。""巫峰十二郁苍苍，片石亭亭号女郎。""山藏神女庙，浪接楚王宫。""君不见巫山神女作行云，霏红沓翠晓氛氲。""与其在悬崖上展览千年，不如在爱人肩头痛哭一晚。"历代诗人的不绝咏唱，与浩浩长江一道，形成了环绕神女峰奔腾流淌的另一条文化江河，绵延不息，代代相传。神女文化也因此成为中国文化中的一朵奇葩。

巫山龙洞传说

巫山龙洞在重庆市巫山县庙宇镇龙坪村龙骨坡古人类遗址西边约200米处。洞内地势平坦，面积约 4000 平方米，本地人将它叫作龙洞。龙洞高空宽阔，内有莲花滴翠、龙盘龙泉、石匣宝剑等自然景观和一座颇具规模的寺庙，像这样寺洞合一的大洞，在全国也属少见。诗人方瀛曾这样写道："第一蜀山胜，巫山拥石门。宝室腾云气，深潭护甲痕。何年龙始去，瓦古洞犹存。寺僧曾有福，丹烛夜常温。"在龙洞外面有两个大圆坑，圆坑的外面是一条大河沟，由东南方向向西北方向蜿蜒而去，远远望去，正与遥遥相对的错开峡相连接。在错开峡内，有一根巨大石柱，直入云端。在石柱下面有一石台，当地人将石柱和石台分别叫作锁龙柱和斩龙台。据 1983 年出版的《巫山县地名录》记载，巫山全县共有 100 多处地名与龙有关。以"龙"命名的地方，都有一个或几个龙的传说和故事。其中龙洞传说是数量最多、流传最广，情节最为离奇和精彩的。

　　传说远古时期，东海有 12 条恶龙到处兴风作浪，当它们来到长江三峡时，给三峡地区造成了巨大灾害。恰好正逢神女瑶姬帮助大禹疏通三峡之时，她怎能让恶龙们任意胡为、兴风作浪，于是瑶姬带领天兵天将与恶龙们展开了一场厮杀，恶龙们不是天兵天将的对手，不一会儿，几条恶龙就死在天兵天将的刀剑下，其中有一条恶龙看到败局已定，于是丢下同伴独自逃命，它看到一座大山下有一个巨大的石洞，就赶忙一头钻了进去，因而逃过一劫，而其他 11 条恶龙全被天兵天将斩杀。过了几年，躲藏在洞中的这条恶龙想顺着长江回到东海，由于当年恶龙来到洞中时是在逃命，无法顾及看路，现在连自己在长江的哪个方位都不知道。从洞口朝外看，全是重重叠叠的大山，想去长江，首先必须要弄清楚去长江的路，于是恶龙摇身变成一位白胡子老头，手里杵着一根拐杖慢慢走出洞来。没走多远，恶龙看到一位放牛的人正在山坡上割牛草，便赶忙走上前去问路："割草的大哥，我要到长江去，不知走哪条路？"割草人用手中弯刀指着前方说道："你顺着刀指的方向走，就能走到长江。"问清了路，恶龙十分高兴，但它不敢白天行动，只能等到黑夜。在问路的当天夜里，忽然狂风大作，飞沙走石，电闪雷鸣，大雨倾盆，转眼之间洪水滔天。洞中的恶龙变得硕大无比，头如山丘，眼如铜铃，乘着汹涌澎湃的滔天巨浪冲出洞来。刚一出洞，恶龙就接连打了两个滚，在它打滚的地方，立刻形成 2 个巨大圆坑，然后随着滔天巨浪朝着割草人弯刀所指方向奔去，所过之处，形成一条宽大河沟。割草人手中弯刀刀背所指之处，名为核桃树永安洞。从这里，只需翻越一道山垭就是一条小河，顺着小河就能直接进入长江。恶龙来到核桃树永安洞，它没有按弯刀刀背所指方向直接进入小河，而是沿着弯刀刀尖方向奔去，这是一条错误路线。当它来到永丰口时，被前面的大山挡住了去路，这时恶龙才意识到自己走错了方向，但它心里明白，长江就在这座大山的背面。这时，急骤的雷电震得大地颤动，情急之下，恶龙不顾一切向大山一头撞去，天崩地裂，山摇地动，硬生生将这座坚硬的大山撞出一道巨大峡谷，直奔长江。恶龙走错路线，鲁莽一撞，山崩地裂，不仅毁坏了大量田园庄稼，还夺走了无数人畜的性命。上天十分震怒，立即命令瑶姬带领天兵天将捉拿恶龙，恶龙刚刚奔到江边，就被凌空而降的天兵天将捉住，天兵天将把恶龙押回大峡谷，将其锁在一个巨大石柱上并砍了头。后来，人们将恶龙撞开的大峡谷称作"错开峡"，将锁恶龙的大石柱叫作"锁龙柱"，将石柱下面的石台叫作"斩龙台"。

巫山龙洞传说在人民口头创作及文学史上占有重要地位，它是对中国各种崇龙文学创作较早发生重大影响的一种体裁。特别是它与巫山神女传说和当地的景观地貌，以及真人真事等交织在一起，形成了独特的具有地域特征的文化现象。2016年10月，巫山龙洞传说入选重庆市第五批非物质文化遗产代表性项目名录。

石宝寨的传说

石宝寨坐落于重庆市忠县长江北岸，此处临江有一陡壁孤峰拔起的巨石，相传为女娲补天所遗的一尊五彩石，故称"石宝"。此石形如玉印，又名"玉印山"。明末谭宏起义，据此为寨，"石宝寨"名由此而来。石宝寨始建于明朝万历年间，是我国现存体积最大、层数最多的穿斗式木结构建筑，被称为"世界八大奇异建筑"之一，也享有长江"小蓬莱"的美称。在长江三峡的迷幻色彩下，忠县地区诞生大量与石宝寨有关的民间传说。

传说远古时期，火神祝融同水神共工相斗，共工败阵下来后，便一头撞向不周山。霎时间天崩地裂、地动山摇，天河中的水倾泻而下，大地一片汪洋。

人们的呼救声和万物的哀号声，惨不忍睹。哭声和哀声惊动了女娲娘娘。女娲见此景，便采集了五色石炼石补天。她用了36 499块石头，终于补好了天，天河里的水不再下泻。从此天空出现了星光灿烂、银河闪闪、五彩云霞、绚丽壮观的景象。但是，地面上的洪水仍然凶猛横行。女娲娘娘又斩妖除孽，以固定大地，并帮助大禹疏通河道，使洪水归回大海，带领人们上岸居住，人们安居乐业，大地万物得以重生。

然而，在九州四部中的四川，仍然是洪水泛滥。原来，在四川境内忠州附近有一处洞眼，与大海相通。洞内有共工的一员大将，名为相柳，因不甘被打败，常从此洞出来兴风作浪、残害生灵。闻得此消息，女娲决心除害，便取出随身带的玉印，将相柳擒拿，镇在洞内。用玉印塞住洞眼，使海水不再涌出来。玉印落地生根后便化作孤峰，峙立在洞眼上。这块玉印原是一块五色石，是女娲补天后遗留下的五色石，它聚万石之精，藏天地之灵，因与补天无缘，被女娲缩变成印章般大小，女娲把它揣在怀中，上有"女娲之印，扶正祛邪，无材补天，志在除害"16个大字，让这块五色石为民镇害，保四方民众能安宁地生活。

人们怀念女娲娘娘，便把这座孤峰叫作"玉印山"。在岩壁边依岩建12层阁楼，直上峰顶，在峰顶上修庙宇纪念女娲娘娘。曾有人赞曰：危楼照朝暾，画阁迷夕烟。巍然接云汉，气象雄万千。

石宝寨的传说主要流传在忠县境内，以及忠县周边的万州、梁平、石柱、丰都、垫江等地。在民间一直都有"上有鬼城入'地狱'，中有石宝寨上天堂，下有白帝城在人间"之说，而这些影响在当时都是通过民间传说而形成的。特别是民国时期，一些民间说书人，把大量石宝寨的传说故事搬进了茶馆，使石宝寨的传说得以迅速发展和广泛流传。石宝寨的传说与石宝寨紧密相连，地域性强，是在特定环境、特定地域下所产生的，具有不可替代性的特点，每个故事都紧扣石宝寨，展示地方风物，保持着民间口头文学广泛传播性的特点。现在有关石宝寨的传说故事主要记载于《中国民间故事集成·忠县卷》《石宝寨的传说》等书。

石宝寨的传说伴随石宝寨的建造而产生，至今已流传了几百年。石宝寨的传说内容丰富、形象生动，既富有神奇的浪漫色彩，又具有浓郁的乡土气息，有独特和知晓度高的特点，内容主要包括石宝寨的风土人情、历史典故、名人轶事、乡村生活等故事传说。2014年，石宝寨的传说被列入重庆市第四批非物质文化遗产代表性项目名录。

第二节　传统音乐

本部分遴选了三峡地区 9 项与水有关的传统音乐。

川江号子

川江号子是川江船工们为统一动作和节奏，由号工领唱，众船工帮腔、合唱的一种一领众和式的民间歌唱形式。川江号子主要流传于长江（包括长江上游金沙江）及其支流岷江、沱江、嘉陵江、乌江和大宁河等流域。这一带航道曲折、山势险峻、水急滩多，全程水位落差较大，特别是经险要的三峡出川，船工们举步维艰。川江号子正是在这种特殊的地理环境下应运而生的。重庆市和四川东部是川江号子的主要发源地和传承地。

大约在清朝中期，才逐渐兴起号子，产生了专门的号子头（领唱号子的船工）。清代四川籍诗人张向安《桡歌行》："大船子桡三十六，小船之桡二十四……上峡歌起丰都旁，下峡声激穷荆湘。推舵声悠碛声力，千声如咽三声长，上滩牵船纷聚汉，万声嘈杀鸟噪水。"对当时川江木船航运的规模、航行的状况、船工号子的演唱等，作了详尽而生动的描述。川江号子起源于船工们的工作和生活，号子头根据江河的水势、水性不同，明滩暗礁对行船存在的危险性，根据摇橹扳桡的节奏，编创出一些不同节奏、不同音调、不同情绪的号子。川江号子包括上水号子和下水号子。上水号子又包括撑篙号子、扳桡号子、竖桅号子、起帆号子、拉纤号子等，下水号子又包括拖扛号子、开船号子、平水号子、二流橹号子、快二流橹号子、幺二三交接号子、见滩号子、闯滩号子、下滩号子等，因此形成数十种类别和千余首曲目的川江水系音乐文化。在歌词内容上，它主要描述了川江各流域的水文概况和沿江两岸的山川风貌、人文地理和风土人情。号子的歌词往往以沿江的地名、物产、历史故事、人文景观为题进行即兴编创和传唱，具有丰富的知识性、趣味性，代表曲目有《拉纤号子》《捉缆号子》《橹号子》《招架号子》等。

川江号子作为一种民间音乐形式，曲牌不拘文字和乐谱，与劳动紧密联系，可以一曲多用，客观上反映了川江流域水路运输文化流播的特点。从形式上延续并反映了千百年来巴蜀地区各族群号令而歌舞的习俗，也延续了川江运输业原始的劳动状况，使今天的人们还能真实地感受到来自古巴蜀川江流域劳动人民面对险恶自然环境的不屈不挠的抗争精神。在文化传承上，川江号子的歌词展示了历史人物、英雄故事等内容，让身处险恶自然环境下的船工变得勇敢坚强，又不失乐观幽默的性格。川江号子是长江水路运输史上的文化瑰宝，是船工们与险滩恶水搏斗时用热血和汗水凝铸而成的生命之歌，具有传承历史悠久、品类曲目丰富、曲调高亢激越的特征。川江号子是中华民族艰苦奋斗、不断进取，日益壮大最终成为伟大民族的强有力的古文化传承见证，体现了自古以来川江各流域劳动人民面对险恶自然环境的不屈不挠的抗争精神和粗犷豪迈中不失幽默的性格特征。2006 年 5 月，川江号子被列入第一批国家级非物质文化遗产名录。

江河号子（长江峡江号子）

江河号子是指长江、黄河及其支流上船工们所唱的各种号子。号子产生于劳动又服务于劳动，既是劳动的工具，又是劳动的颂歌，其文化内涵和社会功能明显。有的号子抒发了劳动者复杂的情感，有的反映了地理环境的特点，有的则描述了民俗风貌。根据行船状态的不同，江河号子可以分成多个类型，其中既有轻松的"下水号"，又有舒缓的"平水号"，更有高度紧张、近于呼喊的"上水号"和"拼命号"。

长江峡江号子是湖北省宜昌市的地方民歌，属于流传在滩多水急的长江三峡西陵峡一带行船过程中船工呼喊的号子，以及装卸、泊船时呼喊的码头号子和搬运号子。长江峡江号子是湖北省地方民歌号子类中最富特色、最具代表性的歌种之一，是船工在对生命极限的考验中产生的、群体劳作创造的生命乐章。

长江三峡一段俗称"峡江"，其中以西陵峡最为险峻，而西陵峡的险峻又以流经秭归的一段为最甚。这里江面狭窄，水势湍急，暗礁险滩比比皆是。2000多年来，巴楚船工在此劳动、生活，形成了抒发胸襟的船工号子。在湖北号子类民歌中，以长江峡江号子为最具特色和代表性。长江峡江号子现存126首，其中船工号子94首，包括拖扛、搬艄、推桡、拉纤、收纤、撑帆、摇橹、唤风、慢板等9种号子；搬运号子32首，包括起舱、出舱、发签、踩花包、抬大件、扯铅丝、上跳板、平路、上坡、下坡、摇车和数数等号子。

长江峡江号子以高亢、浑厚、雄壮、有力为特征，音乐旋律与内容融为一体，音调多与语言声调结合，行腔自由舒展，节奏、速度视具体活路即演唱时所从事的劳动而定。长江峡江号子行腔中以"腔旋律"居多，也有"韵调旋律"，带有古老的徵羽乐风。其表现形式多为一领众和，领唱者有一整套适合各种行船活路的曲目，有时还会根据具体状况和需要即兴编唱几句行船"行话"以指挥劳动，如起航前喊"活锚号子"，平水时哼"摇橹号子"，顺风时叫"撑篷号子"，等等。长期以来，长江峡江号子一直在峡江船工中承沿不绝。

长江峡江号子是劳动群众集体创造的生命乐章，是人与自然抗争而又和谐共处的结果，已成为该地域人民中最富凝聚力、最具标志性的文化符号，是人们在适应周围环境及与自然和历史的互动中，不断再创造的精神文化遗产，显示出独特的民俗学、音乐史及地方历史文化研究价值。2008年6月，江河号子被列入第二批国家级非物质文化遗产名录。

三江号子

三江号子是指嘉陵江、渠江、涪江三江流域地区的人们在从事水上体力运输过程中产生的船工号子。它是一种历史悠久、曲调多样、内容丰富、风格独特，具有浓郁地方风情和鲜明艺术特色的民间劳动歌谣，是区域航运历史进程中产生的不可磨灭的水上文化，是巴渝文化的重要组成部分。三江号子因河床宽窄、水位深浅、流速大小、滩险程度的不同，而呈现出多种多样的曲调、形式和内容。三江号子的格调和曲牌，是船工根据江河沿岸的自然景色、风土人情、航道水流缓急和船只载重情况，应时即兴呼喊出来的。在过险滩急流时，所喊号子雄伟浑厚高亢、短促有力，使大家精力集中，用力猛拉猛划。在水流平缓之处，则又唱出轻柔婉转、节奏缓慢的号子，用以缓和过滩时的紧张情绪，消除疲劳。

三江号子是川江号子独具地域特色的重要代表，它是三江木船运输史上的历史见证和文化载体，具有巴渝地区特有的精神文化价值和历史艺术价值，体现着中华民族的生命力和创造力。2009 年，三江号子入选重庆市第二批市级非物质文化遗产名录。

瞿塘峡船工号子

瞿塘峡船工号子分布于重庆市奉节县。由于瞿塘峡段的水路水势复杂，泡漩多、暗流多、水流湍急，江水两岸多处无路可走，所以船工要用小木船运货，往返瞿塘峡水路时喊唱船工号子，在当地已流传上千年。根据劳动内容的不同，分为推桡号子、砍桡号子、拉纤号子、呼风号子、张帆号子、坐力（降帆）号子等，尤其以推桡号子和拉纤号子最为著名。作为长江三峡原生态传统音乐，瞿塘峡船工号子声腔高亢嘹亮、节奏舒缓、旋律悠扬，快慢依水势而变化，其风格在船工号子中是独特、唯一的，极具特色的民歌风味。2014 年，瞿塘峡船工号子被列入重庆市第四批非物质文化遗产代表性项目名录。

新津船工号子

新津船工号子分布于重庆市云阳县新津乡一带，是一种在船工闯滩斗水的长期劳动中形成的统一动作和节奏的传统音乐形式。新津船工号子由平水号子、见滩号子、上滩号子、拼命号子和下滩号子等组成。为了适应行船需要，根据水势缓急，所唱号子的名称和腔调都有所不同。新津船工号子的节奏变化也较大：在平静的江面行船时唱的号子，舒缓悠扬；而在闯滩时，紧促高昂，节奏急促；在水流最急处唱的"交架号子"则雄壮紧张到了极致。不同曲牌都是独立的，但在实际应用中，因为劳动操作的连续性，各种号子能连接起来，形成"联曲"。

领唱者叫号子头或号子哥。根据其嗓音，号子头分为粗犷浑厚的"大筒筒"、清脆的"边音"等不同流派。在行船过程中，随着水情的变化，所有劳动工序的衔接、劳动强度的张弛，都靠号子头唱腔的变化来指挥。

船工号子中各种"数板"的唱词，往往是由号子头即兴编唱，并无定式，许多号子头往往是优秀的地方戏曲表演者，因而，号子在发展过程中，糅合了地方戏曲音乐的音调，其唱词大多源于戏文小调、民间传说或沿江古迹。现阶段的许多号子做了很多创新。还有一部分号子并无唱词，船工唱的全是"嘿""哟""嗨"等语气词，这种曲牌大多以其节奏和气势而别具一格。新津船工号子保存下来的实物有头巾、船工衫、腰巾、草鞋、桡杆、纤藤、扯扯、草帽等。记载新津船工号子的文史资料有 10 余本，还有录制的音像资料，可进一步深化新津船工号子的歌唱性和观赏性，使其得到传承和发展。

新津船工号子在协调指挥、统一步伐、缓解情绪、释放压力、凝聚力量、鼓舞士气、增强自信方面起到了很大的作用。2014 年 1 月，新津船工号子入选重庆市第四批非物质文化遗产代表性项目名录。

乌江船工号子

众多的劳动号子中，乌江船工号子颇具浓郁的生活气息和鲜明的艺术特色。它既有川江号子雄壮的气魄，又有湘江沅水号子委婉清丽的韵律，更有云贵高原粗犷野朴的山味；既受中原文化的启迪，又受楚文化的熏陶，同时也受巴蜀文化的影响。乌江船工号子起源于劳动，是一种伴随着劳动歌唱的民间歌曲。乌江船工号子分为上滩号、盘滩号、平摊号、横艄号、拖杠号、提缆号等几十种。险滩恶浪处，唱起石工号、上滩号等，其唱腔高亢、粗犷、雄壮。水势平缓处，唱起平水号、下江号等，唱腔独具船家风味，悠扬婉转，质朴豪爽。

龙溪河拖滩号子

龙溪河全长 100 余里，修建长寿湖之前，龙溪河上险滩重重，船工行船逆险滩而上，十分危险而艰难，为鼓舞斗志、形成合力，人们呼喊着号子，久而久之，形成了龙溪河拖滩号子。

随着行船水情的变化，船工们会吟唱不同的号子。在平滩时，拖船在平滩静水中行进，声音婉转悠扬、韵味深沉；逆水而上时，号子高亢悦耳、悠扬粗犷、感召力强；进入急流时，滩口之下号子声急，凄楚动听，帮唱的联手们用原生态的四部和声，十分感人；水急浪高时，号子强烈粗犷、浑厚，一声强似一声，一声紧似一声，联手们以三部自然的和声，十分动听，能充分展示胆略豪气；在急流中时，船工们拼命拖船，号子震天动地，体现敢于拼搏、不怕苦、不怕死的英雄气概。传统的原生态龙溪河拖滩号子主要分为平水号子、急水号子、进滩号子、斗滩号子、拼命号子等，内容和节奏不尽相同，不用任何乐器，主要是行船时沿途呼喊，基本没有任何表演。

与著名的川江号子不同，龙溪河拖滩号子以三部、四部唱法和悠扬婉转、高亢粗犷、节奏感强、原生态唱法突出、感染力很强等特点自成一系，具有独特的民间艺术价值。20 世纪 50 年代中期，在龙溪河上修建了长寿湖，水位上升，险滩减少，水流平缓，拖船捕鱼、过滩的景象不多，龙溪河拖滩号子的传唱也逐渐减少。

20 世纪 60 年代初期，长寿湖渔场职工杨百克对龙溪河拖滩号子进行了收集、整理、加工并创新发展。近年来，长寿湖实施旅游开发，挖掘传统文化，龙溪河拖滩号子得以重现，并到重庆主城参演，受到各界欢迎。

龙溪河拖滩号子反映了沿河两岸人们的生活状态，体现了人们与自然搏斗的精神，具有较高的民间艺术价值。2019 年 7 月，龙溪河拖滩号子入选重庆市第六批市级非物质文化遗产代表性项目名录。

薅草锣鼓（兴山薅草锣鼓、宜昌薅草锣鼓）

薅草锣鼓又名"打闹歌"，俗称"打闹"，是一种流行于土家族聚居区的民间歌曲形式，其渊源可追溯到巴人由渔猎生产向农耕文明的过渡时期。土家人在薅草季节聚集数十乃至数百人集体劳动，此时往往请两名歌手面对薅草众人进行表演，一个击鼓，一个敲锣，随着锣鼓声边唱边舞，薅草众人则从旁和唱。其歌词多为一韵到底，内容则分为"歌头"（俗称"引子"）、"请神"、"扬歌"、"送神"等部分。舞时双手随脚步摆动，左手随左脚，右手随右脚，轻快活泼，柔中带刚。薅草锣鼓曲牌灵活多样，歌师能根据演唱时的时序和天色早晚变换唱词，以活跃气氛，使单调辛劳的农事劳作转为火热欢快的集体活动。

湖北兴山薅草锣鼓又称"打锣鼓"，因在薅草时边打锣鼓边唱歌而得名，主要流布于湖北省兴山县各乡镇。兴山薅草锣鼓主要是在苞谷田薅草、水稻田除草、开荒种地、修水库等集体生产劳动场合演唱，具体可分为两类：一类是"花锣鼓"，因演唱花歌子（情歌）而得名，曲式结构复杂，词格多变，腔调丰富多彩；另一类是"攒鼓"，因演唱《千百攒》而得名，乐曲结构、腔调、词格较为简单，题材主要为历史故事。兴山薅草锣鼓的发声方法有 3 种：一是假声高八度歌唱，民间俗称"鬼音""天堂音""顶音"，三遍子锣鼓和攒锣鼓用此唱法；二是真声高八度歌唱，称为"满口音"，四遍子、五遍子锣鼓用此唱法；三是真声低八度歌唱，称为"二黄"，唱累时适度采用这种唱法以调节。兴山薅草锣鼓曲牌十分丰富，有七八十种之多，包括起鼓、煞鼓、采茶鼓、虎抱头等。旋律分"兴山特性三度体系"音调和一般音调两种类型，"兴山特性三度音阶"保留了较多荆楚古调的遗音，具有鲜明的地方文化特色。兴山薅草锣鼓的声腔分为板腔体号子、扬歌和歌谣体杂歌子 3 种，乐曲结构类似回旋曲式，是套中有套的大型套曲，在中国民间音乐中独树一帜。

湖北宜昌薅草锣鼓是夷陵民歌的重要组成部分，主要分布在湖北省宜昌市夷陵区的分乡镇、下堡平乡、雾渡河镇、龙泉镇等乡镇。宜昌薅草锣鼓可根据不同农事活动而命名，如"栽秧锣鼓""扯草锣鼓""砍柴锣鼓"等；也可根据锣鼓的数量（编制）而命名，如一锣一鼓叫"一锣鼓"或"单锣鼓"，两锣一鼓或三锣两鼓搭配的叫"夹锣鼓"，两锣两鼓叫"对子锣鼓"，由锣、钹、马锣、鼓组成的叫"四样锣鼓"或"打四件"，在"一锣鼓"或"四样锣鼓"的基础上加一只唢呐叫"吹锣鼓"等。由8个人、10样乐器组成的大型吹锣鼓班子称为"丝弦锣鼓"，是宜昌薅草锣鼓中的稀有品种，流行于夷陵的鸦鹊岭、龙泉等地。由于夷陵当地人习惯于"以腔从词"和"以词配曲"2种歌唱方法，宜昌薅草锣鼓形成了语调旋律、韵调旋律、歌腔旋律、歌调旋律4种不同的"音乐方言"。宜昌薅草锣鼓属板腔联曲体，一般由十几个唱腔和曲牌组成，多者唱腔和曲牌达到80余个，因有"九腔十八板，三十六个号，七十二种腔"之说。单一三声腔歌有"561""612""613"3种结构形态，俗称"三音歌"。特别是两个小三度音程构成的三音歌，具有上古楚歌的遗风。

薅草锣鼓是"巴楚古歌"的重要载体，为我们保留了较多的古代音乐文化信息。在田间作业中，薅草锣鼓发挥了指挥劳动、活跃现场气氛、调节劳作者情绪的作用。它具有率真质朴的音乐个性，拥有数百首曲目的丰富蕴藏量，明快简洁的音乐语汇中保留了大量古代体力劳动中的音乐文化信息，具有较高的学术研究价值。薅草锣鼓是人们在创造和改变世界的过程中形成的一种杰出传统文化的代表，演绎了土家族的民族特色和创造历史的伟大精神，丰富了祖国的多元化文化，成为在三峡地区广泛流传的精神财富。2008年6月，薅草锣鼓被列入第二批国家级非物质文化遗产名录。

平桥薅秧号子

平桥薅秧号子历史悠久，是武隆劳动人民在薅秧时节，为了振奋精神、解除烦恼而编唱的山歌，一共有30余首，曲目保存完好。当地老人闲暇之余，会把其传授给同村或邻村的年轻人，为薅秧号子的传承打下坚实的群众基础。

第三节　传统舞蹈

本部分遴选了三峡地区 7 项与水有关的传统舞蹈。

北泉板凳龙

北泉板凳龙产生于重庆市北碚区。北泉板凳龙是重庆市北碚区澄江镇流传的以长条板凳为主要道具的地方传统舞蹈艺术，已有上百年的历史。原始形态的板凳龙毫无装饰，1 条四脚长板凳，3 人操之，2 人玩龙头，1 人玩龙尾，伴着鼓点，以"套翻身""两边侧"两个简单动作，在田间院坝腾跃翻舞。经过几代人的挖掘、整理、加工，板凳龙有了很大发展。角色上增加了逗宝人；规模上增加到数条乃至十数条板凳的大型组合；动作上则增加到大小板凳花、踏龙背、上天梯、龙缠身、群龙抢宝等数十种花头套路，逗宝人也有滚宝、抛宝、亮宝、藏宝、舞宝、盘磨腿藏宝、穿龙腹、鱼跃抢宝、踏龙背、骑龙、引龙等数十种动作，并形成了玩龙人的翻、摆、缠、游、跃、闹、穿、窜、盘和逗宝人的亮、抛、藏、举、托、骑、踩、引、钻等舞蹈语汇；在音乐伴奏上，也由只凭口念锣鼓经的"肉锣鼓"发展成为以大鼓、镲、锣、马锣、唢呐、钹等为乐器的打击乐，并套以川剧锣鼓曲牌进行伴奏。

北泉板凳龙在长时间的传演中，形成了村落文化需求的习俗性、家庭成员文化的自娱性、简便易学的可参与性、任意表现的随意性、广泛参与的大众性和女人也可参与的逆反性等特征，多次参加区、市的比赛、表演并获奖。北泉板凳龙不仅被收入《中国民族民间舞蹈集成·四川省卷》，而且还上了中央电视台的节目向全国展播。2007 年，北泉板凳龙被列入重庆市第一批市级非物质文化遗产名录。

高阳板凳龙

高阳板凳龙产生于重庆市云阳县。高阳板凳龙是重庆市云阳县的传统舞蹈。高阳板凳龙是以长条板凳为主要道具的汉族传统舞蹈艺术，又称"梅竹灯"，是元宵节传统习俗的呈现方式之一，由古代"舞龙求雨"的祭祀活动演变而来。舞动时按照规定套路，合着鼓点，有规律、有节奏地舞出各种花样。

"板凳龙"源于汉代。相传，在很久以前，人们遇上了一场大旱，东海的一条水龙不顾一切跃出水面，下了一场大雨，但水龙由于违反了天条，被剁成数段，抛向人间。人们把被剁成段的龙体放在板凳上，并把它连接起来，因此称之为"板凳龙"。人们不分昼夜地奔走相告，希望它能活下来，舞"板凳龙"的习俗也由此产生。

"板凳龙"有多种式样的耍法，其中耍得较多的有两种：一种是"独凳龙"。一条家用普通花条板凳饰以彩龙，可由 2～3 人舞。一人玩时，两手分别执前后腿。2 人玩时，一人执前两腿，另一人执后两腿。3 人玩时，前 2 人各以一手执一腿，后一人双手执两腿。舞动时按照规定套路，合着鼓点，有规律、有节奏地舞出各种花样。另一种是"多凳龙"。在一些地方又称"长板龙"，组成人数不定，但至少有 9 人。每人各举一凳。前一人为龙头，后一人为龙尾，其余为龙身。另由 2 人举"宝珠"逗引龙行进，数人协调行动，节节相随，时起时落，穿来摆去。有时一条龙从头到尾要用 80 多条板凳相连，板凳与板凳之间用一木棍相连，每一个木棍由一人拿着，每条板凳上都扎着花灯，花灯上都画了花草、树、鸟等图案。由于每只花灯都按自己的喜好所画，因此 80 多只花灯的图案各不相同，甚至五六条龙走在一起也找不出相同的图案。

高阳板凳龙在长时间的传演中，形成了村落文化需求的习俗性、家庭成员文化的自娱性、简便易学的可参与性、任意表现的随意性、广泛参与的大众性等特征。抢救、保护"板凳龙"，对传承、发展龙舞艺术，丰富中华龙文化具有极其重要的意义。2014 年，高阳板凳龙入选重庆市第四批非物质文化遗产代表性项目名录。

武陵板凳龙

武陵板凳龙是利用木质板凳装饰成龙的模型进行表演的一种民间传统舞蹈，为渝东民间龙舞表演形式之一。它起源于北宋时期，兴于明末清初，流行于民国时期，距今已有 900 余年历史。

武陵板凳龙有两种玩法：一种是 1 条板凳，供 3 人表演；另一种是多条板凳供多人表演。主要道具除了板凳，还有元宝、锣、鼓、钹等。元宝由龙头前的"笑和尚"举着，吸引龙头；锣、鼓、钹演员站立一侧敲打，以合拍节，便于统一步法。此外，敲锣打鼓还可营造气氛，以便使表演者更加来劲、好看。表演到高潮时，"笑和尚"还会朗诵"说词"（也称颂词），即顺口溜，如"武陵板凳龙，滚天邀苍穹，莫道个头小，气势贯长虹"，又如恭贺门面开业，即颂道，"板凳龙，坐坐，今年生意真不错；板凳龙，舞得欢，来年金银翻两番。""说词"语言风趣，朗朗上口，颂词优美，和仄押韵，句式可长可短，机动灵活。

武陵板凳龙表演中有"晃龙""转龙""顶龙""跃龙"等动作，深受当地老百姓喜爱。2014 年，武陵板凳龙入选重庆市第四批非物质文化遗产代表性项目名录。

小彩龙舞

小彩龙舞产生于重庆市江津区。小彩龙舞也称"舞小龙"，民间又叫"耍小龙"。因舞蹈者手持传说中的小型龙形道具而得名的小彩龙舞是渝西地区流行的一种表演性民间龙舞，形态多变，表演性强，传承不辍，素有发展。江津小彩龙舞常为 3 人舞，也可为 2 人或 1 人舞蹈，以其画面呈现的多变而见长。小彩龙采用竹木、丝麻、铁丝等扎成龙身骨架，再用彩布、颜料等进行彩绘成龙。其伴奏是常见的川剧打击乐器，主要乐器有马锣、大钹、大锣、堂鼓等。2011 年，江津小彩龙舞被列为重庆市第三批市级非物质文化遗产名录。

含谷火龙

含谷火龙产生于重庆市九龙坡区。舞火龙是不少地区庆祝中秋节或春节的一种集体娱乐方式，传说龙能行云布雨、消灾降福、象征祥瑞，所以以舞龙的方式来祈求平安和丰收就成为全国各地汉族的一种习俗。年年新春舞火龙，已成为含谷人几百年的传统习俗。每年新春之际，含谷镇就会举行春节火龙综艺晚会，几条大龙从火花中舞来，铁水洒向空中形成漫天火花，像是天上下起了火流星一般，给市民朋友带来一场视觉盛宴。

含谷火龙，用竹木布编扎、包裹、彩绘而成，结构分龙宝、龙头、龙身、龙尾。龙宝直径 30 厘米，嵌于饰有彩绸的宝架中，可以转动；龙头直径 89 厘米，龙嘴长 45 厘米，龙角长 50 厘米，配有龙须，龙眼外突，龙身长 7～9 米，直径 48 厘米，由 7～9 节组成。

在舞蹈的过程中，由锣、鼓、镲组成锣鼓队，相互配合敲打出节奏，舞龙人员随节奏舞龙。一般分 9 人或 13 人同舞一条龙，舞动时队员通常赤膊裸背，形如巨龙在火雨中来回穿梭翻滚。同时点燃鞭炮，使其在龙身前后来回爆炸，形成欢快热闹的活动场面。含谷火龙最大的不同就是以"火"为主，用"打铁水花"的传统技艺将其与"舞龙玩狮"融为一体。烧铁水也很讲究，铁块在罐子里一般情况下要烧 50 分钟才会融化。打铁水的人将生铁块放在火炉中熔化，形成铁水，用勺捞起抛出，在抛出的同时，用木板打击形成钢花，洒向舞龙人群，瞬间火花四溅，整个场面十分壮丽。

2000 年，含谷镇被重庆市命名为"火龙之乡"，2011 年荣获"重庆民间文化艺术火龙艺术之乡"称号，2013 年含谷火龙被文化部列为国家级春节文化特色活动，2014 年含谷火龙入选重庆市第四批非物质文化遗产代表性项目名录。

平桥耍龙

平桥耍龙是重庆市武隆区西部地区一项传统的民间民俗活动，起源于唐代，距今已有 1000 多年的历史。每年春节期间从场镇到一些大的村落所在地，从正月初九开始耍龙，吸引众多群众观赏。直至正月十五元宵夜"龙送大年"之后，耍龙的活动才停止。在"耍龙"的同时，平桥民间还有玩"板凳龙"和"草龙"的习俗。2014 年，平桥耍龙入选重庆市第四批非物质文化遗产代表性项目名录。

戏牛舞

戏牛舞是重庆市丰都县龙孔镇的民间传统舞蹈，它通过舞蹈这种常见的艺术形式，展示了人和牛在日常生产、生活中和谐相处的场面，传递着农耕时代人与动物的不解之缘，以及诸多的历史文化信息。

戏牛舞表演队伍由 9 人组成，表演时先由 6 人打锣出场，其中 1 人主唱，另 5 人伴唱，后由一个放牛郎牵着 2 人扮演的神牛出场，在场上翻、滚、腾、挪进行表演。表演时，牛在人的逗引下，甩尾翘角，翻滚扑腾，时而迅猛敏捷，时而笨拙憨直，引得全场气氛高涨，极富艺术感染力。戏牛舞道具主要是神牛，分为牛头和牛身两部分。相较而言，长 2.5 米、宽 2.2 米的牛身制作起来更加简单，只需以棉毯做底，面上一层层缝上棕草，尾巴以棕编出即可。牛头就要麻烦得多，需要先用竹篾将牛头轮廓编织成形，而后用废报纸糊面，再用轻透洁白的糊纸糊上一层，晾干后用颜料仔细勾画描摹，整个工序做下来，单人需耗时 2 天。

戏牛舞作为一种民俗表演，是民间祭神文化的具体体现，包含着丰厚的民俗文化意蕴、浓厚的民间色彩和朴实的原始气息，具有独特的艺术价值。2014 年，戏牛舞入选重庆市第四批非物质文化遗产代表性项目名录。

第四节　传统技艺

本部分遴选了三峡地区 3 项与水有关的传统技艺。

重庆周氏古船模型制作技艺

船模制作是木工、美工、雕工的综合技艺，具有民俗价值、美学价值、历史研究价值和收藏价值。重庆周氏古船模型制作技艺挖掘古船历史，将其以微缩模型的形式再现。

周氏古船模型的制作大致分为 4 步：制图、选料、开料、制作，每一步又包含着众多复杂工序。制图是最为困难的一步，首先要遵循对船只复原的原则，这需要提前查阅相关的资料，尽量还原其历史样貌。随后，再根据图片资料，在图纸上按照 1∶50 甚至 1∶75 的比例绘画出模型样图。选料是最为关键的一步，周氏古船模型所选用的木料大多是沙比利木或柚木，尤其需要挑选木纹细腻、纹理均匀清晰、颜色合适、自然阴干的木料。这样的木料不易变形，易于船模的加工制作，制作出的船模也较为坚固，保存时间会久一些。开料是由木材加工厂将选好的木材进行粗加工，制作成板材。之后，手艺人再根据最初画好的图纸，将板材逐一切割，打造成船模所需要的尺寸和样式。待上述的前期准备完毕后，就进入最后一步的"制作"了。看似只有简单的"制作" 2 个字，但事实上，光是组合拼接就要花费几个月的时间。一艘船模所包含的零部件少则几千，多则上万，精细无比。如较小的一艘船，其窗棂最小的直径仅 1 毫米，榫、卯直径只有 0.6 毫米，只有一根普通牙签直径的 1/3。制作船模是相当精细的工作，只能仰仗手工，无法用机器替代。所以，无论是打磨制作，还是组合构建，都要严格遵循古法制船的要求，运用榫卯、镶嵌、粘接、穿斗等制作工艺，精确再现中国古代的船舶结构。

周氏古船模型制作工艺，严格遵循古法造船技艺，手工切割、打磨、拼装，制作工艺考究精细。2016 年，重庆周氏古船模型制作技艺被列入重庆市第五批非物质文化遗产代表性项目名录。

大宁河柳叶舟建造技艺

大宁河柳叶舟，因舟体细长、形似柳叶得名，又因制造柳叶舟的技术来自湖南辰舟，故又称"辰驳船"。

大宁河柳叶舟建造分为 6 个步骤。其一是选材。一般选花栗树做船的底板，椿树做船的边沿（船舷）；船钉由铁匠专门打制；密封涂装材料采用桐油、石灰、竹子等。其二是制材。将选好的木料用刨子刨平、刨光、清缝，再镶在一起；镶板不用任何胶水或粘剂，先从木板边缘斜向钻眼，钻穿边口，将"土钉"插入斜眼，用送钉（工具）将 5～6 厘米的"土钉"从斜眼中斜钉入另一块木板（须钉进另一块木板 3 厘米），钉头有点弯角，使钉子既牢固连接另一块木板，又不将它钉穿，再在每条缝口用卡子连接加固。其三是结构。船的底板镶好后，要用墨线打上中线（中轴线），使两边对称，这样造出的木船才能保持船身的平衡；把底板放在木马上，将第二步制作好的材料安装在底板相应的位置，先用"土钉"钉住；待船体各部分全部安装好后再用工具连接加固；再做船头船尾，在船的头尾部位分别进行再加工；用石头压在船底板中间，两头用石头托起，使船底板两头向上翘起。其四是镶拼。镶拼时各块板保持内侧齐平，且须左边镶一块，右边镶一块，使船帮左右完全对称、平衡；用工具对木板相连接的地方加固，并将缝口不平整的地方刨平、打磨光溜。其五是密封。先将生石灰用水泡发，再用细筛子筛过；在生石灰中加入少量桐油进行调和，再不断加入桐油搅拌、调和成泥浆状；将桐油石灰刮进木板镶拼处的缝口，扎紧扎实，敷上桐油石灰，压实、刮平。若缝口较大，需反复捻几次，最后在缝口刷一道桐油。其六是涂装。在船里船外共涂刷两遍桐油，反复搓刷，使桐油渗透浸入木板，涂层要薄；刷完桐油晾干后在河里浸泡两天即可使用。

建造成的柳叶舟呈扁平的柳叶状，船体较轻、吃水较浅、转弯灵活，但载重量较大，特别适合较小流域的水路运输，在大宁河流域及附近长江流域小型支流范围内得到广泛的应用。大宁河柳叶舟建造技艺，展现了大宁河流域人民杰出的民间智慧和极强的自然适应能力，是当地人民在艰难的交通环境中，以"因地制宜、就地取材"为原则，广泛吸收附近地区的先进技术，并结合当地的实际情况而发展出来的优秀民间传统技艺，具有极强的历史价值、社会价值、经济价值、文化价值和生态价值。2019 年，大宁河柳叶舟建造技艺入选重庆市第六批市级非物质文化遗产代表性项目名录。

土家族吊脚楼营造技艺

土家族吊脚楼营造技艺是主要流传于重庆市石柱土家族自治县的传统建筑技艺。吊脚楼营造技艺历史悠久、技艺科学、构思巧妙、布局合理，是优秀的土家族文化遗产。

土家族吊脚楼有着悠久的历史，与当地山地坡度大、气候温暖湿润、木材丰富等特点相适应，土家人依山而建木质结构的千柱落地式吊脚楼（又称"转角楼"），得以安居乐业。吊脚楼在唐代被称为"干阑"，在土家族人民中已经被普遍使用。明清时期，石柱土家族吊脚楼从实用向艺术方向迈进。许多精美的吊脚楼、精湛的营造技艺得以保存和流传至今。

建造吊脚楼时，工匠们充分利用当地的石、木材料，穿斗勾心，飞檐翘角，运用力学原理使其牢固防震。在结构和装饰功能上，常在外檐造型上营造特有的挑枋（含硬挑、软挑）、撑班、坐墩、吊瓜柱和花格，有的还镂雕多种图案，门窗图案常见的有豆腐块、冬瓜圈、3 条线、乱劈柴（又称冰纹）、回纹、万字纹、球纹等，工艺精湛。在用材尺度上，梁、柱、枋、檩、椽等断面尺寸十分讲究。地面为石材，条石或石磉。房屋的纵面墙体为竖立的木柱，它决定房屋的高矮，各木柱从前后向中央逐渐升高，所以墙面的柱子往往是单数。各木柱被穿孔，穿牌通过穿斗连接牵引，中间用檩子连接（檩子出头），楼板铺于上面，顶上用檩子连接，中柱顶上是中梁，需栋梁之材。整个吊脚楼木结构框架搭建好后，四周用木板嵌入挖槽的立柱和穿牌，装成板壁。檩子内为房屋楼，檩外装上供休憩、晒物品的耍栏。立柱的顶上横置檩子，平行等距的椽子固定在檩子上，再盖上瓦或者铺上茅草以避风雨烈日。在建筑色调处理上，梁柱、门窗除涂桐油漆以保持本色外，也常用黑色生漆罩面或施以浅褐色矿物质原料刷涂等。这样，吊脚楼就建成了。

土家族吊脚楼的室内布局有传统的习惯，集居住、安全、社交和祭祀等功能于一体，体现了"天人合一"的理念。土家族吊脚楼与土家人生活的地理环境密切相关，依山面水，外观形体上具有多角度、多层次的美感，与土家人的民族理念相适应。土家族吊脚楼是土家人运用聪明才智，利用传统手工技艺提高自己生活质量的证明。土家族吊脚楼是人与自然和谐的统一体，具有很高的艺术价值和力学、自然景观学等方面的科学价值，特别是建造过程中榫卯的运用、整体支架的固定，在山势起伏中具有较强的竖向力度，是建筑科学与自然生态环境的完美统一。土家族吊脚楼是土家人生活的场所，具有活态的土家族民俗文化价值。

第五节 传统民俗

本部分遴选了三峡地区9项与水有关的传统民俗。

端午节（屈原故里端午民俗）

端午节，又称端阳节、龙舟节、重午节、天中节等，是集拜神祭祖、祈福辟邪、欢庆娱乐和饮食文化于一体的中华民族传统节日。《续齐谐记》《荆楚岁时记》中记载，魏晋南北朝时期，端午节便与纪念屈原结合，关于屈原与端午的民间传说也不断得以丰富。南朝后，南方尤其是荆楚一带已经将纪念屈原作为端午节的主要内容了。食粽子、系五色丝等本为祈禳的习俗，也转为了纪念屈原的活动。唐元和十五年（820年），归州刺史王茂元在屈原故里秭归屈原沱建立屈原祠并写下祭文，众乡亲与各色龙舟汇集于此，作为起点，进行龙舟竞渡，形成了屈原故里端午民俗的鲜明特色。这种民俗在屈原故里延续至今，形成一种传统习俗。

屈原故里（秭归）端午民俗隆重，一般端午分3次过。五月初五小端午挂菖蒲、艾叶，饮雄黄酒；五月十五大端午龙舟竞渡；五月二十五末端午送瘟船，亲友团聚。祭奠屈原贯穿节庆活动的始终，包括设坛祭拜、游江、龙舟竞渡、粽子寄情、乡里"闹晚"等程序，端午民俗过程因此而更见完整、紧凑和鲜活。自明代起，秭归士绅自发组织起"骚坛诗社"，于端午时吟诵楚辞或作赋，相互唱和，这在全国各地端午习俗中独具一格。屈原故里端午民俗既传承了传统端午习俗驱疫避瘟的内容，更保留了故乡人民对屈原精神、品格的颂扬和纪念之意。

屈原故里端午民俗是中国上古楚文化和端午礼俗等的活态见证，具有民俗学、历史学、心理学、人类学等多方面的研究价值。它宣扬和传播了中国文人杰出代表之一的屈原的精神品格和中国文化传统精神，把传统的祖先崇拜和英雄崇拜人性化和娱乐化，增强了民族的凝聚力和文化认同感。2006年5月，端午节被国务院列入首批国家级非物质文化遗产名录；自2008年起，端午节被列为国家法定节假日；2009年9月，联合国教科文组织正式批准将其列入《人类非物质文化遗产代表作名录》，端午节成为中国首个入选世界级非遗的节日。

木洞龙舟竞渡

木洞龙舟竞渡是一种古老的传统民俗文化活动，是重庆市巴南区木洞镇的特色赛龙舟项目。木洞龙舟竞渡起源很早，清代乾隆年间《巴县志》就有"龙舟竞渡"的记载。早年的木洞龙舟制作比较简单，一般选用私家老板的木船或渡江船，在船头仰放一根板凳，并在上面用树丫扎成一个龙头即成。近年来，龙船的制作有了很大的发展：原来用杉料，后来用杨松，甚至用上了玻璃钢材料。船身长短不一，最长的40多米，最短的也有 20 多米，宽为 1.2～1.4 米，均制作成黄瓜底形（一剖两半），船头呈鸡胸式，船尾的艄略上翘呈龙尾形。材料合适时，船头直接做成龙头形，否则，就用木雕，或者用黄荆扎成龙头形，或者用铁条焊成龙头形，外面用彩布蒙上。民众对龙头特别敬重，龙头要在洁净处制作。制好后要举行开光仪式，让其具有灵性。端午节时，举行仪式请龙下水。开渡前，举行隆重的"开江"仪式，祭拜天地、长江、屈原。结束时，举行"封江"仪式，龙头置放于万天宫。

木洞龙舟竞渡以一船一队为单位，人数由三四十人至七八十人不等。每支队伍均有踩头一人，甩腰旗一人，打锣和鼓的各一人，拿艄的二人，前面划分水的四人，后面划吊艄的四人，中间则是主力。在划行过程中，一般都喊着铿锵有力的龙舟号子，由穿着长衫、戴着凉帽和墨镜的踩头之人领唱，其余的跟着和唱，同时踩头之人还以翻跟斗或吹口哨来吸引观众。除踩头外，其余的人员服饰统一。甩腰旗的人手上拿两面小旗，随踩头之人的步调，做出各种甩手的姿势，同时起着指挥的作用。锣鼓声也是紧密配合踩头之人和甩腰旗之人，统一大家划桨的动作。通常情况下，在起划和到达终点时都要鸣放鞭炮助威。比赛以到达终点时抢得的活鸭只数或旗帜、扇子的多少确定输赢。

木洞龙舟竞渡具有历史传承的悠久性、团结协作的集体性、群众参与的广泛性、文化内涵的丰富性等特征，具有增强民众体质、弘扬传统文化、发扬民族精神等历史、文化价值。2007 年，木洞龙舟竞渡被列入重庆市第一批市级非物质文化遗产名录。

广阳龙舟会

据史料记载，公元前 278 年农历五月初五，楚国大夫屈原听到秦军攻破楚国都城的消息后，悲愤交加，抱石投入汨罗江。沿江百姓纷纷引舟竞渡前去打捞，沿水招魂，并将粽子投入江中，以免鱼虾咬食屈原的身体。此后每年五月五日，后人便以划龙舟纪念屈原。

1984 年以来，每到端午节，广阳镇都会自发组织龙舟赛事。广阳镇素有"龙舟之乡"的美誉，已成功举办多届广阳龙舟会。每年的活动内容包括赛龙舟、进祭品、行拜礼、宣祭文、拜辞神、投粽子、捉鸭子等一系列民俗活动。其中，别具一格的屈原祭奠仪式表演活动，更是充分展示了广阳龙舟会的民俗特色，为前来参加广阳龙舟会的市民们呈现了一道空前的视觉盛宴。2011年，广阳龙舟会被重庆市人民政府列入重庆市第三批非物质文化遗产名录。

旱码头龙舟歌会

旱码头龙舟歌会是流传在重庆市江津区李市镇的一种传统民俗活动，兴盛于明末清初，每逢端午节，人们便在街上划起"旱船"，吼起号子、唱和山歌，汇集到坝上黄桷树下齐唱山歌，久而久之便形成了李市的这一传统民俗。2011年，旱码头龙舟歌会被列入重庆市第三批市级非物质文化遗产名录。

白沙龙舟会

白沙龙舟会是重庆市江津区白沙镇具有特色的端午节传统民俗活动，2019年入选重庆市第六批市级非物质文化遗产代表性项目名录。白沙龙舟会代代相传，有着独特魅力。龙舟制作技艺是一种古老的传统手工艺，其制作工艺技术要求高，过程复杂。龙舟整体长度约为20.8米，格子宽0.84米，高0.44米。制作过程包括截外龙筋、定格子仓、填缝、打磨、画甲等工序。近年来，每年端午节白沙镇都要在辖区内的长江内河水域举办龙舟会和文化艺术节。当地悠久的历史传统、深厚的文化底蕴、独特的临江地理位置、有力的保护措施都为保护传承白沙镇龙舟会等宝贵的非物质文化遗产项目奠定了基础。

姜家舞龙习俗

龙是中华民族的重要象征，综观各地，舞龙的表演种类繁多、独具特色。姜家舞龙习俗历史悠久，可追溯到远古巴人时代，距今3000年以上。姜家舞龙习俗是先民巴人龙蛇图腾崇拜的遗存，是古代巴渝舞龙习俗的继承和发展，是流传于巴南姜家镇及其周边地区的重要民俗活动。姜家舞龙主要包括火龙、柑子龙、黄荆龙、虾子龙、萝卜龙、青菜龙、草龙、扁担龙、板凳龙、旱龙、独龙、小金龙、彩龙、箩筐龙、背篼龙、篾篼龙、肉龙、墨龙、桐子龙、孝龙等 20 多个品种。姜家舞龙习俗经过世世代代的流传，已融入当地民众的"岁时节令、生产生活、人生礼仪、宗教信仰"等多种民俗活动之中，具有活动内容的丰富性、涵盖层面的全面性、参与人员的广泛性、表现形式的简朴性、图腾崇拜内涵的丰厚性和对社会和谐的促进性等特征。

发掘、抢救、保护姜家舞龙习俗，不仅有利于巴渝舞龙文化品牌的打造、巴渝传统文化地位的提升，也有利于推动姜家地区的物质文明、精神文明、生态文明建设协调发展，提振当地人民的文化自信，促进姜家地区文化大发展大繁荣。2009 年，姜家舞龙习俗被列入重庆市第二批市级非物质文化遗产名录。

水龙祈雨

重庆市丰都县社坛镇"水龙祈雨"活动，极具神秘色彩，经过数百年的沿袭，成为极具研究价值的非物质文化遗产。"水龙祈雨"作为一项民间祈雨民俗活动，起源于明朝中期。"水龙祈雨"祭祀活动一般在大旱之年举办，有一套极为严格的程序。求雨的内容主要包括祭祀和龙舞表演。当地民间组织有龙会，会首一般由较有影响力和号召力的人物担任，一旦遇到大旱，会首便立即搭建班子，成立求雨会开展活动。

丰都"水龙祈雨"的第一步称为"募钱量"，即分头向各村各户募集财物，各家可视自己的情况而定，这个钱叫"份子钱"。第二步是扎制水龙，水龙长约 20 米，直径 30 厘米，用篾条编制身筒子，全身再覆盖新鲜的杨柳枝条，看上去就是一条生机勃勃的绿龙。龙扎好后还要供奉在当地祠堂里，每日以清水浇之，直到仪式开始的那一天。第三步是祭祀，祠堂门前设下祭坛，将真人装扮的鞠法真供列其上，端公先生在祭坛面前念念有词，谓之做法事。"社稷坛"香火准备就绪，就该水龙登场了。舞龙的队伍有二三十人之多，其中有打锣鼓的、举宝的、举牌灯的、舞龙的、敲响篙的。表演者头戴斗笠，赤裸上身，下着白色短裤，赤脚行走。水龙边走边表演，时而伸直，时而盘绕，动作变化多端，翻、滚、腾、挪，宛如一条正在兴云布雨的真龙。第四步是巡游，祭祀仪式过后，水龙必须到邻近的村子巡游一圈，水龙到的地方表示雨才能下到那个地方。巡游的队伍很庞大，锣鼓队在前，然后是抬着鞠法真的滑竿，再后是十余人组成的响篙队伍，主要是挥舞响篙驱邪，最后才是水龙。每到一家门口，主人早知音讯，备好香烛、水桶，看见队伍来了马上双手合十行礼，然后恭敬地泼上一瓢水，水龙被泼得越湿，那下雨的希望就越大。

"水龙祈雨"是当地一种独特的民俗活动，对于探究当地人生产、生活习俗提供了历史依据，体现了当地民众在大灾大难面前不退缩、共同抗击天灾的团结协作精神，展示了民族民间文化在民众中强烈的凝聚功能。2014年，"水龙祈雨"被列入重庆市第四批非物质文化遗产代表性项目名录。

禹王庙会

重庆禹王庙会由湖广地区祭禹习俗和川蜀本土禹文化融合演绎而成，是一种集祭祀与节庆于一体的民俗活动，通常在每年的正月初九到正月十五举行。川蜀地区关于大禹的传说故事由来已久。扬雄《蜀王本纪》中记载"禹本汶山郡广柔县人也，生于石纽"。《楚辞·天问》中也有关于禹娶涂山氏女子为妻的内容："禹之力献功，降省下土四方。焉得彼涂山女，而通之于台桑？"这两项记载构成了川蜀地区禹文化传说的主体内容。《华阳国志·巴志》中记载"涂山，有禹王祠及涂后祠""帝禹之庙铭存焉。"由此推断，在汉朝的江州就有了祭祀禹王和涂后的场所。依照各地的习俗，巴渝地区在传说中的大禹生日，即农历六月初六进行祭祀仪式，抑或在正月初九到正月十五的舞龙会前祭祀大禹。明清时期，大量移民进入川蜀地区，他们在当地建造会馆，联络乡谊。移民当中以"湖广籍"为多，湖广一带亦有祭祀大禹的习俗，湖广会馆的禹王宫作为举办禹王庙会的场所，以共同的大禹信仰聚合湖广移民。随着移民逐渐融入川蜀地区，这种祭祀活动和当地的大禹祭祀活动相互融合，成了一种群众性聚会的传统民俗活动，即禹王庙会。

重庆的禹王庙会主要由祭祀大禹仪式和传统庙会活动构成，围绕禹王祭祀典礼，伴之以戏剧表演、传统民俗文化节、杂耍及地方传统小吃展销、商贸交易等活动。在祭祀活动结束后，会进行传统庙会活动，包括集会交易等内容。在这些庙会活动中，会着重进行舞龙、龙灯表演。舞龙这一习俗由来已久，为了祈求来年风调雨顺、四季安康，在禹王庙会中进行的舞龙表演同样包含了向大禹祈求海晏河清、不生水患的意味。

2007 年，重庆市筹办了"首届中国重庆禹王庙会"，将传统的祭祀活动与现代化的娱乐生活相结合，在保存了古代的祭祀活动和戏剧表演的同时，增添了新的游园活动，并将庙会场地与重庆当地的景点相结合。2014 年，禹王庙会入选重庆市第四批非物质文化遗产代表性项目名录。

清源宫庙会

清源宫庙会是重庆市江津区民俗，是重庆市非物质文化遗产之一。石蟆"清源宫庙会"始于明代，距今有 500 余年历史。庙会在一年内分为上九会、清醮会、川主会、灯杆会，分别于农历正月、三月、六月、九月举行，其中以川主会最为盛大隆重。

"清源宫庙会"的主要内容为祭奠缅怀蜀郡郡守李冰。按惯例，活动期间要抬着李冰塑像出游，并举行取水、求福、祭拜等民俗活动，以此表达对李冰的怀念之情，祈求风调雨顺、五谷丰登。农历六月二十四是治水先圣李冰的"生日"。这位技艺高超的工程师在 2000 多年前修建了都江堰水利工程，泽及四川民众，被人尊为"川主"，其功德无量，受道家供奉，敬为神尊"大菩萨"。每年农历六月二十四前后数日，民众都会组织祭奠活动，便形成了"川主会"。川主会的整个祭祀仪式活动及内容，按照传统习俗逐渐成形，程序明晰，活动有序。庙会期间还汇集当地各种民间艺术品种，轮番表演，如打钱枪、莲花闹、舞龙舞狮、唱大戏等，直至灯杆会鼓乐喧天，掀起高潮，以酬神灵，以慰乡邻。

"清源宫庙会"包容了古老的庙会文化与民间歌舞戏曲文化，具有独特的民间民俗文化体系，其承载的文化积淀深厚，具有正本清源的价值，是具有极高价值的地方性非物质文化遗产。

第六章
三峡水文化保护利用对策

　　水文化资源是一项重要的文化资源，其保护传承利用可以创造显著的社会经济效益。三峡丰富的水文化资源，既是先祖们留下的遗产，也是可供挖掘的宝贵财富。让三峡水文化绵延相传，就要充分把握三峡水文化底蕴，认识到保护、传承好历史文脉的重要性；要盘活三峡文化资源，就要科学规划、整合资源，保护生态、挖掘文化，完善设施、提升服务。建设好水文化，发掘好水文化资源，能有力推动三峡经济由高速增长阶段转向高质量发展阶段，不断满足人民群众日益增长的美好生活需要，增进民生福祉。

第一节　保护传承利用三峡水文化资源意义

　　三峡的水文化资源是历史文化意蕴丰富、影响深远的文化资源之一。对三峡水文化资源的保护开发利用，既要有坚定的文化自信，又要有开阔的国际视野和开放的文化胸襟；既要有价值定力、苦练内功，又要博采众长、兼收并蓄。只有这样，才能不断推进"创造性转化和创新性发展"，三峡水文化资源才会获得长久、旺盛的生命力。目前，开展三峡水文化资源的保护传承利用工作，需要提炼三峡水文化资源的思想精髓与审美特质，从时代需求特点入手，寻找三峡水文化与时代精神、现代价值之间的契合点，实现对三峡水文化资源的解读、阐释、利用与再创造，建立与时代精神之间的共鸣；需要积极适应和运用新媒介、新技术、新方法，赋予水文化资源新的生命活力；需要通过创新思维实现创意突破，拓展创意空间，不断打造引领性的精品力作；需要借助成熟的市场化与产业化运营机制，实现水文化资源的社会化和市场化配置，促进水文化资源适度活化利用，为水文化资源开发提供持续发展动力。可以说，抢救、挖掘、保护、利用和传承三峡水文化资源，对于长江文化弘扬和发展具有重要的战略意义，有利于保护我国传统文化多样性和保护文化传统，有利于中国社会主义先进文化创新性发展和创造性转化。

三峡水文化是中华民族文化重要血脉，是人民的精神家园。文化资源承载着中华民族辉煌而灿烂的文明，传承着延续千年的历史文化，保护文化资源功在当代、利在千秋。对于当今中国来说，深厚多样的民族传统文化，是我国文化安身立命的根基，是我们在世界文化激荡中站稳脚跟的"定海神针"。我们必须矢志不渝地开展传统文化的保护、传承、弘扬工作，使其成为惠及当代、恩泽后人的重要内容。习近平总书记指出："历史文化遗产不仅生动述说着过去，也深刻影响着当下和未来；不仅属于我们，也属于子孙后代。"文化资源的保护不仅关系到代内责任，更关系到代际责任。文化遗产的保护关系到历史、现在与未来，对于维护公众公平地享有和利用文化遗产资源的文化权利具有重要意义。三峡水文化资源延续千年，是人类活动与自然生态环境相互作用的产物，是世世代代中华儿女所共有的文化财富。保护和传承三峡水文化资源，就是保护和传承中华民族共同的"家园"。长江三峡东西横跨荆楚、巴渝地区，是长江经济带战略最重要最核心的文化资源之一，是湖北、重庆发展文化、旅游等相关产业的重要资源支撑，是三峡社会经济全面协调可持续发展的增长点和驱动力。作为中华民族几千年来文明史的一座桥梁，长江三峡文化构成了一个独特的文化遗产路线，是我国文化园地的奇葩，是中国特色社会主义文化建设的重要组成部分，是具有国际影响力的文化旅游资源品牌。我们要大力发展文化事业，传承弘扬三峡水文化，丰富三峡水文化深厚内涵，提升三峡水文化品位，建设中华民族共有精神家园，凝聚起长江三峡奋发前进的精神力量。

三峡文化资源保护有利于提升中华文化认同。文化资源承载着民族传统与文化记忆，蕴含着民族的文化基因，折射出民族的精神特质，是文化认同的重要载体，体现着特定族群的文化创造力，为此，保护三峡水文化资源对于提升三峡公众文化认同方面具有重要价值与现实意义。作为社会记忆的水文化资源不仅为遗产地居民提供了集体性叙事、地方性认同，而且还为中华儿女提供了对传承水利社会的日常互动秩序、文化生活方式的深度追忆，构建了传统水利社会的价值与意义系统。长江是中华民族的母亲河，三峡水文化资源所承载的不仅是长期栖居于此的人们所具有的特定历史记忆与情感依赖，同时也蕴含着中华民族共同的历史情感、文明记忆，乃至文化信仰。可以说，三峡水文化资源构成中华儿女的情感连接。正如爱德华·霍尔指出，文化认同、自我认同的过程不能脱离具体的语境与场所。正是三峡文化资源印证着几千年来中华民族的兴衰，见证着中国的发展变迁，维系着中华民族共同的情感。

三峡水文化资源保护有利于筑牢了长江经济带发展的根基。三峡地区社会经济的发展需要外力，更需要内力，要解放思想，真抓实干，增强驾驭社会良性可持续发展的能力与定力。历史时期巴渝地区、成渝地区的发展，与三峡航运息息相关。繁荣的三峡航运经济带动了历史上三峡地区社会经济和文化事业的快速发展。当今在长江经济带建设、长江大保护、长江国家文化公园的时代背景下，如何开发自身文化资源，形成社会效益显著、经济效益明显的特色产品、特色产业，仍是艰巨的课题。我们要把眼光放远一点儿，未雨绸缪，把三峡地区社会经济发展放在如今的长江经济带、长江国家文化公园建设的背景下，寻找切入点和突破口。在社会经济飞速发展的今天，更多机遇和挑战摆在我们面前，我们应从三峡文化孕育发展的历史进程中寻找智慧。三峡文化资源众多，湖广会馆、白鹤梁等水文化资源体现了三峡水文化的深厚底蕴，同时也为长江经济带的建设提供了充足的动力，成为长江三峡文化产业发展的重要支撑。要充分发挥长江三峡地理区位优越、基础设施完善、文化古迹丰富的有利因素，加大投入，认真做好研究和科学论证，从发展方向和发展速度上下功夫，将三峡水文化建设成为集水利、文化、旅游、生态环保于一体的绿色文化长廊，让古老的三峡水文化再度绽放出绚丽的光芒，创造出新的辉煌；让三峡水文化持续催人奋进、凝聚人心，对三峡地区社会经济发展起着潜移默化的作用。

三峡水文化资源保护利用为长江流域生态环境建设提供了借鉴。 黄陵庙的烟火，重庆湖广会馆的游人如织，三峡大坝壮美的景色，三峡两岸旖旎的风光，无不显示着三峡水文化的蓬勃活力和旺盛生命力。在新时期大力推动三峡地区社会经济发展进程中，将三峡水文化的挖掘与传承、保护和利用与三峡生态环境建设紧密结合起来，要把三峡水文化与长江流域生态文化有机整合，进一步提升三峡两岸的生态环境，优化产业布局，走可持续发展之路。搞好名城古镇建设，打造亮丽的文化景观带。做好产业结构调整的大文章，大力发展生态适宜性、环境友好型产业，促进农民增产、居民增收、各项产业有序健康发展，为三峡百姓带来更多福祉。

第二节　水文化资源本体保护利用对策

坚持"保护为主、抢救第一、合理利用、加强管理"的理念，将水文化资源，尤其是水文化遗产资源的保护放在三峡水文化建设的显著位置，以高度的责任感和使命感做好水文化资源的保护工作，将三峡库区打造成为我国水文化资源保护传承利用与水文化研究的典范与标杆。

一是开展三峡水文化资源调查与评估。 要在制度和政策等层面上保护水文化，关注水文化生成、发展和保护之间的历史传承关系，改善自然、经济、社会制度和传承人之间的水文化生态，明确各级政府、各相关主体在文化资源管理上的权、责、利，明确职责、分工协作。三峡水文化遗产是不可再生、不可替代的珍贵资源，是三峡水文化的重要组成。要进一步开展水文化遗产调查工作，摸清三峡水文化遗产家底，建立基础资料数据管理平台，形成三峡水文化遗产分级分类名录和遗产档案资料汇编。要充分利用重庆、湖北两省市各区县水行政主管部门的监测系统，加强水文化遗产资源监测，实施实时动态保护。要采取科学的分区、分级、分类保护措施，充分借鉴国内外的先进经验，可以将三峡水文化资源按照其价值分为不同的等级，分级实行差异化的保护管理标准。要开展水文化遗产评估，根据遗产类型、价值和分布情况等，提出分区分类分级保护和利用对策。

二是强化物质遗产保护修复。 深入贯彻习近平总书记关于长江文化保护传承弘扬重要论述精神，以创建长江三峡文物保护利用示范区为目标，全面加强各类水文化遗产资源保护、研究、利用和管理，推动更多三峡水文化资源活起来，助力长江经济带高质量发展。整合重庆、湖北两地文物修复机构和力量，加强三峡水利文物系统性保护，编制三峡水利文物保护利用专项规划和水利文物修复行动计划，尤其是强化黄陵庙等国家级、省级文物保护单位的保护修复。贯彻落实文物法、水法中关于文化遗产和水利工程设施保护管理工作的相关要求，加强三峡水文化遗产及其遗产周边环境风貌、文化生态的整体性保护。对三峡现存各类水文化遗产资源保护现状进行全面的排摸，按照抢救一批、修缮一批、保护一批的思路，建立分级分类保护名录和项目库。加快落实文化遗产保护"两个转变"及"水利工程补短板、水利行业强监管"的要求，建立三峡水利文化资源数字化管理系统。推动国家与地方政府联合开展水利文化遗产抢救性保护工作，深刻总结白鹤梁、石宝寨、张飞庙和大昌古镇保护经验，进一步完善搬迁保护或就地保护措施。

三是提高遗产保护等级。 建立并推行三峡水文化遗产及周边环境风貌保护管控清单，将水文化遗产资源、相关文物保护单位，以及高价值的历史遗产纳入遗产保护管控范围。扎实推进水文化遗产的保护与活化利用，重点推动具备条件的水文化遗产点申报省级、国家级重点文物保护单位。谋划和建设一批省级、国家级水文化遗产保护项目，积极推进国家级水文化遗产公园建设。

四是组织遗产基础研究。 为进一步推动水文化遗产的学术研究与保护机构建设，鼓励水文化团体组织和研究机构，组织实施水文化遗产资源的调查、申报和宣传，优化水文化人才结构，培养相关的专业人才，广泛开展三峡水文化内涵的学术交流和探讨，积极推动三峡水文化遗产的学术研究和保护利用等相关工作。有序推进三峡古堰、古码头等重要遗产和遗址区域的考古调查发掘展示工作。深入开展水文化遗产资源保护的重大基础性课题研究，针对水文化遗产资源保护利用理论与技术的薄弱环节，加大相关科研支持力度，开展多学科参与的综合研究。重点加强对水文化遗产资源及其附属设施、古桥、驿道等文化遗产保护修复关键技术攻关。同时开展三峡水文化遗产历史演变、工程价值、水利科技与管理研究，真实客观再现三峡水利历史成就，为后续展示阐释工作奠定基础；此外，还需要开展遗产病害监测、遗产周边待建项目保护影响评估等专题研究。

五是健全地方遗产保护法规。水文化遗产保护和传承是一件专业性很强、涉及面很广的工作。随着关注在用的水利工程及相关遗产的保护，向同时重视物质与非物质水文化遗产、水文化线路等遗产的保护和传承这些趋势的出现，亟须做好三峡水文化遗产保护顶层设计，关注立法和制度管理，相关规划也要适时跟上。研究制定《三峡水文化资源保护管理办法》，明确遗产保护对象、保护要求、保护主体责任，为科学处理文化遗产保护与城镇开发建设等关系提供法律依据。研究申报水文化资源保护管理的地方标准，并积极参与有关国家标准的研制。各市、区、县应在国家文化保护工程、总体规划的总体框架下，根据各地历史情况、文化条件、自然环境和因素，制定本地区水文化资源保护专项规划或方案，使具体保护工作有法可依、有章可循。

六是完善遗产监管体系。建设三峡水文化资源监测管理平台，推进地理信息系统、遥感技术、视频监控、物联网等技术应用，促进涉及三峡水文化遗产管理的部门间、区县间、乡镇间的数据共享、资源共享。构建完善三峡水文化资源"1+2+20"监测管理体系，以构建三峡"水文化资源监测中心"为核心，涵盖重庆、湖北两地，建设涵盖秭归县、兴山县、夷陵区、巴东县、巫山县、巫溪县、奉节县、云阳县、开县、万州区、忠县、涪陵区、丰都县、武隆县、石柱县、长寿区、渝北区、巴南区、江津区、重庆市城区（渝中区、北碚区、沙坪坝区、南岸区、九龙坡区、大渡口区、江北区）等区县的水文化遗产监测分中心。全面实施遗产地周边建设活动的文化遗产影响评估，在"水利行业强监管"的引领下，强化水文化遗产资源保护管理执法工作，可以尝试将水文化遗产资源保护工作纳入地方水行政主管部门考核制度。

七是完善水利文化遗产资源的保护传承体系。建立健全三峡博物馆群，进一步提升重庆中国三峡博物馆、重庆三峡移民纪念馆等 17 家综合性博物馆展示展陈效果，系统展示长江文明和三峡文化。加快三峡库区水利博物馆及下辖区县水利专题展示馆的建设工作，形成涵盖市、县、乡镇的三级水文化遗产展示展陈系统。提升博物馆展陈解说水平，创新"互联网 + 水文化遗产"的展示模式，充分利用 3D 影像技术、多媒体互动展示、数字讲解阐释、VR 虚拟展示遗迹场景模拟展示手段，提升三峡库区水文化遗产整体展示水平。依托高校、科研院所、博物馆等机构，构建三峡文物科技保护基地体系，力争建成三峡文物科技保护基地、三峡数字博物馆、三峡文物标本库房和三峡文物修复中心，全面构建起三峡文物科技保护体系。充实保护传承对象，将三峡自然山水格局、文物、水利工程遗产、非物质文化遗产等各级文化资源有机整合，实行整体性保护。

八是打造水文化遗产廊道。三峡文化遗产资源数量众多、品类丰富，是历史、社会变革遗留下来的系统性的有机整体，它们见证了三峡在历史长河中的发展与变迁，承载了数千年的历史文化内涵。同时，这些遗产沿着三峡地区主要江河分布，形成具有线性特征的水文化遗产廊道系统，因此有必要充分吸收当前线性遗产保护管理展示利用的先进经验，构建三峡水文化遗产廊道，串联三峡各个区县水文化遗产，并将其相关联要素、周边环境和社会基础设施整合的文化遗产进行整体性保护利用。统筹好三峡水文化遗产周边名村名镇、名人故居、会馆商号等展示空间，构建虚实结合的文化遗产知识型旅游产品。如结合重庆万州区瀼渡电厂等建设多座三峡水文化遗产公园，开发水文化遗产保护研学之路。结合乡村振兴战略，开展水美乡村建设，实现乡村水系长流水、流清水，打造良好农村水环境。资源条件较好的河段，以河流湖泊为线，连村成片，建设独具特色的乡村水景区。

第三节　名城名镇名村水利文化提升对策

党中央、国务院高度重视文化遗产保护与公共文化服务工作。习近平总书记在各种场合反复强调文化遗产保护利用和传承优秀传统文化的重要意义，并作出一系列重要指示。习近平总书记指出，要让收藏在博物馆里的文物、陈列在广阔大地上的遗产、书写在古籍里的文字都活起来，丰富全社会历史文化滋养。

水文化资源是人类水事活动中的遗存物，具有重要的历史文化价值、科技和经济价值。把水文化建设融合至乡村建设中，依托乡村文化景观建设对水文化进行保护开发利用，让水文化活起来、展示出来、传承下来，留住共有精神家园。

一是提升历史文化名城的水利韵味。依托重庆等历史文化名城的品牌价值，加快构架以水文化资源为典型要素的文化展示平台，以重点历史文化街区、典型水文化资源活化展示项目为核心支撑，让城市文化生活更具丰富性与多样性。将三峡元素、巴渝水利元素纳入城市建筑设计、景观风貌规划、旅游资源开发、特色产业培育，以及对外宣传展示中，提升历史文化名城水文化的可识别性和可感知性。鼓励三峡其他区县申报省级或者国家级历史文化名城。

二是唤醒名城名镇名村的水利记忆。结合小城镇环境综合整治和美丽乡村建设，加快推进三峡历史文化名镇名村基础设施建设改造与环境整治，强调村镇水系历史格局与城镇风貌肌理的完整性保护。加强历史文化名镇名村水利社会生态系统的延续性保护。开展三峡乡镇水利文化资源调查，尝试申报一批符合条件的以水利为主题的省级历史文化名镇名村。同时注重在乡村建设中水文化元素的引入，彰显乡村水文化资源的价值和功能，使乡村建设更富有文化内涵、富有特色，以推动乡村旅游，助力乡村经济发展，树立特色乡村形象。结合三峡历史文化名镇名村保护管理建设经验，推进名城名镇名村水利系统整体性保护、文化挖掘和功能提升，打造水利文化、水利记忆、水利艺术集中展示体验地。

三是推进历史建筑保护与活化利用。评估确定一批能够反映三峡水利文化内涵和风貌特征的历史建筑，建立"一房一档一图则"的档案名录并逐步实现全覆盖。研究制定《三峡历史建筑保护管理办法》，明确库区历史建筑认定标准和修缮要求，进一步提升房屋产权人及使用人的保护意识，对随意进行历史建筑外观或过去装饰拆改的行为加强管理，尽可能保留下这些历史建筑承载的历史文化信息。推进三峡历史建筑活化利用，鼓励历史建筑的产权人和使用人对历史建筑进行适度、合理的功能拓展与使用。

第四节　遗产区背景环境整治提升对策

把三峡河流水系生态环境建设作为践行"两山理论"建设的实践范本，划定生态红线，加快水系沿线生态保护和景观设计，充分发挥三峡水文化资源在防洪排涝、农业灌溉与生态环境保护等方面的综合功能，建设长江流域生态文明发展的高地，打造生态美丽三峡。

一是推进河道水系治理，构建良好生态水环境。加强长江、嘉陵江、乌江干流及其主要支流水域岸线管理保护，保护三江生态涵养带，保护好三峡国家战略水源地，提高水源涵养、生物多样性、传统文化多样性维护功能。推进三江干流两岸城市规划范围内滨水绿地等生态缓冲带建设，协调好生态岸线、生活岸线、生产岸线的关系。严格水域生态空间管控，依法划定水文化资源所在区域河湖水系空间管控范围。加快开展

161

重点河段、典型水文化资源分布的河道点段生态环境保护管理专项规划方案的编制工作，科学合理划定岸线功能区，强化岸线保护和节约集约利用。严格涉河建设项目和活动监管，严禁以各种名义侵占水域，对岸线乱占滥用、多占少用、占而不用等突出问题开展清理整治，恢复水域岸线生态功能。深入推进重庆市北碚区、渝北区、武隆区和湖北省巴东县全国生态文明建设示范市县建设，促进工程治水向生态治水转变，做好清淤与截污、引水与排水、净化与绿化结合，促进河流生态修复。如非城市段的水系岸线应以原生态保护为主，宜农则农、宜林则林，展现特色自然风貌，禁止一切与河道保护无关的建设活动。深入开展重点河段、关键遗产点周边河道清淤、河网修复、生态湿地建设工程，加快河湖水系湿地生态功能恢复。实施水系连通工程，提高河湖水系自净能力。审慎开展岸线固化工程，维持水系自然湿地面貌。加强重点河段和遗产地周边入河排污口综合整治和监督管理，严格控制入河排污总量，强化工业点源污染防治、农业面源污染治理，制定沿线一二三产业污染风险源综合防控措施，完善处理机制和偷排漏排监督机制。加快城镇污水处理设施建设与提升改造，开展农村环境综合整治。加快垃圾污水收集、转运及处理设施建设。强化污染应急处置，建立健全应急预案体系，开展流域环境风险评估。制定流域应急预案，提升突发污染事件应急处置能力。

二是制定生态保护准入制度，提升河道景观艺术水平。制定水文化资源保护生态空间准入制度，划定实施河流水系环境功能区划，落实空间环境准入制度。加强核心保护地带生态环境保护，依法有序关闭、腾退对生态环境有直接或间接影响的企业。严守建设开发地带生态空间，按照环境功能区划对开发建设项目设置准入"门槛"，严禁高污染、高耗能行业新增产能，实施生态保护环境准入负面清单。提升水文化资源沿线河道景观艺术水平，突出峡、湾、沱、浩、坝、嘴、滩、半岛、江心绿岛等水系自然景观的生态绿色展示功能，加强以自然保育为主的生态恢复。充分发掘文化资源所在地深厚的文化底蕴，凭借古镇、古桥、古埠多的特点，精心谋划水文化博物馆、夜景灯光秀等一批具有标志性的滨河滨水文化景观。加快推进绿色生态廊道打造，强化岸线绿道、步道、自行车道，以及湿地公园、城市公园、"慢生活"休憩片小广场、郊野公园等建设。合理统筹生态保护、休闲游憩、科普教育等功能。加快建成与文化资源周边区域空间相适应、滨水绿道全覆盖、慢性路网与道路公交系统相衔接的路网系统，完善游客中心等文化旅游设施的形象设计。

三是加强生态环境保护修复，筑牢水利文化资源保护基础。深入实施山水林田湖草综合治理、系统治理、源头治理的要求。

（1）重庆三峡地区以筑牢长江上游永久生态屏障为根本要求，充分发挥自然生态系统修复治理、水土流失治理、水污染防治项目作用，加强城乡综合整治，维护人文自然风貌，严守生态红线。推动由三峡生态涵养带、大巴山生态屏障区、武陵山生态屏障区、大娄山生态屏障区、中心城区生态宜居区、明月山平行岭谷生态农业区、渝西方山丘陵生态协调区构成的"一带六区"山水林田湖草系统修复总体布局。加强库岸综合治理，健全完善长江水灾监测预警和应急救援机制体制，推动建设安澜长江。

（2）湖北三峡地区结合不同区域自然地貌、生态系统环境问题差异，基于山水林田湖草规划实施范围划分的西部三峡山地丘陵水土流失治理和水源保护区、中部丘陵流域水环境综合治理区和东部平原综合治理修复区三大功能分区，加强生态系统质量调查，准确识别生态环境问题，科学确定治理范围、治理目标和技术方案，提升工程试点整体效益。进一步突出三峡地区生态保护修复重点领域，推进三峡水源涵养能力提升及水土流失治理、化工企业"关改搬转"及腾退土地污染地块治理修复、超标流域水环境综合整治等工程，加大"三磷"治理、长江水生生物多样性保护、河流湖库自然岸线和湿地的生态修复力度，科学策划矿山环境治理恢复、土地整治与污染修复、生物多样性保护、流域水环境保护治理和全方位系统综合治理修复等，加强对森林、河流、湖库和湿地等重要生态系统的整体保护和修复，构建生态廊道和生物多样性保护网络，全面提升生态系统功能。

第五节　非物质遗产保护传承对策

把三峡水利非物质文化遗产保护传承作为传承三峡文脉和增强地域文化价值认同的重要抓手，积极开展活态保护、展示和传承利用，讲好三峡"水"故事，推动水利"非遗"活起来、传下去、出精品、出名家。

一是创建国家级水文化生态保护试验区。以渝中区、江津区、夷陵—秭归为重点，对三峡地区的传统民俗、曲艺和传统工艺等非物质文化遗产开展整体性保护，实施三峡与水有关的传统音乐、传统技艺、民俗、传统舞蹈等非物质文化遗产整体性保护，建设三峡水利非物质文化遗产保护传承示范区。结合特色小镇建设，打造一批具有水文化韵味的省级非物质文化遗产特色小镇、民俗文化村、综合性非遗展示馆、传统工艺工作站等平台载体，培育一批品牌展演展示活动，努力打造国家级文化生态保护试验区。

二是加快濒危涉水非物质遗产抢救性保护。建立水文化国家级、省级"非遗"代表性传承人抢救性记录数字化数据库，加快抢救性记录，推动传统文化活起来、传下去。积极推进优秀保护成果申报联合国教科文组织"非物质文化遗产保护优秀实践名册"项目，进一步提升三峡非物质形态水文化的影响力和美誉度。实施非物质文化遗产传承人研修研习培训计划，进一步扩大传承人群、提供传承实践能力。加强对非物质文化遗产重要载体和空间的保护，实施周边自然、人文环境和聚集区域的整体性保护。

三是实施水利传统工艺保护振兴计划。针对三峡少数民族聚居的地区经济相对落后，非遗传承人生活水平偏低，传承人在教授传习的过程中存在缺少传习场所、传习道具、经费等多种困难，三峡地区各地政府应在政策、资金和人力资源等方面向这些地区倾斜，加大对当地非遗传承人和非遗研究团队的扶持力度。如对贫困地区有丰富非物质水文化遗产传承经验的年老传承人，在精神上多鼓励和嘉奖，在经济上多给予补贴，在社会上要给予应有的职位，彻底解决他们的后顾之忧，使他们可以安心做好非物质文化遗产的传承。要大力弘扬传统"工匠精神"，以国家级非物质文化遗产代表性项目名录为基础，适当融入文化创意设计理念，对具备一定传承基础和生产规模、有发展前景、有助于带动就业的传统工艺项目，纳入省级以上传统工艺振兴目录，重点支持其发展振兴。依托辖区内特色小镇、历史文化街区、文化创意园区（街区）建设，培育一批水利非物质文化遗产活态性、参与式展示平台。增强国家级、省级非物质文化遗产生产性保护基地在传承振兴传统工艺、推动非物质文化遗产融入现代生活等方面的作用。

四是加强重点水利非遗展陈设施建设。加快推进三峡水利非物质文化遗产馆建设，支持民办非物质文化遗产馆、传习所建设。开展非遗宣传活态展示，推动非物质文化遗产与原有历史空间相结合，鼓励利用博物馆、图书馆、文化馆站、传习所、非物质文化遗产（展示）馆等公共文化服务设施因地制宜地开展宣传展示活动。依托遗产日、水日、水周、重要传统节日等，开展三峡非物质水文化遗产主题展示与传播活动，定期组织大型展演。推动非物质水文化遗产元素进社区、进校园、进企业，建立一批非物质水文化遗产传承教育实践基地，积极开展三峡非物质水文化遗产研学游。

五是创新发展"互联网 +"非遗传承。充分利用互联网，大力提升非物质文化遗产及其代表性传承的网络宣传水平，助力"非遗"项目振兴。充分利用数字技术、多媒体信息等手段，推动非物质文化遗产的数字化展示、传播和交流，促进非物质文化遗产科学保护。结合三峡非物质文化遗产综合资源数据库，建立水利"非遗"资源专题数据库。

第六节　水文化遗产文旅融合发展对策

以"文旅融合"为导向，坚持"以文塑旅、以旅彰文"，整合三峡自然生态与文化旅游资源，全面完善优化三峡水利文博基础设施和配套服务设施，开发精品水利旅游区（线路），丰富水利旅游产品体系，推进旅游品牌营销，促进水文化研学游与历史经典、时尚等产业聚集和深度融合，打造三峡水文化研学游精品带，激发水文化活力，提高文化旅游供给体系质量和效率，赋予新时期水文化内涵，加强文旅融合宣传推广和对外交流合作，塑造文旅融合知名品牌，打造文化和旅游深度融合发展示范区。

一是提升文化资源展示阐释基础设施和配套服务。以自行车道为主干，以高标准旅游步道、健身步道为重要补充，建设一批集观光、休闲、健身、游憩等功能于一体的旅游风景道。完善已有旅游线路服务设施，合理布局一批自驾车露营地、特色乡村旅游点，配套建设一批旅游客运码头、水上服务区等。完善三峡水利旅游咨询服务体系，推进沿线旅游厕所建设。促进智慧水利游发展，搭建三峡水利旅游公共信息服务平台。

二是提升风景区文化内涵。水文化是推进三峡风景区建设的重要内容，三峡沿岸的自然生态和文化资源，以奉节县、巫山县、巫溪县为核心，聚焦"壮美长江·诗画三峡"主题，串联起万州区、开州区、云阳县、忠县、石柱县等区域，着力构建起"高峡平湖"壮丽美景；充分彰显三峡历史、民俗及当代移民文化底蕴，打造长江三峡文化和移民文化产品体系，进一步提升"长江三峡"品牌价值，把长江三峡黄金旅游带打造成为世界著名旅游目的地。依托三峡各级风景区建设，系统发掘、阐释、保护、传承景区内水利文化遗产资源，以科学的景观设计展现水文化，以全面的导游系统解析水文化，以特色多样的专题展览彰显水文化，以浓郁的地域风格塑造水文化，整体上提升风景区文化品位，塑造风景区水文化特色，提高风景区的社会效益、生态效益和经济效益。

　　三是开发水文化遗产精品研学线路。 深入挖掘三峡水文化的深厚内涵，强化库区县市旅游品牌的塑造，打造独具巴蜀韵味和三峡气息的中国水文化旅游目的地。加强水利旅游资源与线路的跨区域整合，打造古驿之路、古镇之路、古桥之路等一批具有区域特色的文化旅游线路。加快建设各县市水上旅游线路的设计工作，打造看得见青山绿水、品得上乡愁的水上研学旅游线路。乡村旅游业的发展，应当与当地的非物质水文化文学、舞蹈、水民俗和水文化传统竞技体育活动等相结合，充分利用乡村非遗传承人熟知擅长的水文化传说故事、民族舞蹈或其他传统表演艺术，适当添加现代旅游元素，并促成二者的有机融合，增加乡村景区的神秘色彩，从而提高景区的品位和经济收益，反过来也推动和巩固了乡村景区内非物质文化遗产的生产性保护工作。

　　四是丰富水文化遗产文旅产品体系。 依托三峡博物馆、白鹤梁水下博物馆等水文化遗产展示展陈设施，开发水文化旅游产品。鼓励以水文化为主题，打造高水平实景和剧场演艺产品，开发文化演艺旅游产品。促进水文化与体育深度融合，举办龙舟竞渡等系列精品赛事活动，开发连接主要遗产点段的徒步、健走、自行车骑行、自驾车等休闲体育产品。结合美丽乡村、田园综合体建设，开发休闲农业和乡村旅游产品，助力乡村振兴。培育长江三峡国家文化公园的品牌效应，宣传推广三峡魅力都市、壮美三峡、巴蜀文明、古道漫行、古韵三国、石窟艺术、多彩民俗等文旅形象。依托中国西部旅游产业博览会、中国长江三峡国际旅游节等知名节会，培育一批三峡文化旅游节会品牌。实施三峡文化"百媒推广行动"，加强湖北、重庆两地官方、民间新媒体平台相互链接和信息互动，共同制作三峡文化旅游宣传片，联合推向境内外市场。加快文化旅游供给侧结构性改革，聚焦转型升级，整合三峡自然文化资源，打造一批具有地域特色的水文化旅游企业。

　　五是孵化区域特色的水文化文创产业。 深入挖掘以水文化为核心的三峡历史文化资源，继承和创新三峡水文化的内涵。以优质水文化资源开发利用为契机，发展水文化与数字技术、影视动漫、文化演艺、艺术创作、创意设计、文化装备等领域的合作。加快非物质文化遗产的活态保护、传承和发展，发挥历史经典产业与时尚产业的集聚优势，促进水文化与丝绸、茶叶、服装服饰等产业的融合。努力将三峡打造成水文化传承与时尚设计、品牌孵化的先行示范区。围绕建设国际消费中心城市，深化长江水文化与旅游名城、购物名城、美食名城、会展名城建设联动，推动长江沿岸各地区的商圈、特色街区、聚集区等丰富文旅消费业态，优化消费环境，策划具有水文化文旅特色的主题消费系列活动，打造一批长江水文化消费聚集示范区，创建一批省级及以上水文化文旅消费示范城市、试点城市。政府引导和市场主导相结合，培育一批长江水文化精品、文创名品，打造以长江水文化为主题的品牌。

六是搭建"三峡水文化"综合展示平台。整合互联网资源，充分利用互联网、云计算、区块链等技术，搭建三峡水文化虚拟展示平台，实现对水文化要素的网络集成展示，打造三峡水文化旅游营销矩阵，系列展示三峡文化的美好形象。整合遗产地周边吃、住、行、游、购、娱等元素，完善水利文化游网络服务和信息服务，创新水文化营销模式与体验模式。大力发挥长江旅游推广联盟作用，完善丰富长江文化和旅游市场推广体系，开展三峡文化和旅游品牌塑造、推广活动，推动长江三峡成为中华文化和旅游经典品牌。在此基础上，搭建三峡水文化旅游营销平台，充分利用互联网、云计算、区块链等资源，开展长江文旅水文化整体品牌营销推广。办好中国西部旅游产业博览会、中国长江三峡国际旅游节等知名节会，将三峡水文化融入其中。以三峡工程为基础，争创具有水利文化特色的文化品牌，推进文化旅游交流交往。在加强与"一带一路"和国际陆海贸易新通道沿线国家和地区的交流与合作中，加大推介宣传三峡水文化，开展长江水文化对外交流，提升长江水文化旅游的国内外知名度、美誉度和国际影响力。

第七节 水文化传播交流对策

　　结合优质水文化资源组团搭建水文化资源综合展示平台，加强三峡水文化资源的科技、文化、艺术、社会价值研究，鼓励相关文艺作品创作，讲好三峡的"水"故事，广泛开展水文化交流活动，推动三峡成为长江水文化研究的核心区，辐射全国水文化高地。

　　一是加强水文化传播机制。充分利用各类水文化展示平台，密切水文化与市民生活的联结，结合三峡工程谋划设立综合性的三峡水利博物馆，鼓励辖区县结合地方特色建立专题的水利展陈馆、水文化展示馆，提升三峡水文化公共传播的活力。依托设立"湖北省三峡水文化研究会""重庆市三峡文化研究会"，定期开展水文化专题研究和学术研讨，推介城市形象。通过人文、旅游等层面的交流加强三峡地区与本省其他地市、国内相关省市，以及相关部委的交流与互通，加强水文化资源保护管理、水文化景观设计、文化创意产业等方面的合作与交流。利用各种新闻媒体对三峡乡村具有代表性的非物质文化遗产项目进行广泛宣传和深度推广，创立乡村非物质水文化遗产地方品牌，充分利用社会资源和有利条件积极地"走出去"，通过跨地区开展旅游节、博览会和艺术节等方式，让其他地区及全社会更多的人认识和了解三峡乡村水文化品牌。充分利用年度"文化遗产日"活动的契机，选择特征突出、影响较大的乡村非物质文化遗产项目，针对非遗项目组织召开相关的学术论坛，与国内有关领域的专家学者开展学术交流，并在各大媒体同步宣传报道。

　　二是夯实三峡水文化研究基础。积极打造融合水利文化、丝路文化、驿道文化研究等为主题的三峡文化学术研究平台，深入开展三峡水文化学术交流，推动合作研究与项目交流。结合国家社会科学、自然科学研究课题，持续整理、挖掘、凝练三峡水文化内涵与时代价值，依托中华文明探源工程，围绕人类起源、农业起源、文明起源、国家起源和文明交流等重大课题，持续推进三峡古代文化遗址、早期聚落遗址、历史都邑遗址等重要遗址发掘，深入开展三峡地区文明化进程研究。建立动态、可持续的三峡文化创作生产机制，讲好、讲活、讲透三峡"水"故事。

三是培育三峡水文化交流项目。开展三峡水文化资源保护、水利非遗传承等专业技术交流培训项目，启动水文化资源保护志愿者交流计划，鼓励引导社会力量参与三峡水文化交流传播。积极开展三峡水利文化舞台艺术和艺术创作专题活动，提升三峡水利文艺原创力，鼓励创作一批体现三峡水文化的艺术精品，打造三峡水文化品牌。支持辖区各区县水利、水务部门等举办具有行业影响力的水文化主题摄影、水利朗诵等文化娱乐活动，积极举办承办龙舟赛、划艇赛等特色水利文体活动。

四是加强三峡库区水文化出版工作。加强三峡水文化优秀作品的出版工作，积极与中国出版集团、中国教育出版传媒集团、湖北长江出版传媒集团等国内出版机构联系，做好三峡水文化作品出版工作。有必要设置专门的出版基金，鼓励讴歌三峡文化的优秀作品及时发行出版。着眼长江国际文化交流传播，出版多语言版本的三峡文化研究出版物，如组织创作《三峡水文化丛书》《三峡水利文化资源图录》等介绍三峡水文化内涵和水利发展历程的图书作品。

五是加强三峡水文化传播表达。深入挖掘提炼三峡水文化内涵，结合三峡工程，阐述三峡水利文明史，讲活水文化资源的历史传说和当代故事，增强文化自信和文化阐释力。实施三峡水文化对外传播工作，推动央视、《人民日报》、《光明日报》等国家主要媒体利用纪录片、专题报道等提升三峡水文化资源的宣传推介力度，组织相关人员撰写系列文章提高三峡水文化的知名度、美誉度、影响力。积极借助重大节会，组织开展三峡水文化国际化推广行动，整体提升三峡水文化国际交流水平。重视深化三峡水文化资源的国际交流与合作，引导公众逐步参与国际交流，努力提升三峡水文化的国际认可度，巩固提升国际影响力。同时以国际视野为起点，为相关交叉学术研究和国际交流合作建立一个新的平台，推动三峡水文化资源的保护和可持续发展。

附录

其他水文化资源

一、水运交通工程遗产

本部分附录了三峡地区的部分水运交通遗产，包括栈道①、码头、桥梁等。

落石岩纤道遗址

落石岩纤道遗址位于重庆市武隆区白马镇铁佛村境内乌江北岸落石岩壁上，海拔 174 米，长约 200 米，宽 1.5 米，高 2 米。凿于清光绪年间（1875—1908 年），为船工逆水拉纤引船之道路。

孟良梯栈道遗址

孟良梯栈道遗址位于重庆市奉节县水乐镇白龙村，相传是宋朝大将孟良所建造，故名"孟良梯"，孟良梯石台下的栈道残址见右图。此栈道位于长江瞿塘峡

① 栈道，又称阁道、复道，是在悬崖峭壁上凿孔架木铺设的道路，阁楼间连接的空中通道，或架设在水面上的通道，属于建筑通道的一种。历史上，川江地区栈道众多，《战国策·秦策》中就有"栈道千里，通于蜀汉"的记载。

口内的南岸陡壁上，海拔 120～175 米，距山顶约 30 米，全长 136 米。栈道呈"之"字形排列，共有 67 个方形石孔，孔长 0.22 米，宽 0.26 米，深 0.34 米，孔距 1～3 米，其中一孔还存有木桩。现为奉节县文物保护单位。

龙门峡栈道遗址

龙门峡栈道遗址位于重庆市巫山县大宁河龙门峡壁上，始建于汉代，一直沿用到明清时期。龙门峡栈道是我国古代典型的平梁式栈道，栈道下部无支撑，结构简单。栈道大部分开凿于人烟稀少、峡谷深幽的险恶环境中，工程艰巨、规模浩大。除木构栈梁已经不存在之外，其栈孔很少遭到人为破坏，是我国现存规模最大、保存最好的古代栈道工程遗址。

龙门峡中大部分地段都分布有上下两排栈孔，有些地段甚至有上、中、下三排栈孔。自龙门峡口向北，右岸（东侧）出现栈孔，一般在大宁河水面上 15 米左右，最高达 20 米，有 2 层或 3 层，蔚为壮观。龙门峡口小龙滩栈孔开凿于峡谷西岸石壁的中部，孔距在 2.5～3 米。向北，是大龙滩栈道。栈孔分上、下 2 层，上层密，下层疏。再经西门滩、银窝滩、无名峡至琵琶洲，沿途都有栈道。其中龙门峡小龙滩栈道位于巫山县龙井乡大宁河龙门峡南部西岸壁上，全长约 300 米。龙门峡大龙滩栈道位于巫山县龙井乡大宁河龙门峡中部西岸陡壁上，与小龙栈道相连，全长约 600 米。龙门峡西门滩栈道位于巫山县龙井乡大宁河龙门峡西岸陡壁上，与大龙滩栈道相连，全长约 1000 米。龙门峡银窝滩栈道位于巫山县龙井乡大宁河龙门峡中部西岸陡壁上，与西门滩栈道相连，全长约 1200 米。无名峡栈道位于巫山县龙井乡大宁河龙门峡之北的西岸陡壁上，全长约 1.8 千米。

琵琶洲栈道遗址

琵琶洲栈道遗址位于巫山县龙井乡白水村大宁河无名峡与巴雾峡之间的西岸陡壁上，全长 250 米，方形栈孔呈单层水平分布，一般距水面高 12 米以上。

巴雾峡栈道遗址

巴雾峡栈道遗址位于大宁河巴雾峡壁上，始建于汉代，一直沿用到明清时期。巴雾峡下口栈道位于巫山县龙井乡三峡村巴雾峡下口西岸陡壁上，全长 500 米。现存栈道栈孔呈单层水平分布，一般距水面高 7～8 米。巴雾峡花厂沟至马归山栈道位于巫山县龙井乡三峡村巴雾峡西岸陡壁上，全长约 1000 米。栈道栈孔遗迹单层水平分布，一般距水面高 7～8 米。靠近马归山的栈道栈孔为双层水平分布，上下层间距约 2 米。巴雾峡马归山至莲台峰栈道位于巫山县龙井乡三峡村巴雾峡西岸陡壁上，全长约 3000 米。方形栈孔主要以上下 2 层分布，高出水面 7～8 米。巴雾峡莲台峰栈道位于丰都县双龙镇巴雾峡西岸陡壁上，方形栈孔主要呈单层水平分布，高出水面 8～10 米。靠近狮子峰处的栈道栈孔为上下两层分布。

滴翠峡栈道遗址

滴翠峡栈道遗址位于大宁河滴翠峡壁上，始建于汉代，一直沿用到明清时期。滴翠峡南栈道位于丰都县双龙镇天鹅村滴翠峡西岸陡壁上，方形栈孔有单层和双层排列形式。滴翠峡马渡口南栈道位于丰都县双龙镇天鹅村滴翠峡西岸壁上，方形孔双层排列。

瞿塘峡栈道遗址

瞿塘峡栈道遗址位于重庆市奉节县白帝镇瞿塘村南 2000 米江北岸。《奉节县志》中记载，清道光三年（1823 年）开凿白梁背栈道，光绪十五年（1889 年）续凿风箱峡栈道。栈道由西向东按天然河流和溪沟为界，分为梅溪河—草塘河、草塘河—金沙溪、金沙溪—大宁河入江口。各段地理环境的差异所形成的栈道形式也迥然不同，古栈道主要指中段草塘河—金沙溪沿岸的峡谷道路，其中潭子湾古道全长 100 米，海拔 127～189 米，其建筑形式以石砭道为主，间有部分垒石道，道宽

1.3～1.5 米，多处设有台阶。另有著名的风箱峡槽道，长 110 米，槽道部分长 50 米。在绝壁上开凿的三面岩石、一面悬空的石槽道，最窄的地方宽 1 米。

望龙门缆车

望龙门缆车位于重庆市渝中区望龙门码头，是由我国著名桥梁专家茅以升等人主持设计的，是中国第一条客运缆车。其工程设计采取在码头石梯上建造钢筋混凝土栈桥，桥上铺轨，轨上行车，车用缆牵，缆用机挽，电力驱动，往复运行。缆车道全长 178 米，上下高差 46.9 米，备有客车车厢 2 节，每节载客 50 人。缆车轨道为鱼腹式设计，上下方向运行的缆车在鱼腹处错车，节约了上下行各修一条轨道的资源。1993 年，因修建长江滨江路，望龙门缆车停运。2009 年底被列为市级文物保护单位。

唐家沱码头

唐家沱码头位于重庆市江北区南部的长江北岸，成形很早。这一带的江面水势平缓、水域辽阔，码头虽属自然岸坡，但江边沙洲碛坝开阔、坡度小，有利于船舶停靠，在唐代就成为停泊良港。新中国成立后，重庆造船企业在码头沿岸不断发展，唐家沱不仅成为重庆水运主要码头，还是重庆造船业主要基地之一，著名的东风造船厂便落户于此。西南第一艘国产钢质船、长江第一艘大型豪华旅游船、西南地区最大的万吨级出口船、西部第一艘出口欧洲的成品油轮等，全都出自这里，毫不夸张地说，西部地区从内河船、沿海船到出口船的跨越梦想便是从唐家沱码头开始起步的。

江北嘴码头

江北嘴码头位于重庆市江北区江北大剧院东面、嘉陵江与长江交汇处北岸，因泥沙淤积、江岸形成沙嘴而得名。与朝天门码头隔嘉陵江相望，与弹子石码头隔长江对峙。1891 年，重庆开埠后，江北嘴港口成为重庆重要的对外通商口岸，食盐、粮食、土陶、木材等交易品充街塞巷。岸上最繁华时，曾有 6000 余户商家。新中国成立后，重庆港务局设立江北港务作业区，修建码头、货场、桥梁、公路等，这里又成了重庆进出口物资的主要中转站。

九龙坡码头

九龙坡码头位于重庆市九龙坡区东部的长江北岸，沿长江下距朝天门 12.5 千米，是重庆港历届最大的货运码头。九龙坡码头原名九龙铺，是通往黄沙溪、菜园坝江边要道的一个商业点，民国时期曾有 20 多户人家在这里开设茶馆、商店、杂货铺子，以方便来往行人。20 世纪 90 年代直到前不久，九龙坡码头都是重庆最繁忙的货运码头之一，成片的集装箱遍布在码头上，成堆的货物从这里来往运输。不过，随着集装箱码头的转移，曾经热闹的码头已经变得寂静如夜。

弹子石轮渡码头

在重庆市南滨路，有一个名为法国水师兵营的遗址。一栋四合院性质的白色建筑，孤零零地坐落在长嘉汇购物公园一侧，日夜静观长江之水向东流。伫立在兵营前，可以想象昔日这里的景象，繁华的码头，轮船穿梭，货物在这里来往运输，形成著名的弹子石码头，其位于南岸区南滨路长嘉汇购物公园西南侧约 80 米。在重庆市交通不发达的时候，它曾经连接着朝天门、江北嘴、弹子石，从日出到日落，搭载过无数重庆人渡江。如今，在弹子石轮渡码头还可乘渡船去江对岸的江北嘴和朝天门。

玄坛庙码头

玄坛庙码头位于重庆市南岸区南滨路，玄坛庙源于财神赵公明，据传赵公明曾到重庆游玩，当时的人们知道后，便在黄家巷设坛供奉，名为赵玄坛。渐渐地，这一带便被称为"玄坛庙"，临近的码头因此得名

"玄坛庙码头"。

磁器口码头

磁器口码头位于重庆市沙坪坝区东部嘉陵江南岸沙滨路尽头的江边。嘉陵江流经磁器口一带形成较深的回水沱，江面开阔，水势平缓，船舶停靠十分方便，由于磁器口优越的地理位置，自古以来就是嘉陵江下游的天然良港和商贾云集的物资集散码头，素有"小重庆"之称。磁器口码头以出产和远销瓷器而得名。1918 年，地方商绅集资在附近青草坡创建新工艺烧制瓷器的"蜀瓷厂"，瓷器质地良好，品种较多，远销外地，名声渐大。抗日战争爆发后，迁入磁器口地区的文教机构、工厂和政府机关达 30 多个，人口激增，商业更为繁荣，有各类商号、货栈、作坊1670 多家，摊贩 760 多户，加入商业同业公会人员达 1800 余人，每天有 300 多艘货船出入磁器口码头。这一时期的磁器口发展到了空前阶段，遂成为沙坪坝文化区的商业中心。20 世纪 60 年代后期，磁器口码头随着沙坪坝区商业中心的转移和水运交通的衰落而趋于萧条。20 世纪 90年代中期，磁器口古镇经过统一规划，对房屋、街道进行修葺整治，保留了清代与民国时期的风貌。

储奇门码头

储奇门码头位于重庆市渝中区文化街 33 号附 5 号，始建于明洪武年间（1368—1398 年），在重庆城的正南部，沟通上下半城。其正门上书"金汤永固" 4 个字，意为城池金汤，永不能破；瓮城面向长江上游（即西向），上书"储奇门" 3 个字，储奇含有预兆城丰、宣扬城市昌盛之意。自古这储奇门就是重庆城药材集散之地。以前，西南各地进贡给皇帝的奇珍异宝都要在这里停留后再转运进京。20 世纪 20 年代初，重庆城修筑公路，陆续撤掉了沿长江的好几座门，储奇门也在其中。门虽然撤了，但地名保留了下来，其交通功能也继续存在。1935 年，为了增加运输能力，在储奇门长江边修建了储奇门码头，成为当时长江水运的重要码头之一。20 世纪六七十年代，储奇门码头已初具现代化功能，有两条绞车作业线，吊车、浮吊、直行叉车、装载机等重型设备一应俱全，成为重庆市重要的水上交通枢纽。

菜园坝码头

菜园坝码头位于重庆市渝中区西南部的长江北岸，下距朝天门 7000 米，是重庆主城区的重要码头之一。1891 年，重庆被辟为通商口岸后，菜园坝码头开始逐渐繁荣。当时水运物资除粮食、蔬菜外，有煤、盐、竹、木等。1908 年，清政府在菜园坝举办了川东地区第一次商业展览，显示了重庆作为长江上游商品集散、流通中心的地位和作用。1952 年，成渝铁路建成通车，菜园坝地区成为重庆火车站的铁路港口，如果论资历，绝对称得上是重庆最年老的铁路港口。此后，菜园坝码头主要担负着铁路运输物资的集散，以及渝中区、南岸区等地区的生产、生活物资的水上运输任务。由于菜园坝码头日益繁重的水运任务，自 20 世纪 60 年代起，码头机械化作业程度和装卸效率不断提高，成为全市机械化装卸程度最高的港口码头之一。

铜元局码头

铜元局码头位于重庆市渝中区西南部的长江南岸，与菜园坝码头隔江相望，和重庆的工业息息相关。1891 年，随着重庆开埠和峡江航运的近代化，重庆近代工业在西方列强、封建主义的多重压迫的历史夹缝中逐步兴起。1905 年 4 月 14 日，重庆建立了第一家大型机械化工业企业——重庆铜元局。重庆铜元局以生产金属货币铜元而得名。它开启了重庆第一台机器设备，亮起了重庆第一盏电灯，聚集了重庆第一批产业工人，标志着重庆这座古老城市向近代工业迈出了第一步。重庆铜元局沿江岸兴建，江边码头也随厂而名，成为重庆铜元局的专用码头。之后，为了方便该厂人员和家属出入重庆城区，还开通了与对岸菜园坝之间的木船摆渡。新中国成立后，重庆又有了通航轮渡。1970 年，为缓解海棠溪码头与储奇门码头之间的轮渡压力，铜元局码头开通了至菜园坝码头的通用轮渡。至此，形形色色的轮渡，往返于铜元局码头与菜园坝码头之间。

嘉陵码头

嘉陵码头位于重庆市渝中区八一路八一广场侧门东南侧约 30 米处。1927 年 2 月，重庆商埠督办公署决定拆除朝天门城墙，以修建朝天门码头和嘉陵码头。以前，嘉陵码头和其他水码头一样，属于自然岸坡式码头。1927 年 7 月，朝天门码头、嘉陵码头竣工；1927 年 9 月 24 日，举行两码头落成典礼，新建码头有平台 4 层。嘉陵码头，在朝天门码头旁边，位于嘉陵江一侧尾端的江边。这里既是嘉陵江汇入滚滚长江之地，也是重庆溯嘉陵江而上通航行船的起点，故名"嘉陵码头"。为了方便乘客上下船，嘉陵码头往江边的斜坡修建了一坡大大的梯道。嘉陵码头与朝天门码头一样，是近代重庆最早修建的水码头。

朝天门码头

朝天门码头位于重庆市渝中区东北嘉陵江与长江交汇处，是重庆最大的水码头。朝天门原题"古渝雄关"，曾是重庆 17 座古城门之一。南宋偏安临安后，时有钦差自长江经该城门传来圣旨，故得此名。朝天门是公元前 314 年，秦将张仪灭亡巴国后修筑巴郡城池时所建。明初戴鼎扩建重庆旧城，按九宫八卦之数造城门 17 座，其中规模最大的一座城门即朝天门。1891 年重庆开埠，朝天门设海关。朝天门是两江枢纽，也是重庆最大的水码头，自古江面樯帆林立、舟楫穿梭，江边码头密布、人行如蚁。门外沿两边江岸有不少街巷，虽然以棚户、吊脚楼居多，但是依然热闹成市、商业繁盛，门内街巷棋布、交通发达。如今，朝天门是重庆市的文化符号之一。

嘉陵江索道

嘉陵江索道位于重庆市江北区江北城，是中国第一条城市跨江客运索道及中国第一条自行研制的大型双线往复式过江载人索道。1982年1月1日，嘉陵江索道建成试通车。这条于1980年12月15日动工的索道，全长740米，车厢最大容量46人，最大牵引速度6.5米/秒，总投资378万元。该索道运行多年，载客量早已突破1亿人次，最高峰时每天运载量达到2.54万人次。2010年1月，嘉陵江索道被列为重庆市第二批市级文物保护单位。2013年12月底，嘉陵江索道开始拆除，轿厢和驾驶室等重要部件作为文物保留并陈列。

利济桥

利济桥，又名"万古桥""板桥"等，位于重庆市江津区朱杨镇的猴溪水面上，是一座石拱桥。利济桥于清朝乾隆末年由乡人募谷筹资修建，于清道光六年（1826年）竣工落成。桥长84米，宽8.8米，高13.2米，桥头竖有杨氏节孝石牌坊，两侧石栏凿有图案花纹，民间传说的"神仙石"仍镶嵌在桥面中部。利济桥的桥形雄伟壮观，现为重庆市级文物保护单位。

白沙沱长江大桥

白沙沱长江大桥位于重庆市江津区白沙沱和珞璜镇之间，是一座双线铁路桥，开工时间1958年6月，1960年12月竣工，是继武汉长江大桥后的第二座长江大桥，又名小南海大桥。白沙沱长江大桥北接成渝铁路，南接川黔铁路，全长820.3米，由中铁大桥局承建。大桥共16孔，主跨为4孔80米钢桁梁，北3孔、南9孔均为40米上承式钢板梁。白沙沱长江大桥解决了长江天堑的阻隔，大大提高了西南和西北地区的物资运输效率，促进了当地的经济社会发展，具有重要的科学、文化、历史、社会价值。白沙沱长江大桥于2009年被重庆市确立为市级文物保护单位。

五洞桥

五洞桥位于重庆市江津区油溪镇石羊村，始建于清代。

红军桥

红军桥位于重庆市江津区。1935年，因土城战役失利，7名红军伤员进入四面山养伤，并受到了当地村民唐树田一家的照拂。后来，在离开四面山洪海村前夕，红军为了感谢老乡救命之恩，在洪海村通往山外道路涉水而过的溪涧上修建了一座木桥，以保障乡亲们过往安全。新中国成立后，此桥被命名为红军桥，现位于四面山大洪海境内。

四面山古桥

四面山古桥位于重庆市江津区四面山镇，为人行板桥，2墩3孔，石墩上端有造型古朴的龙虎图案，极具艺术价值，桥长15米，宽1米，建于明代。

晒金桥

晒金桥是位于重庆市江津区蔡家镇鸳鸯村的五孔石平桥，始建于明代。南北走向，横跨冷家河。桥长15米，宽1米。桥墩高1.5米，净跨2.5米，墩顶圆雕龙头。桥面由石梁拼合而成。保存较好。

石狮桥

石狮桥位于重庆市江津区四面山管委会洪洞村，始建于明末，民国时期对其进行局部维修。桥东西走向，横跨一小河。桥长14.5米，宽1.74米。孔高1.69米，净跨3.86～4.70米。墩高3.6米，梁厚0.62米。桥上端圆雕头，头长0.98米，宽0.71米，尾残。

石龙桥

石龙桥位于重庆市江津区四面山管委会洪洞村，始建于明代，民国元年（1912年）维修，为三孔石平桥，南北走向，横跨一小河。桥长15.5米，宽1.59米。墩高3.52米，石梁厚0.6米，桥孔跨度3.96～4.63米。桥墩顶端圆雕造型古朴的龙头、龙尾，龙头高1.3米，保存较好。

九龙桥

九龙桥位于重庆市九龙坡区陶家镇友爱村，始建于明成化年间

（1465—1487年），为十孔石构梁桥，长22米，宽1.2米，高3.2米。

仁睦滩万寿桥

仁睦滩万寿桥位于重庆市渝北区双凤桥街道中建村仁睦滩河上，始建于清同治元年（1862年）。同治九年毁于大洪水，清同治十四年重修。

现桥为石质四墩五跨拱桥，桥总长53米，宽9米，高6.6米。桥身用条石错缝平砌，桥拱用长约1米，厚0.3～0.4米的条石起拱。五跨结构相同，单跨5.9米，拱高3.83米。桥面平整，桥上两边砌栏杆石，方形垛口。拱桥顶浅雕"福""寿"及博古纹，题"同治十四年岁次乙亥仲春月上浣吉旦建修"，桥身刻有"万寿桥"题记。由于保存较好，体量宏大，题记明确，有较高的历史研究价值，于2010年11月被公布为渝北区文物保护单位。

滚珠桥

滚珠桥位于重庆市渝北区统景镇滚珠村，始建于清代，为单孔石拱桥，南北走向，横跨御临河。桥长30米，宽5米。拱券纵联砌置，高6.3米，净跨8米。桥面平坦铺石板，无桥栏，仍可通行。

平堰桥

平堰桥位于重庆市渝北区龙兴填石溪村，建于清嘉庆年间，为二十六孔石平桥，东西走向，横跨御临河。桥长103米，宽1.1米。两头桥孔高敞，孔高3米，净跨4.5米。中部低，紧贴水面，桥面用宽0.55米的石板铺成，下为石墩。小孔孔高1.3米，净跨1.2米。桥造型典雅，中低两头高，保存较好。

跳石桥

跳石桥位于重庆市渝北区双龙湖街道仙桃村五社（今重庆市渝北区仙桃街道）。跳石桥始建于明朝万历年间，清同治九年（1870年）被洪水冲毁，现桥建于清同治十三年（1874年）。跳石桥为石质拱桥，二墩三跨，南北走向。桥身总长37.4米，宽8.3米，高11米，拱高5.7米，跨度9.5米，桥栏高为0.95米。

梅溪平桥

梅溪平桥位于重庆市渝北区石船镇梅溪场，建于清代，为三十一孔石平桥。

静安桥

静安桥位于重庆市万州区长岭镇梨树村五桥河上，始建于清光绪五年（1879 年），为单孔石构拱桥，长 37.4 米，宽 5.8 米，高 13.6 米，拱高 11.8 米，跨度 31.2 米，现为万州区文物保护单位。

桥两侧各有踏步 34 级，踏步长 5.5 米、宽 34 米，桥面呈弧形，桥栏高 1.25 米，顶部桥栏两外侧横额上阴刻楷书"静安桥"3 个字，桥洞顶的中部用铁链悬着一把铁剑。静安桥对研究渝东地区清代的桥梁建筑有一定价值。1999 年 6 月 22 日，静安桥被万州区人民政府确定为区级文物保护单位。

陆安桥

陆安桥，原址位于苎溪河万州老城陆家街，始建于清同治十年（1871 年），为桥单孔石拱，总高 16.65 米，全长 59.8 米，跨度 31.7 米，宽 9.6 米，桥面呈阶梯式，两侧为阶梯式挡墙，单孔石拱，具有跨度大、拱薄的特色。根据三峡建设需要，于 2007 年 3 月动工复建于重庆市万州区青龙瀑布景区内。

陆安桥在万州古城史中发挥过极其重要的连接作用，在中国桥梁史及万州交通史上具有十分重要的位置，其建造工艺和造型都堪称一绝，被茅以升编入《中国桥梁技术史》，也被英国人李约瑟编入《中国科学技术史》。

普济桥

普济桥位于重庆市万州区罗田镇，建造于道光十七年（1837年），是迄今为止重庆万州境内发现的最古老石拱桥，距今100多年历史，是由当时数名社会名流捐资修建。该桥为单孔石拱桥，东西走向，跨百丈沟，是当时川鄂交通道上的主要桥梁。桥长24.7米，宽6.6米，拱高12.9米，跨度18.4米。

1999年，普济桥被万州区人民政府评为区级文物重点保护单位，《万州是个好地方》公益宣传片中以此桥作为背景。一座古老的桥披着青苔的衣，摇曳着古藤的臂，有力的脊梁和臂膀将两岸青山、一个古镇拥入氤氲的怀抱，石拱桥上游200米处有2块巨石，自然形成高3.5米、宽2.4米的石洞，走过此洞，前面豁然开朗，风景秀丽，有潺潺的流水，飞泻而下的瀑布，相得益彰，似《桃花源记》中描写的景象，诠释为"似桃源"。走过石桥便是古镇，古桥、古镇、流水浑然一体，美丽幽静，颇似画图。

赛公桥

赛公桥位于重庆市大渡口区跳磴镇红胜村，始建于清光绪二年（1876 年），为四孔石构拱桥，长 23.6 米，宽 4.3 米，高 3 米，现为大渡口区文物保护单位。

嘉陵江大桥

嘉陵江大桥，又名牛角沱嘉陵江大桥，位于重庆市渝中区上清寺和华新街之间，是重庆主城首座城市大桥，为市级文物保护单位。嘉陵江大桥全长 625.71 米，正桥为五跨连续钢桁梁桥，南岸引桥为 1 孔 22 米简支梁，北岸引桥为 7 孔约 23 米简支梁。整个工程耗资 1400 多万元。另有资料显示：嘉陵江大桥长 600.59 米，正桥 5 孔，长 384 米，引桥 7 孔，长 216.56 米，桥面宽 21.5 米，其中车行道 14 米，两侧人行道各 3.75 米。桥型结构主桥为铆合钢桁架双悬臂桥，引桥为钢筋混凝土 T 型梁。1958 年 12 月，嘉陵江大桥开工，1966 年 1 月建成通车，结束了两岸居民只能靠轮渡过江的历史。因此，嘉陵江大桥也被誉为重庆"公路第一桥"。

仁寿桥

仁寿桥位于重庆市沙坪坝区磁器口街道，始建于清宣统二年（1910 年），为单孔石构拱桥，长 36 米，宽 4 米。

金蓉桥

金蓉桥位于重庆市沙坪坝区磁器口街道清水溪上，始建于清末，具体时间不详，为三孔石构拱桥，长 28.7 米，宽 4.3 米，现为沙坪坝区文物保护单位。

长江索道

长江索道位于重庆市南岸区上新街 4 号，往返于渝中区的新华路和南岸区的上新街，于 1986 年 3 月 20 日动工兴建，1987 年 10 月 24 日竣工通车运营。长江索道连通重庆渝中区和南岸区，景区由渝中城史文化区、长江空中观光区、南岸影视文化区 3 个部分组成，面积 9.8 平方千米。长江索道全长 1166 米，运行速度 6 米 / 秒，单程运行时间 4 分 30 秒，最大载客量 65 人，日运客量 1.05 万人次。2009 年 12 月 15 日，长江索道被列为重庆市文物保护单位。2018 年 2 月 6 日，长江索道被评定为国家 AAAA 级旅游景区。2020 年 11 月 18 日，长江索道当选"成渝潮流新地标"。

双星桥

双星桥位于重庆市巴南区东泉镇双星桥村，是一座已有 100 多年历史，长度 48 米的清代同治年间的石拱桥。2016 年，因为观景口水利枢纽工程建设暂时被淹没，然后按照文物搬迁原则，迁到下游约 10 千米的河面上，实现原貌重生。在 1937 年刊印的民国《巴县志》中，对巴南区双星桥有这样一段描述："石材平式二洞，（长）八丈，清同治十一年（1872 年）募建。"2010 年，双星桥被巴南区定为区级文保单位。

包鸾人民桥

包鸾人民桥位于重庆市丰都县包鸾镇龙井居委会，建于 1951 年。桥头立有刻着"人民运动桥成功纪念"的石碑。桥为悬吊结构，吊架为

4 根大圆木悬挂 4 组吊杆承托桥面，桥屋重檐歇山顶，桥面由 8 根圆木架成，上铺木板。场镇这边临河有一段便道，旁边有数间传统民居，镇内老街也存在着数处老房子，部分街面修有凉厅。此桥曾被收入《四川古建筑》一书。2010 年，包鸾人民桥被公布为丰都县文物保护单位，2019 年被重庆市人民政府公布为第三批重庆市文物保护单位。

奈何桥

奈何桥位于重庆市丰都县名山景区廖阳殿前，建于明朝永乐年间，原为明蜀献王朱椿（朱元璋第十一子）香火庙的附属建筑。桥长 7.2 米，跨度 3.3 米，拱高 2.55 米，桥面呈弧形，宽 2.5 米桥下为血河池，长 1.2 米，宽 2.5 米，深 3 米。

高桥

高桥位于重庆市奉节县冯坪乡。

万寿桥

万寿桥位于重庆市涪陵区义和镇鸭子村四组，桥面用石板铺成，北面桥墩有圆雕石龙头 2 个，南面桥墩上有圆雕石龙尾 2 个。桥南侧题记为"咸丰丁巳年修建"，现为涪陵区文物保护单位。

龙门桥

龙门桥位于重庆市涪陵区，是重庆市保存规模最大的清代石拱桥，是三峡库区唯一一座整体搬迁复建的古桥。

现存龙门桥是一座三孔石拱桥。桥面呈穹隆形，两侧有节间式石栏杆，桥面宽 8 米，桥长 170 米。中孔跨径 26.5 米。侧墙用料石砌筑，上顶有单层仰天石。桥台为带燕翅形，前墙长 9 米。桥墩上游端是尖形，下游端是方形，拱碹是半圆形，碹脸外边有双线拱眉石，拱眉凸出于侧墙。全桥用石 20 000 余立方米，其中最重的一块石头重达 14 吨，4 座桥墩每座都砌有 16 层条石。

这座桥是清代陈永恩先生主持修建的，前后耗时 13 年，用钱 10 多万元，用工 1000 多人。龙门桥整个工程设计十分精巧，特别是桥上的石雕艺术。在桥南侧中拱顶部有一个呈三节葫芦状的石雕宝瓶，宝瓶背后的石栏板上刻有楷书"龙门"2 个字，对应的北侧石栏板上刻有楷书"龙门桥"3 个字。在南侧桥墩正上方，对称布置了一雌一雄 2 个石雕龙头，相对应的北侧桥栏上为两条龙尾。龙首高昂龙尾卷翘，口衔宝珠，镂空雕刻，技法精湛，栩栩如生。

20 世纪 90 年代三峡工程动工后，龙门桥受到了很大的影响，至

2006 年底，若大桥不搬迁，或许将永久淹没在水底。为了保护这座重庆地区最大的古桥，将大桥整体搬迁到了离原址 300 多米的蔺市小学附近。

碑记桥

碑记桥位于重庆市涪陵区马武镇碑记村。该桥始建于宋绍熙五年（1194 年），清道光十年（1830 年）补修。碑记桥系涪南古道上跨越东流溪河的一座单孔石拱桥。南北走向，长 31.5 米，宽 5.5 米，高 7.7 米，跨径 9.9 米，拱高 6.6 米。碑记桥石料普遍采用青石，表面呈人字形凿痕，利用原溪床基岩作桥基护底石，拱券条石为纵联砌置，箍以外券，具有典型的宋代民间建桥工艺风格和特点。碑记桥是重庆现存最古老的、最大的一座石拱桥，2000 年被公布为重庆市文物保护单位。

安澜桥

安澜桥位于重庆市涪陵区蔺市镇，始建于清咸丰元年（1851 年），是历史上蔺市通往涪陵沿江古道上的著名桥梁。安澜桥东西走向，北依长江，为石结构单孔凸面拱桥。桥长 62.4 米，宽 7.06 米，高 17.62 米，跨度 15.62 米，拱高 13.33 米。桥面用青石板铺成，两端各有台阶 9 级。当地有"上九层下九层"的说法，即桥体中央两侧的 9 级台阶形成拱形，桥两头互相看不见，固有"一眼望不到对边"桥的说法。桥西 30

余米处的黄葛古树下，树立着 3 块残碑。其中一块刻有《补安澜桥记》，高 3 米、宽 1 米，立于 1935 年，记录了当时蔺市乡为修复被洪水冲塌数丈的安澜桥一事。

神仙桥

神仙桥位于重庆市涪陵区南龙潭坝，是一座富有建筑特色的石拱桥。它横跨在青羊镇青烟洞峡谷中，始建于清乾隆四十二年（1777年），距今230年。其桥之绝妙在于"依山就势"，巧架而成。

桥面刻有一条鲤鱼，长78厘米。相传石桥竣工"踩桥"时，一条鲤鱼从河里跳上桥面，于是按原形凿石铭记，至今线雕石鲤还清晰可见、栩栩如生。桥的拱顶石两侧塑有高35厘米、宽15厘米的两尊石像。传说头面朝上的一尊是修桥的掌墨师的化身；头面朝下的一尊是帮助这位掌墨师选定地址"一月建成"的一位"神仙"的再现。所谓"神仙桥"便由此得名。

一阳桥

一阳桥位于重庆市涪陵区新妙镇弋阳村二社，是横跨在江油河上的一座百年石拱桥。据地方史料记载，弋阳桥修建于清道光二十二年（1843年），距今已有170余年的历史。拱桥，桥长98米，宽4.2米，高 13.5 米，3 孔跨度均在 12 米左右。

因该桥南北靠山，太阳顺着江油河东升西落，终日光照桥头，便有"一轮红日照桥头"的说法，并由此得名。又因古时"弋阳"当"弌阳"（"弌"是"一"的古体字），所以当地乡民称此桥为"弋阳桥"，附近村社的地名也为"弋阳大队""弋阳村"等。

广济桥

广济桥位于重庆市涪陵区新妙镇 2 千米的东南低谷河流上，建于 1883 年。其长 80 米，宽 6.5 米，形成上有"雷劈石、手爬岩"，下有"洋石溪、沙清河"的巧妙结构。广济桥和一阳桥这两座石桥的成功修建为后来涪陵城新修的第一座大桥——蔺市龙门桥提供了参考价值和科学依据。

观音桥

观音桥位于重庆市涪陵区珍溪镇金藏村，建于明崇祯六年（1633 年），1960 年又局部维修，为十三孔石平桥，东西走向，横跨碧溪河。桥长 37 米，宽 1.57 米。破高 3 米，长 2.32 米，宽 0.69 米，礅距 3.2～4.1 米。桥面由 14 块宽大的石板连接而成。目前保存完好。

双滩子桥

双滩子桥位于重庆市涪陵区珍溪镇金藏村，据桥东碑述，该桥建于明崇三年（1630 年），为十七孔石平桥，南北走向，横跨碧溪河。桥长 52.6 米，宽 1.67 米，礅距 1.05～3.72 米，条石砌成，石板桥面。

大龙桥

大龙桥位于重庆市涪陵区龙桥街道大龙村西 2 千米，为七孔石梁桥。续修《涪州志》中记载："大龙桥，明崇祯九年（1636 年）建。"南北走向，横跨绿阳溪。桥长 20.5 米，宽 2.2 米。孔跨均为 1.75 米，礅高 1.92

米，梁厚 0.34 米。桥面由石梁拼合而成，至今仍有人通行。

茅溪偃月桥

茅溪偃月桥位于重庆市江北区茅溪，从清道光二十八年（1848 年）开始就伫立在这里，至今已有近 200 年的历史。整座桥全长 172 米，属于三孔连拱桥。茅溪偃月桥的名字是根据宋人杨万里"有新月偃仰，余之不嗟"之意而得来的，据当地人说，以前没长草的时候还可以在中孔的顶上看到"大清道光二十八年戊申仲夏日吉旦，存心堂捐建"的字样。

接龙桥

接龙桥位于重庆市九龙坡区含谷镇，始建于清同治七年（1868 年）。含谷镇是原巴县在长江以北的一个乡镇，20 世纪五六十年代，属巴县白市驿区公所管辖，习称含谷场。早在明代，在这里建有一座佛寺，名为含谷寺；成场后，因寺得名为含谷场。含谷寺早些年就不存在了，只留下含谷场这个地名。

含谷场边有一条河叫梁滩河,发源于原巴县福寿乡达摩冲,由南往北在北碚流入嘉陵江。到了清同治七年(1868年),由于人口逐渐增多,要过河的乡民也多了起来,在河上建座桥,就成了乡民的迫切愿望。有一个乡绅在河两岸都有田土,栽秧挞谷都要从河中经过,一旦涨水,就很不方便。出于自己的需要,同时也想为乡民做点善事,于是这个乡绅发起了在河上修座桥的倡议。他表示自愿捐出一笔银子用来修桥,同时也表示,建一座石拱桥的费用不是一个小数目,他捐的钱还不够建桥,希望受益的广大乡民都来参与其事。民众见他有心做善事,就推举他为乡董来承头募捐,操办修桥事宜。

铁锁桥

铁锁桥位于重庆市开州区铁桥镇,清乾隆年间(1736—1795年)建,为三孔石拱桥。民国四年(1915年)西起第一孔塌,民国六年(1917年)修复。铁桥镇的名字来自铁锁桥,由铁锁桥简称而来,铁锁桥不是"铁索桥",也不是铁造的桥,而是具有200多年历史的古石桥。铁锁桥面向南北,横跨开州三大河流之一的南河,桥长约64米,宽7米,高约30米,有3座桥拱。铁锁桥气势雄伟,是开州规模最大的古桥。

三拱桥

三拱桥位于开州区三拱桥乡三拱桥村，跨万溶江上。始建于唐代开元年间（713—741 年）。明永乐三年（1405 年）重修。1955 年修建吉首至凤凰公路，拆去桥上的廊，加宽桥面。1972 年吉凤公路改道，三拱桥保留。

三拱桥原是一座三孔薄拱薄墩轻型石拱桥。桥面为平面，原有桥栏杆，今无存。两端是阶梯式坡道，各有 24 级台阶，无栏杆，桥面宽 6.7 米，桥长 31 米。桥上建砖木结构廊。

侧墙用料石砌筑，上顶有单层仰天石。南端桥台在山脚岩石上开凿而成。北端桥台是凹字形，端墙很长。桥墩两端是方形（两端与拱脚齐平）。桥墩厚 1.1 米，长 7.1 米。拱碹是卵形纵联式结构，碹脸外边有拱眉，拱眉凸出于碹脸，拱眉与侧墙平。

金水桥

金水桥位于重庆市开州区岳溪镇，据岳溪镇集镇不到 5 千米，是一座建于清代的石质高拱桥，始建于清光绪二十四年（1898 年），距今已有 120 多年历史。金水桥全长不过 50 米，呈南北走向，无论是从上游或下游正面去看，金水桥桥面曲线都宛如一把强劲有力的弯弓，造型独特美观，水中倒影似一轮满月。

据史料记载，金水桥是清代一位叫李果三的千总（正六品武官）在岳溪一带为官的时候集资修建的。1989 年，金水桥作为地方文物，被纳入政府保护单位之列。2014 年，政府斥资对金水桥桥面破损的地方进行加固修复。

相传在金水桥修建之初，桥中拱下方还悬挂着一把宝剑，又叫"斩龙剑"。那时村庄常年遭受洪水的侵袭，淹没良田，毁了庄稼，靠天吃饭的村民们苦不堪言。于是村里的大户带着全村人到周边去募捐，合资打了一把剑挂在桥下，祈求能够免受灾害。

七里潭廊桥

七里潭廊桥位于重庆市开州区温泉镇，始建于清乾隆年间，重修于清道光七年（1827年），以石为墩，全木架构，是重庆市内为数不多的古廊桥之一。悬山式屋顶，小青瓦铺面，抬梁式梁架，进深3米，面阔8间，桥面长36米、宽3米，通高9米，墩高5.4米，两侧木栏高1米，建筑面积约120平方米，占地面积150平方米。这座桥是清贫村数代村民的骄傲，它给村民带来了便利、财富和希望。

廊桥又称"屋桥"或"风雨桥"，是在桥面上建有廊屋，以屋护桥、桥屋一体的桥梁。木拱廊桥是传统木构桥梁中技术含量最高、工艺最精湛的桥梁，为中国所独有的"桥梁活化石"。廊桥集实用性、观赏性、艺术性于一身，它不仅起到了渡河的作用，还具有置景、遮阳、避雨、纳凉等功能。

五梁桥

五梁桥位于重庆市万州区，修建于清光绪癸未年（1883年），为单孔石拱桥。桥长19.8米，宽4.2米，跨度13.2米，高8.15米。桥面东端十七步梯，西端十五步梯。桥栏高 1 米，栏外横题"五梁桥"，右侧题有"光绪癸未秋"，左侧题有"陈绶捐修"字样。有资料介绍：桥西端原立有一个高约 0.4 米的界碑桩，上题"上通梁州，下通万邑"。

五梁桥呈半月拱状，造型优美，古朴端庄。它东连西溪铺，西接高梁铺，在万梁古道中起着重要的作用。随着现代交通的繁盛，五梁桥的交通功能也随之弱化甚至消亡。五梁桥真实地记录这一段古代交通史，为我们研究古代桥梁建设提供了实物依据，值得加以保护。现在的五梁桥位于三峡 175 米水位线之下，一年之中有过半的时间淹没在水中。

双河老桥

双河老桥位于重庆市南岸区黄明路，始建于清代。

金蓉桥

金蓉桥位于重庆市沙坪坝区磁器口街道清水溪上，始建于清末，具体时间不详，为三孔石构拱桥，长 28.7 米，宽 4.3 米，现为沙坪坝区文物保护单位。

高滩桥

高滩桥位于重庆市沙坪坝区土主镇，始建于清代，具体时间不详，为五孔石构拱桥，长 75.5 米，宽 4.7 米，高 8.5 米。

龙眼桥

龙眼桥位于重庆市石柱土家族自治县西沱镇云梯街临江的东西两侧的小溪上，分为北龙眼桥和南龙眼桥，均为单孔石拱桥，形状、风格相同，均建造于清初，属县级文物保护单位。

其南桥长 7 米、宽 3.05 米，跨度 4.3 米，桥西有 4 步台阶，桥东有 6 步台阶。北龙眼桥高 3 米，长 7.8 米，宽 2.5 米，拱高 2.5 米，跨度 3.12 米，共有券石 19 块。两座龙眼桥造型简洁、拱孔浑如圆珠、选点恰当，对云梯街起到了画龙点睛的作用，使这条巨龙显得更加生机勃勃、气势雄伟。

三多桥

三多桥位于重庆市石柱土家族自治县桥头镇，是通往中益乡、沙子镇的必经之路。无论大人还是小孩，经过此桥时都要停留歇息，欣赏桥拱下悬挂的宝剑，在该桥之前曾修了两次均被洪水冲走。1828 年修建第一座桥，时隔 24 年的 1852 年被洪水冲毁；1880 年重修，使用 31 年后，于 1911 年再一次被洪水冲毁；第三次建桥是 1914 年，桥长 42 米，宽 8 米，高 35 米。为防止类似事件再次发生，在修建此桥时在桥拱上悬挂一把宝剑，用来"斩龙降妖"，不让洪水接近桥拱，说来奇怪，自从挂上宝剑后，"三多桥"一直完好保存，直到 2002 年该县修建藤子沟水电站蓄水才将"三多桥"淹没。

关于"三多桥"的桥名，乡绅们建桥之前就在斟酌名字，直到桥快要建好了，名字才敲定，取名"三多桥"。"三多"即"人多、钱多、粮多"之意。

三无桥

三无桥，指的是无伐桥、无暴桥、无夺桥这 3 座桥，在清光绪十五年（1889 年）建造完成。细细考究"三无"，其实内蕴颇深，意思是不夺农时、少征劳役，有功不显耀，有德行不自夸，均是当时用来警示世人要重视民生，还要多为民做好事的廉政风格。

无伐桥位于重庆市巫山县刘家坪，居镇中，连接上阳溪两岸，长 16 米，宽 4 米，高 9.3 米。无伐是无伐善、无伐德的意思。"伐"是夸耀的意思。伐善，即夸耀自己的长处，语出《论语·公冶长》："愿无伐善，无施劳。"伐德，即自夸其德行，语出《荀子·正名》："有兼听之明，而无备矜之容；有兼覆之厚，而无伐德之色。"

无暴桥位于重庆市巫山县一〇三省道，在镇东 1 千米，长 14 米，宽 4 米，高 8.6 米。无暴是无暴功、无暴民之意。《汉书·司马迁传·报任安书》记载："其所摧败，功亦足以暴于天下。""暴"为显露的意思，那么无暴就是有了功劳，也不要显露，因为为民做事乃是当官的责任。此外，"暴"还有损害、糟蹋的意思。《孟子·离娄上》记载："暴其民甚，则身弑国亡。"意思是损害和糟蹋人民过了头，就会遭到杀身之祸，并导致国家灭亡。

无夺桥位于重庆市巫山县龙水村，在镇西约 5 千米的沙木瀼，长 18.6 米，宽 4.7 米，高 12 米。"无夺"是无夺农时的意思。"夺"是耽误、漏失的意思，语出《荀子·富国》："罕兴力役，无夺农时，如是则国富矣。"意思是少征集劳役，不耽误种田的时间，国家就可以富裕起来。

龙凤桥

龙凤桥位于重庆市巫山县双龙镇龙雾村，是巫山境内桥梁古建筑中独一无二的双拱石桥，双拱一大一小，大拱呈桃尖形，小拱呈圆弧形。

龙凤桥为东西走向，龙雾坝方向为桥西，凤凰岭方向为桥东，上游为桥南，下游为桥北。桥平面呈长条形，长30.4米，宽3.5米。桥面石板铺就，大拱的桥面高于桥的两端，东端经过小拱桥后，有两级15步阶梯到达大拱桥面，第一级5步，第二级10步；西端有5步阶梯上达拱面。西端桥面两侧有条石护栏，东端无。大拱桥面中部的两侧置有条石作为护栏。大拱矢高6.5米，净跨20.4米，满布式拱架砌筑，以两块天然巨石为基脚起拱，两端各有22列条石按顺序向拱顶方向对称、均衡地起拱，拱顶有拱顶石一条，拱顶石的上方内嵌"龙凤桥"繁体楷书阴刻石碑，表明该桥名为龙凤桥，推测该桥因介于龙雾坝和凤凰岭之间而得名。

龙凤桥不仅有风光，还有传说。相传天有3层，每一层都由8条鳌鱼撑着，共有24条鳌鱼撑着我们头上的天。鳌鱼是动物，需要吃喝，它的食物是蛟龙，一年一条，因而，每年有24条蛟龙要受命去给鳌鱼填饱肚子。有一年，龙凤桥发大水，两兄弟来过河，哥哥见河中有一块黑石，便一脚跨上去，跨上去后，才知是龙背，不是石头。当它跨出的时候，弟弟在后面觉得不对，水大危险，于是大喊："去不得。"哥哥明白脚下踏的是蛟龙后，立即机智地回答道："去得，我陪龙下海。"脚下的龙听了他这话后，尾巴一摆，便将哥哥甩上了岸。原来，龙是喜欢听奉承话的，如果说"去了要死"，可能真的只有死了。

锁津桥

锁津桥位于重庆市巫山县。曲尺乡伍柏村和权发村之间有一条大沟，沟两边的行人都要从鹰嘴岩过沟。鹰嘴岩是古骡马大道上的一个要隘，江北的行人跨过鹰嘴岩，通过礁滩坪到达江边码头，或乘船上下，或渡江到达对岸的曲尺盘，再由陆路通往湖北省建始县等地。它的北边可通陕西、湖北，西进四川，故有"三省通衢"之称。鹰嘴岩是"三省通衢"中的咽喉要隘，天晴一般畅通，下雨则山洪咆哮，红浪白涛奔泻而下，无人能过。至清道光二十六年（1846年），此地有志于公益事业的乡绅、地主、粮户、吏员和正在读书的文生、武生等，为修桥发起募捐，他们带头捐资并组织施工、监督管理，修成了一座长18米、宽3.7米、高11.7米、单孔跨度6.5米的青石拱桥。因为这里是渡沟要津，拱桥建成后犹如捆住了发威的蛟龙，故监修首人给这座桥命名为"锁津桥"，并在桥额上嵌了一块长0.85米、宽0.4米的石质桥名匾，阴刻楷书"锁津桥"3个大字，每字高0.25米，宽0.22米。

福寿桥

福寿桥位于重庆市巫山县大溪乡二龙村，始建于清代。福寿桥是单拱石平桥，桥身面向下游桥拱上嵌一石匾，上书"福寿桥"3个字，署款："光绪己丑年孟秋月吉日"。桥面长9米，宽3米，海拔高125米，无护栏。桥拱略呈尖形单拱券，拱高3.5米，拱顶高于沟底约9米，最大跨度约4.5米。清光绪《奉节县志·山川》记载，"光绪十五年（1889年）汪鉴修峡道，其中分造沟涧平桥十九道。"福寿桥为此十九道平桥之一。

凤凰廊桥

凤凰廊桥位于重庆市巫溪县文化街，过去叫凤凰桥，现在人们称之为风雨廊桥、风雨桥或凤凰木高桥，属于县级文物保护单位。凤凰廊桥横跨白杨河上游的章宝河。桥身为石墩木梁结构，青瓦盖脊，长24米，宽 1.7 米，高 3.4 米，中间有两个条形六边形桥墩，由条石砌成。刀棱墩尖起着分水作用以减少河水对其冲击。墩高 3.5 米，最大对角线 8.5 米，对角线为麒麟石雕，桥脊为砖塑龙体。

凤凰廊桥始建于何年月，无从考证。《大宁县志》中记载："道光十二年洪水冲毁，十五年重修"，清同治年间（1862—1875 年）、民国二十四年（1935 年）几次维修。20 世纪 70 年代，该桥的麒麟石雕砖塑龙脊被毁，20 世纪 80 年代维修时，桥廊外观改变为龙栖凤飞之貌。凤凰廊桥是过去凤凰老街通往县城的唯一通道。现在在凤凰廊桥下游建成了无数道公路桥，凤凰廊桥则成了老街与新街人民步行交往的捷径。桥周围绿树成荫、风景秀丽，是人们休闲的乐园，也是巫溪县境内一道靓丽的风景线。

官桥

官桥为人行撑架木廊桥，位于重庆市武隆区白果乡，跨小山溪。桥长 16.4 米，宽 4.3 米，高 5 米。建于清同治年间（1862—1875 年）。官桥结构独特，两端均为石砌桥台，中间无墩，桥桁直径小头均为30厘米，其上整立木质框架，中梁绘有花纹，青瓦屋面。

蔺市龙门桥

涪陵蔺市龙门桥位于重庆市涪陵区蔺市镇梨香溪上，是三峡古桥实施异地搬迁复建中的一座。清光绪元年（1875年）开工建造，光绪十三年（1887年）竣工。龙门桥长174米，宽8.7米，高27米。蔺市龙门桥两端各一对精雕石兽，桥栏上有石雕青狮、白象，桥栏外有龙、鳌、鱼龙和蟾蜍等石雕。

兴隆桥

兴隆桥位于重庆市武隆区石艳路，始建于清代。

均济桥

均济桥位于重庆市武隆区鸭江镇，是清道光年间（1821—1850年）通过官府发动善民众筹集资修建的石拱桥。均济桥最初的名字叫"均济桥""度生桥"，后来更名为"存真阁桥"。《涪州志》称均济桥为"万寿桥"。最终改回"均济桥"。

均济桥全长96米，宽6.7米，高15.5米，为四墩五孔桃型石拱桥。均济桥是五拱大桥，主拱跨径达16米，左右副拱跨径13米，两岸肩拱跨径9米，中间3个大拱要比两边的小拱高出2米多。因此，原来的桥面就是中间高两头低。中间的桥面长约60米，两头各长约15米，由低桥面到高桥面要上十几步石级。人们过均济桥，无论是从东向西，还是从西向东，都必须上一段梯坎，才能到达桥面顶端，再下一段梯坎，才能通过。桥面南北两边有石头砌成的栏杆，栏杆下端是长方体花磴石。每边栏杆有两排花磴，每排大约100个，在花磴的上面是一条梯形的屋脊石。桥头和栏杆的石柱上蹲着石狮子，共有8个。无论是栏杆还是石狮子，都用錾子凿得十分精细，特别是石狮子，十分逼真。除了石狮子外，古老的均济桥上还镶嵌了巨龙，巨龙头向南，尾巴北，似乎在守护着迎面而来的大溪河，后来改修公路桥时破坏了龙体，毁坏了均济桥的精美。而今的均济桥是民国十五年（1926 年）因西岸边坎滑坡培修过一次的石拱桥。1958 年因修建涪白公路又再次对石拱桥进行改造，填平了桥两头的桥梯，将人行桥改成了公路桥，石栏杆也自然进行了改造，那些精致的石狮已经消失得无影无踪。

妙缘寺桥

妙缘寺桥位于重庆市巴南区接龙镇庙林村，始建于明正统六年（1441 年），为六孔石梁桥，南北走向，横跨五布河。桥长 21 米，宽 1.2 米。桥孔孔距不一，最大孔高 2.5 米，净跨 3 米。桥面用石梁铺成。南桥头原有桥碑，已毁。

正德桥

正德桥位于重庆市巴南区安澜镇中房村，始建于明正德五年（1510 年），万历年间重修，为双孔石平桥，南北走向，横跨小溪河。桥长 3.4 米，宽 0.9 米。桥孔高 1.7 米，净跨 1.7 米。桥板厚 0.4 米。

五布桥

五布桥位于重庆市巴南区东泉镇小桥村，始建于清道光十七年（1837 年），为十七孔石梁桥，南北走向，横跨五布河。桥长 105 米，宽 1.5 米。孔距不均，其中一孔高 2 米，净跨 4.4 米。桥面由石板铺成，保存较好。

张飞庙桥

张飞庙桥位于重庆市云阳县盘石镇龙安村狮子岩下，在古建筑张飞庙内。

冉师桥

冉师桥位于重庆市长寿区渡舟镇，跨桃花溪，始建于明末清初，由当地冉姓人士承头募捐修建，故名"冉师桥"。清康熙三十四年（1695年）长寿知县刘若鼎重修，改为木板桥面，并在桥上建长廊瓦房12间，两侧房内开有食店数家。1951年建乡村电灌站，在此桥桥基上建成电闸蓄水。1979年将木板改为钢筋混凝土板并加固桥身结构。现为钢筋混凝土板廊桥，桥长45.4米，10个孔，宽5米，桥上建有廊房。

两河桥

两河桥位于重庆市忠县白石镇境内的两河场，始建于清嘉庆年间（1796—1820年），距今已有200多年历史，被列为县级文物保护单位。民国三十一年（1942年）加了木廊亭，廊桥总长37.7米，宽5米，高8.5米，是忠县境内唯一的多拱廊桥，也是高度最高、跨度最大的古桥。此桥长37.7米，宽5米，高8.5米。它共有3道拱孔，单拱跨径9米，每个拱的中间都有一块长约60厘米、宽约15厘米的"金石"。整个桥身用规则的条石砌成，显得十分古朴厚重。

据史料记载，该桥是由忠县、丰都、梁平三县的好心群众捐资修建。最初只是为方便两岸群众过河而建。到了民国时期，当地人又在桥上架起了廊亭，自此就变身为风雨廊桥。成为风雨廊桥后，不仅方便两岸群众过河，还成了人们交易农产品的市场、遮风避雨的亭阁。

万板桥

万板桥位于重庆市忠县白石镇万板场，为人行石拱木廊桥，清雍正十年（1732年）建造。桥长13.3米，单孔，宽4.7米，高6米，桥面建有木结构顶，上盖青瓦。桥上建筑木结构桥屋，单檐悬山顶，抬梁式梁架，面阔五间，通高3米，石栏高1.2米。桥两端各有6级台阶。桥屋脊上有题记："同治忠州志。"万板桥坐落在白石镇里，是连接万板街和镇医院的交通要道。

万寿桥

万寿桥位于湖北省宜昌市秭归县香溪镇八字门村。《归州志》中记载："万寿桥在城东一里，旧架木为之，咸丰五年改建石桥。"这说明原本的万寿桥只是一座小小木桥，后来在咸丰五年（1855年）改建成为石桥，成为当时城中的一条主要通道。

黄花龙门桥

黄花龙门桥位于湖北省宜昌市夷陵区黄花乡黄花村，建于清代，为单孔石拱桥，长 20.50 米，宽 7.2 米，净跨 9.4 米，高 8.5 米，拱顶至桥面厚 2 米，由人工凿制的长方形灰石砌筑而成。桥拱中部嵌有双剑八卦图，桥南北两面的券脸石处雕饰有龙头龙门等图案。该桥在选址、布局、设计等方面都有一定讲究，对研究三峡地区民间桥梁建筑有较高的价值。

跳磴桥

跳磴桥是古人为了步涉溪涧，用砾石或条石在水中筑起的一种堤梁式石桥，传说跳磴是大禹治水时期发明的。这种桥无桥面，设在水浅平缓的河床上，又叫堤梁桥、石汀步桥。其形式大致是用若干高约 1 米，宽约 0.5 米，厚约 0.7 米的条石，在每隔 0.5 米间距外竖（或横）埋设一磴，恰好行人一步跨过。跳磴桥在三峡地区农村极为普遍，按磴石设置形式分为立置式和平置式两类。

三峡典型的跳磴桥有：

武隆凤来乡孔桥村跳磴桥位于武隆凤来乡孔桥村，为立式跳磴桥，长 18 米，由 14 个跳磴组成。

万州烟包梁跳磴桥位于万州溪河溪兰水坝上，是供人行过河的步行桥，为立式跳磴。

忠县境内的溪河自古便建有供人通行的跳磴桥，总计 356 座。目前存留近 100 座，主要集中在县内戚家河、汝溪河等河段。黄金镇跳磴桥位于忠县黄金镇，跨黄金河，为横式跳磴桥，始建年代不详，为忠县最长的古跳磴桥。石跳磴桥位于忠县城北，为立式跳磴，有 100 余个石跳磴，桥长近 100 米，为重庆市现存最长的跳磴桥。

二、水利景区

本部分附录了三峡地区 37 处以河流为主要载体的风景名胜区、水利景区。

长江三峡风景名胜区

长江三峡位于中国的腹地，西起重庆市奉节县的白帝城，东迄湖北省宜昌市的南津关，跨重庆奉节县、重庆巫山县、湖北巴东县、湖北秭归县、湖北宜昌市，长 193 千米，也就是常说的"大三峡"。自西向东主要有 3 个大的峡谷地段：重庆瞿塘峡、重庆巫峡和湖北西陵峡，三峡因而得名。三峡两岸高山对峙，山峰一般高出江面 1000～1500 米，最窄处不足百米。三峡是由于这一地区地壳不断上升、长江水强烈下切而形成的。两岸崇山峻岭，悬崖绝壁，风光奇绝。随着规模巨大的三峡工程的兴建，这里更成了世界知名的旅游热线，1982 年被国务院命名为首批国家重点风景名胜区。

三峡大坝旅游区

三峡大坝旅游区，位于湖北省宜昌市夷陵区境内，距下游葛洲坝水利枢纽工程 38 千米，于 1997 年正式对外开放。旅游区以目前世界上最大的水利枢纽工程——三峡工程为依托，全方位展示工程文化和水利文化。现拥有坛子岭园区、185 园区及截流纪念园等园区，包括模型展示厅、万年江底石、大江截流石、三峡坝址基石、银版天书及坛子岭观景点，总占地面积 15.28 平方千米。2007 年被国家旅游局评为首批国家 AAAAA 级旅游景区；2015 年 2 月，三峡大坝旅游区获得中央精神文明建设指导委员会授予的"第四届全国文明单位"荣誉称号；2021 年 9 月，荣获"灵秀湖北·十佳红色旅游经典景区"称号。

三峡人家景区

三峡人家景区位于湖北省宜昌市夷陵区，属于长江三峡中最为奇幻壮丽的西陵峡境内，景区总面积 14 平方千米。它是国家 AAAAA 级旅游景区、湖北省首批文明风景旅游区、湖北省十佳景区、湖北省生态文明建设示范基地、湖北省对外开放先进单位。

西陵峡口景区

西陵峡口景区位于湖北省宜昌市夷陵区。风景区东起葛洲坝，西至三峡大坝，总面积 142 平方千米，素有"三峡门户、川鄂咽喉"之美称。西陵峡口风景区历史文明源远流长，是楚文化的发祥地之一，考古发掘已经证明，早在 80 万年前就有人类在此繁衍生息。自 1979 年对外开放以来，地方政府先后投资修建了白马洞、龙泉洞、桃花村、嫘祖庙等景点，开辟了下牢溪、仙人溪等自然游览线路。目前风景区已形成了嫘祖庙、桃花村、白马洞、五洲休闲娱乐园、下牢溪（天然浴场、漂流）、龙泉石树园、仙人溪、森林公园等八大景区。西陵峡口景区是中国首批国家重点风景名胜区，是国家 AAAA 级旅游景区，为"中国十大风景名胜"之一。

宜昌百里荒水利风景区

宜昌百里荒水利风景区位于湖北省宜昌市夷陵区分乡镇，属水土保持示范园类型风景区，总面积40平方千米，依托国家水土保持生态文明工程、"长治"八期黄柏项目柏家坪、普溪河小流域工程修建而成。景区平均海拔1200米，夏季凉爽，享有"中国南方草场"的美誉。

宜昌市三峡大瀑布旅游区

宜昌市三峡大瀑布位于湖北省宜昌市夷陵区，三峡大瀑布被誉为"中国十大名瀑"之一，是展示震旦纪、奥陶纪、寒武纪等多个地质年代的天然地质博物馆，也是世界上少有的集峡谷、溶洞、山水、化石文化于一体的国家级地质公园。

三峡大瀑布的主瀑是白果树瀑布，是长江三峡西陵峡口以飞泉驰名的旅游景点，距宜昌中心城区29千米，位于宜昌市晓峰风景区泰山庙。三峡大瀑布溪流全长5千米，沿途分布着30多道瀑布。逆水而上，虎口瀑、一线瀑、珍珠瀑、丫瀑、连环瀑、五扇瀑等形态各异的瀑布接踵而来。瀑布主体宽约数十米，清泉从百余米高的陡峭山崖飞流直下，接天连地，水天雾海，蔚为壮观，即使久旱不雨，这里依然是飞泉不绝，被誉为"中国第四，湖北第一"。峡谷内植物覆盖率达90%以上，空气新鲜，幽幽峡谷绵延10千米。旅游区以瀑高、景秀、山险、水清见长，开发景观有神女观瀑、纸糊洞、藏经洞、水帘洞、乌龟笑天、金钓桥、饮马岩、四不像、巴人戊洞、野人谷、巴人文字、长桥超渡、佛楠叶、白果树主瀑、珍珠瀑、仙女瀑、古龙潭、仙女潭、泰山大佛、千年鱼化石等20多个。新扩建的泰山大佛坐北朝南，卧身高70米，宽40米，形象逼真，气势恢宏。游人称赞说："朝游白果树，一山日头一山雾；午游白果树，一身凉爽一身舒；暮游白果树，一片晚霞一片露。"

高岚河水利风景区

高岚河水利风景区位于湖北省宜昌市兴山县高岚村，以高岚河与夏阳河汇合处的两河口为中心，面积 20 平方千米，主体是一条长 7.5 千米的山沟。高岚河水利风景区规划区域内有高岚河、孔子峡、凉伞沟等河流，水清澈见底，沿河沿路是飞溅的瀑布，溪水潺潺，植被繁茂，富有天然野趣。区域内有两种及以上水文景观，水文资源丰富。高岚河水能资源丰富，水利工程景观突出，自然景观奇特，山奇、石怪、水秀、林茂、峡深、洞幽，群峰逶迤，峡谷幽美，溪水潺潺，植被繁茂，空气清新，气候宜人，有"十里画廊"的美称。2018 年，高岚河水利风景区被列入第十八批国家水利风景区。

兴山南阳河水利风景区

兴山南阳河水利风景区位于湖北省宜昌市兴山县，规划总面积 126 平方千米，其中水域面积 2.3 平方千米。景区依托南阳河现有的小水电工程与水域资源，发挥南阳温泉这一独特优势，以水电科普研学为核心，以温泉度假为特色规划，建设集青少年教育、温泉养生、河谷滨水徒步度假三大功能于一体的自然河湖型水利风景区。2021 年 12 月，兴山南阳河水利风景区入选第十九批国家水利风景区。

宜昌市高岚朝天吼漂流景区

宜昌市高岚朝天吼漂流景区位于昭君故里湖北省宜昌市兴山县高岚村。宜昌市高岚朝天吼漂流景区全长 6.5 千米，落差 148 米，漂流途经卧佛山、八缎锦、将军柱、朝天吼等壮丽的自然景观。群山连绵，叠嶂层峦；滩险流急，起伏跌宕。2012 年通过国家 AAAA 级旅游景区评定。先后被国家体育总局水上运动管理中心授予"中国自然水域漂流之都""中国自然水域漂流示范基地"，被中国登山协会授予"中国青少年登山运动训练基地"。荣获湖北省旅游局组织评选的"湖北省最受欢迎漂流景区"、宜昌市旅游局组织评选的"十优景区"、第四届华中旅游博览"最佳表演奖"等荣誉称号。

恩施州巴人河生态旅游区

恩施州巴人河生态旅游区位于湖北省巴东县，是北纬 30 度线上最富有神奇色彩的河谷，被称为"男人阳刚之山，女人温婉之河"，是一部山、峡、林、泉、洞等景观绝美组合的山水画卷，是集"奇、秀、险、幽、情"于一体的巴人故园。这里平均海拔 1000 米，最高海拔 1650 米，最低海拔 350 米，年均气温 13.3 ℃，被誉为"长江三峡的香格里拉"，是户外探险、避暑纳凉、养生休闲、体验巴文化的理想圣地。该景区有 4 个亮点：第一个亮点是崖岸俊俏的奇河，是典型的喀斯特地貌，山、水、洞、峡绝妙组合，形成山险、水秀、洞奇、峡幽的绝美景致。第二个亮点是生态秀丽的幽河，气候宜人，雨水充沛，动植物种类繁多，有珍稀植物巴东木莲、千年紫薇等，森林覆盖率达 95%，空气清新，被誉为"天然氧吧，清凉之谷"。第三个亮点是激情飞扬的乐河，满足不同游客兴趣的体验性项目丰富多彩，主要有激情漂流、高空滑索、徒步天梯游步道、溶洞探险、漫步绝壁栈道、水上娱乐、野外露营、烧烤等。第四个亮点是风情迷人的醉河，这里人文积淀深厚，土家文化、巴楚文化交融汇集。

恩施州巴东县巫峡口景区

恩施州巴东县巫峡口景区位于湖北省巴东县，扼守长江三峡巫峡入口，是以湖北省巴东县城为中心，以长江干线为中轴，环县城所有景点组成的景区，包括巴东巫峡口、大面山、链子溪、火焰石等景点。该景区共规划面积 83.5 平方千米，重点区域面积 24.6 平方千米，是第四套五元人民币上的图片，这个三峡旅游线上地标性景点的地址位于巴东县信陵镇大面山村，被当地人称作大面山。

长江三峡之巫峡自巫山县城东大宁河起，至巴东县官渡口止，全长

46千米。郦道元在《三峡》中记载:"巴东三峡巫峡长,猿鸣三声泪沾裳。"巫峡地理位置:湖北省巴东县与重庆巫山交界处。巫山县有个巫峡镇,而巴东县则有一个巫峡口村,在巴东县城西侧、长江北岸。

该风景区位于长江巫峡口,长江黄金水道边,巴东县城附近,交通便捷,水、电、通信等基础设施良好,距巴东县信陵镇仅10千米。20世纪90年代初被摄影艺术家们发现,经过多年的精心挖掘和推介,受到国内外媒体的高度关注,一批批中外摄影爱好者接踵而来,纷纷来这里体会"赏三峡美景、品满山红叶、吃农家饭、领略土家风味"的独特韵味,景区正成为广大摄影艺术家和市民旅游休闲的好去处。

该景区位于巴东县城后侧山上西南方向,是俯视巴东新城全景和观赏巫峡口靓丽风景的最佳地点。春有罗钱山花烂漫,夏有云海仙境奇观,秋有漫山红叶似火,冬有千山雪景怡人,暮有金色三峡如诗,夜有巫峡船影如画。大面山一年四季风光各异,早晚四时景象不同。

风景区之链子溪两岸山高险峻,峡谷幽深,丛林密道,植被葱茏,水流清澈,清幽迷人,体验长江古水运文化也是该景区的特色项目。2015年3月20日被评为国家AAAA级旅游景区。大面山和链子溪天然相依,碧水青山,相得益彰,登完高山,再游绿水,既有大山远眺的壮阔雄伟之感,又有峡谷碧水的秀丽怡人之乐。

四面山风景名胜区

四面山风景名胜区地处云贵高原大娄山北坡余脉,系地质学上的倒置山,位于重庆市江津区南部,北距重庆主城100余千米、江津主城60余千米,西邻四川宜宾、泸州地区,东靠贵州遵义地区,是渝川黔旅游金三角结合部,可实现渝川黔三地1.5小时通达。四面山集山、水、林、瀑、石于一身,融幽、险、雄、奇、秀为一体,自然景观独特、生态环境优美、旅游资源丰富,是休闲度假的旅游目的地,荣获国家级风景名胜区、国家AAAAA级旅游景区、国家生态旅游示范区、全国文明旅游景区等殊荣。

芙蓉江风景名胜区

芙蓉江风景名胜区位于重庆市武隆区浩口乡芙蓉江珠子溪至芙蓉江入乌江口处的江口镇，主流河段长 35 千米，面积 152.8 平方千米，风景区总面积 100.75 平方千米，其中核心景区面积为 23.92 平方千米。外围保护地带面积为 88.41 平方千米。芙蓉江风景名胜区是以碳酸盐类岩溶地貌为特征，以芙蓉洞溶洞景观、芙蓉江峡谷景观的雄、险、奇、秀、幽为主景，与黑叶猴保护相结合，供观光游览为主，兼具水上运动、科考的江峡型国家重点风景名胜区。

龙河谷水利风景区

龙河谷水利风景区位于重庆市丰都县，面积 273.12 平方千米，其中水域面积 13.23 平方千米，属于自然河湖和水库混合型水利风景区，依托长江一级支流龙河、石板水电站和鱼剑口水电站三大水体，由龙河将石板水电站和鱼剑口水电站天然串联起来，构成了雪玉洞国家 AAAA 级旅游景区、龙河国家湿地公园、牛牵峡峡谷漂流、龙河山涧瀑布、绝壁栈道等景观。龙河谷水利风景区于 2017 年被列入第十七批国家水利风景区。

南天湖景区

南天湖景区位于重庆市丰都县境内，距丰都县城 45 千米，距重庆主城 160 千米，与丰都名山景区、雪玉洞景区、九重天景区、牛牵峡景区连成旅游环线。景区规划面积 22 平方千米，平均海拔高度 1800 米，夏季平均气温 20 摄氏度。景区拥有武陵山区罕见的高山湖泊、广袤的原始森林、珍贵的高山湿地和草坪绿洲，是高山揽湖、森林观光、山地运动和春赏花、夏纳凉、秋观叶、冬赏雪的生态休闲旅游度假胜地。南天湖景区集自然观光、主题游乐于一体，主要景点有南天湖、天湖草场、天堂谷、滑雪场等。2018 年 12 月，南天湖景区被批准为国家 AAAA 级旅游景区。

清溪沟水库水利风景区

清溪沟水库水利风景区位于重庆市江津区蔡家镇境内。清溪沟水库是20世纪70年代江津先后组织上万民工奋战数年建成的。清溪沟水库是一座以灌溉为主，集发电、防洪、水产养殖和旅游等于一体的中型水利工程。景区面积约52平方千米，景区内人工湖泊延绵10余千米，湖水清澈，有独具特色的笋溪河漂流带，有大小瀑布10余挂，最宽的大坝瀑布达40米，最高的天潭瀑布有88米高。清溪沟水利风景区同时也是重庆野营景区前三甲，是观光、旅游、避暑、写生、摄影、攀岩、登山、野营的好去处。2009年，清溪沟水库水利风景区入选第九批国家水利风景区。

汉丰湖景区

汉丰湖景区位于重庆市东北部的开州区境内，东西跨度12.51千米，南北跨度5.86千米，由境内两江汇成，常年蓄水170.28米以上，水域面积15平方千米。汉丰湖是举世瞩目的由长江三峡工程建设而形成的世界独具特色的人工湖，湖内四山环抱，与城市和谐共生，拥有独特的滨湖湿地、风雨廊桥、开州举子园、刘伯承同志纪念馆（故居）等自然与人文景观，是重庆市民喜爱的旅游度假休闲目的地。汉丰湖风景区于2012年10月荣膺"国家水利风景区"称号。2014年12月，汉丰湖风景区正式被国家旅游局批准为国家AAAA级旅游景区。2015年12月，汉丰湖风景区入选长江三峡30个最佳旅游新景观之一。2017年1月，由重庆市旅游局和《重庆晨报》共同主办的"重庆最受游客喜爱十大景区"评选中，汉丰湖风景区位列第二。

万州大瀑布群景区

万州大瀑布群景区位于重庆市万州区境内，距城区30千米，景区面积60.13平方千米。万州大瀑布群景区山青、水秀、瀑宽、洞奇、潭幽、湖大、虹美。瀑布下面有一个 1600 平方米的水帘洞。在 7000 余平方米的青龙洞中，令人叹为观止的是自然天成的青龙洞"天工画壁"。作为主瀑布的万州大瀑布宽 151 米，高 64.5 米，面积达 9739.5 平方米。它以惊天地泣鬼神的磅礴气势、众星拱月般的奇特景观与脍炙人口的民间传说，受到世人瞩目。万州大瀑布群景区地杰人灵、山川秀美，是重庆市级风景名胜区和国家 AAAA 级旅游景区。

重庆市南滨路水利风景区

重庆市南滨路水利风景区位于重庆市南岸区，滨临长江南岸，与渝中区隔江相望。其依托长江生态防洪护堤而建，属于城市河湖型水利风景区，规划面积 3.4 平方千米。景区东起长江大桥，西至弹子石，全长 6.8 千米，分为 187 道路景区、六大主题景区、180 景区连接段景观三大部分。景区主要风景资源包括：长江宏伟壮阔的水文景观；山城烟雨缥缈的天象景观；两岸起伏层叠的山城地文景观；沿江带状园林绿化形成的植物景观；融渡口文化、巴文化、宗教文化、殖民文化和开阜史、大禹文化及相关历史传说于一体的历史人文景观；以伟岸壮观的地方工程为载体，辅以大量浮雕、景观小品、音乐灯饰等景观设施于一体的工程景观。2011 年 11 月，该景区被列入第十一批国家水利风景区名录。

石柱龙河水利风景区

石柱龙河水利风景区位于重庆市石柱土家族自治县，依托藤子沟水库、龙池坝水库及城区段防洪工程而建。2010 年 12 月 1 日，石柱龙河水利风景区入选"第十批国家水利风景区"。景区属城市河湖型水利风景区，总面积 27.2 平方千米，以城区玉带河水系景观为核心，沿线点缀喷泉、雕塑、盆景、古桥等景观小品，展示了石柱龙河水利风景区的独特风貌，为城市注入了活力和灵气。景区"一堤三库"的水利工程景观特色突出，其中藤子沟大坝，为单曲混凝土拱坝，具有较高的观赏和科普价值；秦良玉历史文化长廊、土家族民族风情一条街汇聚于龙河两岸，为景区增添了浓厚的文化氛围。经过几年的建设与发展，景区已形成集生态、观光、休闲、旅游于一体的景观长廊，为居民提供了亲水、乐水的平台。

黄水风景名胜区

黄水风景名胜区位于重庆市石柱土家族自治县黄水镇，面积 117.5 平方千米。2000 年被公布为市级风景名胜区。黄水镇距石柱土家族自治县南宾镇 60 千米，距重庆公路 260 千米。该景区是以天然森林景观为主体，集溪、湖、土家族民俗文化于一体的山岳型风景名胜区，最高海拔 1934 米，最低 750 米，年平均气温 12.1℃，有中国一号水杉（胸径 1.6 米）、红豆杉、珙桐、云豹等国家保护动植物，有大风堡原始林区 1500 公顷。

山虎关水库水利风景区

山虎关水库水利风景区位于重庆市武隆区赵家乡新华村境内，离县城 50 多千米，海拔 1050 米，积雨面积 34 万平方千米，总库容 1116 万立方米，属于高山大容量水库。该水库 1978 年竣工，灌溉面积 2 万多亩，集灌溉、发电、养鱼、旅游于一体，长期以来发挥着巨大的作用。山虎关水库是一座以灌溉为主，兼有发电、养殖、防洪、供水等综合利用的中型骨干水利工程。2009 年顺利通过第九批国家水利风景区表决，为武隆再添一处自然生态风景。

山虎关水库风景秀丽，库区森林覆盖率达 80% 以上。风景区集奇山秀水于一体，适合休闲度假。每年夏季，主城区都有上百位老人到此度假，度过近 3 个月的炎热夏季。景区还被重庆市钓鱼协会评为最受欢迎的十大钓鱼生态水库之一。

阳水河水利风景区

阳水河水利风景区位于重庆市武隆区。依托中心庙水库、红阳水库而建，景区面积 13.3 平方千米，其中水域面积约 0.51 平方千米，属于水库型水利风景区。2015 年 11 月 17 日，阳水河水利风景区入选第十五批国家水利风景区。

阳水河水利风景区以阳水河为纽带，以中心庙中型骨干水利工程为核心，海拔高度在 1060～2300 米，属于乌江右岸支流兼水库型水利风景区。景区内气候宜人，森林覆盖率达 96%，交通便利，毗邻天生三桥、地缝、印象武隆等优质景区，距离景区 1 小时车程内的酒店和农家乐就有 500 余家，接待能力强，社会效益和经济效益均十分显著，受到水利部水利风景区建设与管理领导小组专家们的一致青睐。

中心庙水库是以灌溉为主，兼顾发电、供水等多种功能的中型水库，总库容 1210 万立方米。红阳水库是一座以灌溉为主的小型水库。两座水库形成"串珠"式的湖面景观，与周边原始森林及独特的喀斯特地貌组合成优美的景观。景区水资源丰富、水质优良，长期保持在 II 类，森林错落有致，喀斯特地貌特征明显，常年溪水潺潺、蝶飞燕舞、环境优美、空气清新，是人们休闲度假的理想场所。

芙蓉江景区

芙蓉江景区是一个江峡型小尺度大容量喀斯特地貌和原始水上森林型风景区，景区位于重庆市武隆区浩口乡芙蓉江珠子溪至芙蓉江入乌江口处的江口镇。主流河段长 35 千米，面积 152.8 平方千米，是重庆最好的休闲、度假、水上娱乐场之一。2002 年 5 月，芙蓉江景区被国务院批准为第四批国家重点风景名胜区。2006 年，芙蓉江景区、芙蓉洞国家风景名胜区与天生三桥风景区共同被评定为 AAAA 级旅游景区。

统景风景名胜区

统景风景名胜区位于重庆市渝北区东部御临河畔，距渝中区 65 千米。以"统景峡猿"居"巴渝十二景"之首，统揽山、水、林、泉、峡、洞、瀑、天池、小岛、古寨、鹰群诸景，被誉为"自然博物馆"，被历代文人墨客盛赞为"武陵仙境"。1989 年被定为省级风景名胜区。

统景的温泉闻名遐迩，有人冠之"统景温泉甲天下"的美称，总投资 800 余万元的统景温泉城已于 1997 年 5 月 8 日投入使用，该温泉城占地面积 17 500 平方米，其中园林式花园 9500 平方米，房屋建筑面积 8000 平方米，总体建筑包括露天游泳池、室内情侣池和娱乐区 3 个部分，泳池的水温保持在 30～53 摄氏度，露天游泳池分儿童和成人游泳池，可同时容纳 500 人，并设有更衣室、淋浴、歌舞厅、休息厅、冷饮厅、理疗保健厅等现代化的配套设施。夏日，阳光普照，还可以同时享受温泉浴和日光浴；冬日，泉暖如汤，仍可令君品味其浓浓春意。整个温泉城的规模当居西南地区第一位。

统景峡由温塘、桶井、老鹰三峡组成。当地俗语云：十里温塘河，九曲十八弯。清乾隆年间巴县知县王尔鉴定"桶井峡猿"为巴渝十二景之一，并在《小记》中描摹曰："至峡口，两岸攒锁，潺潺溪水从峡出。登小舟，溯流而入，曲折宛转，忽暗忽明。两壁峭削，窥天仅一线。溪边淙竹森蔚，两崖古木虬蟠，……舍舟登岸，四望烟云层叠，几不能复识，其桃源别景欤？"夏日，瀑布高悬，雾绕云崖，气象万千，为一大奇观也。

风景区内有溶洞 70 余处，洞内钟乳石瑰丽多姿，各具其趣：猴子洞长 2000 米，洞内石柱林立、充满野趣；杨家洞螺旋而下，深达 105 米，洞内钟乳石密如星辰、荧光闪烁；下感应洞长达 437 米，洞内阴河潺潺、令人神往。

东温泉风景名胜区

东温泉风景名胜区地处重庆市巴南区东泉镇境内。这里山清水秀，与西南北泉相呼应，列重庆四泉之首。山、水、泉、林、洞、峰、峡、瀑、岛等自然景观一应俱全，楼、台、亭、阁、宝刹、古寺、传统文化、历史遗迹遍布，尤以丰富的地热资源独领风骚。

景区内有大小泉眼 48 处，主泉日流量超 1229 吨。热洞尤为奇特，洞中水常年保持 40 ℃，系碳硫性、热医疗效用显著的优质矿泉水，被赞为亚洲奇观，是天然的桑拿浴。景区人文景观十分丰富。相传古时，鲁班的弟子曾在此建造木井，钟子期、俞伯牙曾在此相会，明代以来的古刹庙宇还存有大量遗迹。

关津峡口下游处的一处温泉，被当地人及邻县和贵州的乡民奉为"神水"。无论春夏秋冬、白昼黑夜，男女皆在此入浴，毫无拘泥羞涩之态，可称民俗一绝。

小溪风景名胜区

小溪风景名胜区位于重庆市涪陵区南 12 千米的乌江三门峡两岸。小溪，既有神奇幽深的山水洞穴，又有丰富多彩的古代巴文化遗迹和美丽动人的民间传说。小溪风景名胜区 1992 年 4 月对游客开放，是涪陵开放较早的景区。小溪风景名胜区共设 5 个大景区和 36 个小景点。其中的小溪天生桥奇观名扬海内外，游客至此，无不称绝。

其他一些景点同样美不胜收。包括翼王渡、栈道、志一桥、山王神像、阁、手劈石、马援寨和九道水等景点的"古道通幽"景区，融自然景观的奇特和太平天国翼王石达开在此活动的瑰丽传说为一体，让人在扑朔迷离中体味景观、缅怀历史，从而得到美的享受和灵魂的陶冶。"天桥卧波"景区的天生石拱桥，横跨小溪，贯连夹着古道的两山，桥长 50 多米，宽 15 米，高 60 米，桥拱如弓，是由一块整石自然弯成，若逢朝云暮雨，桥身半现，树石绰约，仰观此桥，则是鬼斧神工，"不是人造、胜似人造"。充满巴文化色彩、留下巴人先民足迹的"溶洞巴王府"和"溶洞神仙府" 2 个景区，将天下溶洞的不少景观纳为一洞、缩成微观，游客至此，恍然进入了古代巴人那富丽堂皇的宫殿和曲径通幽的亭台楼阁。"地下龙宫"的钟乳石编钟、擎天柱、玉石蛙、龙舟石、雄狮观瀑等景点的万般形态，则让游客更加流连忘返。

青龙瀑布风景名胜区

青龙瀑布风景名胜区位于重庆市万州区甘宁镇境内，距万州城区

34 千米，规划面积 60.13 平方千米，其中中心游览区 8.31 平方千米。地貌属山岭重丘形，多陡崖峭壁，海拔 280～670 米。1995 年，青龙瀑布风景名胜区被四川省公布为省级风景名胜区，1999 年被确认为市级风景名胜区。

青龙瀑布风景名胜区由青龙瀑布、甘宁湖、白云洞、贯峰书院、逍遥山庄 5 个景区组成。目前，青龙瀑布已对外开放。由于青龙瀑布景观独特、气势恢宏，已成为长江三峡国际旅游线上一颗璀璨的明珠，受到世人青睐。青龙瀑布和黄果树瀑布已联姻，联合打造"中国水文化"旅游产品。青龙瀑布风景名胜区是长江三峡国家级风景名胜区内重要景区之一，分 5 个景区 39 个景点，集山青、水秀、竹茂、洞奇、潭幽、瀑宽、虹美、湖大、古墓、名人故居于一体。景区内不但有青龙瀑布、青龙洞、青龙潭、水帘洞、青龙河等众多自然景观，还有出土于此的"战国包锣""虎钮淳于"等国家一级文物，三国东吴名将甘宁故里，现代著名文学家、诗人何其芳先生故居等丰富的人文景观。

龙泉风景名胜区

龙泉风景名胜区位于重庆市万州区长滩镇和茨竹乡境内，距万州主城区 36 千米，风景区面积 74 平方千米，2000 年 11 月被重庆市人民政府批准命名为市级风景名胜区。

该风景区集山、水、园、林、洞和文化历史遗产于一体，植被覆盖率达 70%，自然风光秀美，生态环境幽雅。风景区由龙门峡谷、龙门瀑布群、龙门溶洞群、外坝温泉、磨刀溪水系、汉代羊渠县古城遗址、古盐井等近 60 个大小景点组成。

龙门峡谷幽深曲折，树林草木郁郁葱葱，鸟语花香；虹溪河清澈蜿蜒，处处飞瀑流水，峡内 20 多处各具特色的深洞吸引着人们探险观奇；外坝温泉富含碳酸钙和硫化物，能治疗人体多种疾病，有"万州第一泉"之称；磨刀溪河流清趣无限，享有"万州第一漂"的美称。

重庆万州三峡平湖旅游区

重庆万州三峡平湖旅游区位于重庆市万州区，被中央电视台评为新三峡"十大旅游新景观"之一，是典型的山水相依、湖城相融的城市型旅游区。万州历史文化悠久，地理位置独特，山川风物绮丽，水陆空铁交通便利，是大三峡旅游的集散中心和重要目的地。城市依水而生，靠水而兴，临水而发，形成了"城在山中、水在城中、人在山水中"的独特城市风貌。景区拥有西山钟楼、西山公园、十七码头、南门口广场、音乐广场、红砂碛公园、南滨公园、三生有幸广场、樱花渡体育公园等景观，集旅游休闲、音乐艺术、餐饮娱乐、体育健身等于一体，承载着万州厚重的历史文化和现代人文风情，是三峡游又一个好去处。2020年被评为国家AAAA级旅游景区。

长寿湖风景名胜区

长寿湖风景名胜区位于重庆市长寿区东部，地跨重庆市长寿区和垫江县，主景区长寿湖是狮子滩水电站拦河大坝建成以后而形成的人工淡水湖，水域面积65.5平方千米（约10万亩），库容10亿立方米。湖内港汊纵横交错，有岛屿200多个，是重庆市最大的湖泊旅游风景区，长寿湖是我国西南地区最大的人工湖。

1958年3月15日，正是周恩来60寿辰的日子。周恩来和李富春、李先念从武汉乘船而上，视察长江三峡水力资源，专程视察了龙溪河、长寿湖。他们察工地、走湖区、进厂房、入宿舍，足迹踏遍了龙溪河。当他们视察结束，来到当时的外宾招待所（今狮子山庄）吃完午饭后，电站的同志请周总理和两位副总理题词留念，周总理和两位副总理欣然提笔，留下了光辉的题词。为纪念周恩来和李富春、李先念视察狮子滩、长寿湖并题词，狮子滩发电站在长寿湖修建了总理纪念亭——红星亭。

长寿湖风景名胜区先后于1992年获批重庆市风景名胜区，2012年获评国家AAAA级旅游景区，2014年获评重庆首批市级（省级）旅游度假区，2019年获评中国（重庆）气候旅游目的地。

石宝寨

石宝寨是国家AAAA级旅游景区、全国重点文物保护单位、长江三峡最佳旅游景观之一、美国探索频道中国七大奇观之一、世界八大奇异建筑之一。石宝寨位于重庆市忠县境内长江北岸边，依陡壁孤峰拔起的巨石所建，被称为"江上明珠"，距忠县城29千米。明末谭宏起义，自称"武陵王"，据此为寨，"石宝寨"由此而来。石宝寨始建于明中晚期，经清康熙、乾隆年间修建完善。塔楼依山耸势，飞檐展翼，造型奇异。整个建筑由寨门、寨身、阁楼（寨顶石刹）组成，共12层，高56米，全系原木穿斗结构。寨楼，原建9层，寨顶古刹天子殿，隐含"九重天"之意。顶上3层为1956年修补建筑时所建。2009年，历时3年多、耗资近1亿元的抢救性保护工程全面完工后重新对外开放。重新亮相的新石宝寨，在巨型围堤环绕中，成为长江上唯一一处大型江中人造"盆景"，享有长江"小蓬莱"的美誉。

瞀井沟风景名胜区

瞀井沟风景名胜区位于重庆市忠县城西 4 千米处的黄金镇，是三峡水库蓄水后形成的峡谷型自然风景区，既有大三峡的雄壮，也有小三峡的幽雅。景区内旅游资源丰富，既有戚家河、黄金河汇聚瞀井河，险滩、瀑布、过河跳磴、溶洞等独特的自然景观；同时，还拥有 5000 多年制盐史，古老制盐场、大小盐井分布其间，是巴文化重要发源地之一。位于景区内的"中坝遗址"是 1997 年全国十大考古发现之一，被称为"活的地下二十四史"，它的文化层厚达 12.5 米，十分完整地展现了巴文化史。

除此以外，景区沿途主要景观有三角、香龙、鱼箭、黄金等多处险滩；有多处风格迥异、水流长年不断的天然瀑布散落其间；有形象逼真、立于峭壁的羊子崖；有先人为渡河而建、至今任在使用的古老的过河跳磴；有保存完好的黄金古镇，那密集的吊脚楼无声地述说着这里曾有的繁华；还建有休闲庄、水上游乐场、射箭场等多种娱乐设施。

大宁河小三峡景区

大宁河小三峡景区位于重庆市巫山县长江支流大宁河流域，大宁河注入长江巫峡上口。巫山县境内有龙门峡、巴雾峡和滴翠峡，巫溪县境内有庙峡、剪刀峡和荆竹峡。峡中碧水奔流，奇峰耸立，绝壁有古代巴人悬棺、古栈道、大昌古镇。小三峡的特色是秀美、神奇，即山奇雄、水奇清、峰奇秀、滩奇险、景奇幽、石奇美，可称为"天下奇峡"。大宁河支流马渡河下游三撑峡、秦王峡、长滩峡 3 峡全长 20 千米，谓之小小三峡，两岸悬壁对峙，奇峰多姿，山水相映，河道狭窄，天开一线，集幽、秀、奇、险、翠、怪、美于一身。小三峡与长江大三峡风景区毗邻，是国家重点名胜风景区，1991 年被评为"中国旅游胜地四十佳"，2007年 5 月被评为国家 AAAAA 级旅游景区。

白帝城·瞿塘峡景区（奉节县）

白帝城·瞿塘峡景区位于重庆市奉节县瞿塘峡口长江北岸的白帝山上，地处长江三峡西入口，东望夔门，南与白盐山隔江相望，西接奉节县城，北倚鸡公山，距奉节县城东10余千米。景区创建面积为4.7平方千米（东至白帝村、瞿塘村，西至关庙沱，南靠奉节、巫山县界，北邻子阳城），主要由白帝城、瞿塘峡两大景区构成，名胜古迹众多，融自然与人文、诗情与战火为一体，是饱览长江三峡壮丽之美的起点。

白帝城原名子阳城，西汉末年公孙述据险筑城，公元25年自封白帝，改为白帝城。公元36年，当地百姓在白帝山修建了白帝庙以供奉祭祀公孙述。唐宋时期，李白、杜甫、白居易、刘禹锡等历代文人骚客或游历，或寓居，或为官，留下大量不朽的诗篇，因此白帝城又有"诗城"之美誉。明嘉靖十二年（1533年），庙内改祀刘备、诸葛亮。三峡工程蓄水后，水位抬高至175米，四面环水的白帝城已成为"高峡平湖"中的一座"绿岛"。

瞿塘峡紧邻白帝城，全长8千米，集雄、奇、险、峻于一体，是三峡中最短、最窄、最险的一段峡谷。瞿塘峡内北岸赤甲山上有老关庙文化遗址、大溪文化遗址、巫山猿人遗址三大遗址和老关庙信号台、赤甲楼、古炮台、古栈道、风箱峡悬棺等景点；南岸白盐山有孟良梯古栈道遗迹、摩崖石刻、犀牛望月峰、猿人峰等景观，浓缩了中国200万年的人类发展史。瞿塘峡景区内"雄踞天下"的绝景"夔门"，又名瞿塘关，位于瞿塘峡西口，西扼巴蜀，东控荆楚，自古为兵家必争之地；江岸两山对峙，悬崖陡立，斧劈刀削，直上而下，中贯大江，滟滪砥柱；天开一线，峡张一门，谷锁一江，此为夔门。夔门，以雄伟壮观而著称，古有"夔门天下雄"之盛誉，今享"中华山水之门"之美名，为第五套10元人民币背景图案。

1978年，白帝城·瞿塘峡景区正式对外开放，是全国首批对外开放的景点之一。1982年，白帝城·瞿塘峡景区被批准为长江三峡国家重点风景名胜区。2021 年，奉节县白帝城被评为重庆市首批历史名园。2022 年 7 月，白帝城·瞿塘峡景区被评定为国家 AAAAA 级旅游景区。

九畹溪风景区

九畹溪风景区位于湖北省宜昌市秭归县，长江三峡西陵峡南岸、秭归新县城西部，距三峡大坝 20 千米，是三峡大坝库首第一旅游风景区。九畹溪风景区分为水路和陆路两段景区。陆路景区起自九畹溪大桥，终至九畹溪电站，沿途有仙女山、界垭、情侣峰、神牛泉、将军岩、美女晒羞、剪刀崖、和尚岩等 10 余处自然景观；有极具科学研究价值与观赏探秘价值的古悬棺群；有人迹罕至、完全处于原始状态的干溪沟，以及天下奇观、鬼斧神工的青钟地缝。九畹溪曾是爱国诗人屈原进京为左徒前开坛讲学、植兰修性之地，"余既滋兰之九畹兮，又树蕙之百亩。"景区以奇山、秀水、绝壁、怪石、名花闻名。

九畹溪是长江三峡中为数不多的支流大峡谷之一，溪流全长 46 千米，入江口正对牛肝马肺峡，上游接兵书宝剑峡，下游为崆岭滩，是长江三峡古航道里最为险峻的航段。九畹溪入江口古名为巨鱼坊，是传说中伟大爱国诗人屈原魂归故里所在地，现在成为高峡平湖最佳观景点之一。2003 年，三峡大坝蓄水后，九畹溪漂流分两段，上段为 6.8 千米惊险刺激的探险漂，下段为 6.4 千米的休闲观光漂，高峡平湖相间，奇峰秀水争艳，畅游其间，惬意无限。宏伟的三峡大坝、雄浑的崆岭险滩、威武的将军岩，一解峡江山水的雄奇与秀美；壁立的问天简、沧桑的巨鱼坊、神秘的古悬棺，一展巴楚文化的神韵。

巫山神女景区（神女峰·神女溪）

巫山神女景区地处著名的长江三峡巫峡核心景区内，位于巫山县城以东，景区总面积 132 平方千米，其核心景区面积 28 平方千米。景区以神女峰、神女溪和文峰观著称于世，是登山、乘船、观光、休闲、度假、修身、养性的首选之地，更是饱览巫峡、观赏红叶、亲近神女、体验巫山云雨的最佳景区。2014 年被正式评定为国家 AAAAA 级旅游景区。

三、水利文博设施

本部分附录了三峡地区 4 处水利文博设施。

重庆中国三峡博物馆（重庆博物馆）

重庆中国三峡博物馆，是一座以巴渝文化、三峡文化、抗战文化、移民文化和城市文化等为特色的历史艺术类综合性博物馆，是中央地方共建国家级博物馆、国家文化和科技融合示范基地、首批国家一级博物馆、全国最具创新力博物馆、国家文物局重点科研基地、全国爱国主义教育示范基地、全国科普教育基地、全国青少年教育基地、海峡两岸文化交流基地、全国古籍重点保护单位等。

1951 年 3 月 8 日，西南博物院在重庆成立。1951 年 10 月，西南博物院正式对外展出，时任中华人民共和国政务院副总理郭沫若题写馆名。1953 年 10 月，西南人民科学馆（原名西部科学院）并入西南博物院。

1955 年 6 月，西南大区撤销，西南博物院更名为重庆市博物馆。2000 年 9 月，经国务院办公厅批准成立重庆中国三峡博物馆，原重庆市博物馆正式并入，加挂重庆博物馆馆名。2005 年 6 月 18 日，重庆中国三峡博物馆新址正式对外开放。2006 年 11 月，重庆中国三峡博物馆荣获文化部"公共文化设施管理先进单位"称号。2007 年 4 月，重庆中国三峡博物馆荣获"十佳旅游美景"。2018 年 10 月，被评为全国中小学生研学实践教育基地。

博物馆现有馆藏文物 11.5 万余件套（单件超 28 万件）、珍贵古籍善本 1.8 万余册。馆藏文物涵盖 23 个文物门类，形成"古人类标本、三峡文物、巴渝青铜器、汉代文物、西南民族文物、大后方抗战文物、瓷器、书画、古琴"等特色藏品系列。

重庆白鹤梁水下博物馆

重庆白鹤梁水下博物馆位于重庆市涪陵区滨江大道二段 185 号，于 2009 年 5 月 18 日正式落成并对外开放，占地面积 11 300 平方米，建筑面积 8433 平方米，有岸边陈列馆和水下参观区两部分。历史上，白鹤梁上曾有石鱼 18 尾，白鹤雕刻 1 幅、观音石雕 2 尊、人物线刻 2 幅，文字题刻 187 则，文字约 12 000 字。经过百余年自然和人为的破坏，现存于世的白鹤梁题刻 175 则，石鱼 13 组 18 尾。重庆白鹤梁水下博物馆是世界首座水下博物馆，属地方性历史博物馆，是集文物保护、研究、宣传、教育于一体的文化活动中心，联合国教科文组织将其誉为"世界首座非潜水可到达的水下遗址博物馆"。

2013 年，重庆白鹤梁水下博物馆被全国旅游景区质量等级评定委员会正式批准为国家 AAAA 级旅游景区。2016 年 5 月 18 日，重庆白鹤梁水下博物馆被水利部正式批准为国家水情教育基地。2018 年 7 月 20 日，重庆白鹤梁水下博物馆被重庆市旅游发展委员会正式批准为重庆市研学旅行示范基地。同年 11 月 9 日，重庆白鹤梁水下博物馆被教育部正式命名为"全国中小学生研学实践教育基地"。2021 年 8 月，重庆白鹤梁水下博物馆被中国侨联确认为第九批中国华侨国际文化交流基地。

重庆三峡移民纪念馆

重庆三峡移民纪念馆又名重庆市万州区博物馆，位于重庆市万州区南滨路 1561 号，是纪念三峡百万大移民而修建的专题性纪念馆，是三峡库区历史文化和移民文化收藏、保护研究和展示中心。重庆三峡移民纪念馆建设用地 50 亩，主体建筑面积 15 062 平方米，馆藏文物 2.4 万件套。2017 年 12 月 6 日，重庆三峡移民纪念馆入选第一批全国中小学生研学实践教育基地。2020 年 9 月 2 日，重庆三峡移民纪念馆被评定为国家 AAAA 级旅游景区；同年，重庆三峡移民纪念馆入选第四批国家一级博物馆名单。

重庆嘉陵江索道博物馆

重庆嘉陵江索道博物馆位于重庆市江北区嘉陵江索道北站房。嘉陵江索道是中国第一条城市跨江客运索道及中国第一条自行研制的大型双线往复式过江载人索道。1982 年 1 月 1 日，嘉陵江索道建成试通车，索道全长 740 米。2010 年 1 月，嘉陵江索道被列为重庆市第二批市级文物保护单位。2011 年 2 月 28 日晚 7 点 35 分，嘉陵江索道江北城站送走最后一批乘客，索道的通行史正式告一段落。2013 年 12 月底，重庆嘉陵江索道开始拆除，轿厢和驾驶室等重要部件作为文物保留并陈列。

四、水润古镇

本部分附录了三峡地区 5 处水文化色彩丰富的水润古镇。

巫山县大昌古镇

大昌古镇位于重庆市巫山县境内小三峡风景区滴翠峡口北上 10 千米处、巫山县北的大宁河东岸。大昌古镇是小三峡黄金旅游区和巫山北部旅游观光走廊的中心，是国家重点镇、重庆市最具人文气息美丽小镇，同时也是三峡最大的三期移民重镇。

大昌古镇始建于晋，据《巫山县志》记载：西晋太康元年（280年），在此设太昌县，因避北周文帝宇文"泰"讳，改名大昌，即"大吉大昌"之意。清康熙九年（1670年），大昌县并入巫山县。大昌古镇距今已有1700多年历史，是三峡地区唯一保存完整的古城。古镇占地约10公顷，东西主街长约350米，南北长约200米，是一座"四门可通话，一灯照全城"的"袖珍古城"。古镇地处渝、鄂交通要冲，自古是兵家必争之地。

原来的大昌古镇是重庆市内保存最为完整和最为久远的古镇，文化遗存十分丰富，新石器时代、商周时代的文物都有发掘。在古代巴国时期，食盐价值巨大，大昌正处于盐道上，这里自然兴旺发达起来。移民搬迁后的新镇建筑保留了明代的风格特色，砖木石结构，建筑样式独特，虽无廊腰缦回，但有檐牙高啄，无论檐、门、窗都显得古色古香。原南门为拱形城门，是大昌古镇的南门，正对大宁河，直通码头，是货物运输的咽喉，故称"通济门"。

由于三峡工程于2003年5月开始蓄水，古镇原址全部沉寂于大宁河水下。2002年2月21日大昌古镇总体搬迁工程正式启动，目前175米水位蓄水已经形成，大昌古镇已搬迁于原址东西山上的宁河村邓家岭。大昌古镇房屋建筑复建完成，现已形成了一幅真实的南大门、温家大院、明代书院等千年古镇画面，城内屋宇翘角飞檐、精巧别致、古风浓郁，呈现明清建筑特色。2015年12月，大昌古镇入选长江三峡30个最佳旅游新景观之一。

石柱县西沱古镇

西沱古镇位于重庆市石柱土家族自治县北部的长江之滨，原名西界沱，古为"巴州之西界"，因地临长江南岸回水沱而得名。西沱镇地处万州、忠县、石柱三区（县）的交界处，是石柱土家族自治县的北大门，也是该县最大、功能最齐全的长江口岸，北与"长江明珠"石宝寨隔江相望。

西沱历史文化悠久，早在清朝乾隆时期这里就是贸易繁盛之地，且向来为长江上游重要的深水良港。西沱古镇云梯街依山顺势而建，两旁保存着明清遗留下来层层叠叠的土家族民居吊脚楼，镇上保留了紫云宫、禹王宫、万天宫、二圣宫、桂花园等古代著名建筑。早在清朝乾隆时期，这里就"水陆贸易、烟火繁盛、俨然一郡邑"。古老的历史，为这里留下了宝贵的旅游财富，成为黄水国家森林公园在长江三峡旅游黄金线上的旅游门户。古镇最为引人瞩目的景点要数云梯街，云梯街垂直长江，呈龙形向上，共有118个台阶、1111步青石梯。从长江边向上仰望，好像一挂云梯直插苍天，因此，人们就美赞它为"云梯街"，又叫"通天街"。

西沱古镇1992年被列为四川省省级历史文化名镇。2002年被列为市级三峡库区迁建保护的传统风貌镇。2003年被列为首批十大中国历史文化名镇，2008年被评为巴渝新十二景之一。2009年被评为重庆市最具活力小城镇。2015年12月入选长江三峡30个最佳旅游新景观之一。

江津区塘河古镇

塘河古镇位于重庆市江津区，是中国历史文化名镇。塘河古镇历史悠久，早在两千年前就有人类聚居，明朝自建王爷庙开始，陆续建房成为集镇，至清朝乾隆时期趋于兴盛，因塘河绕场而过得名。塘河古镇现存明清古建筑群近4万平方米，主要分为塘河古街区、石龙门庄园、廷重祠3个部分。塘河古街区占地2.8公顷，现存明清以来不同时代特征风格的古建筑15 000多平方米。古镇街道依山而建，从河畔码头起呈阶梯状蜿蜒上扬。约长600米的主街连接着横街子、庙巷子两条小街，由3道寨门把持着。拾级而上沿街建筑多以青石为基、砖木为墙、奇檐斗拱、雕梁画栋、错落有致。

作为渝、川、黔交通要冲和物资集散地，塘河一带很早就形成了舟马不绝、商贾如云的繁荣景象，沉淀着古镇深厚而灿烂的文明历史。千百年来，古镇形成了独特而厚重的民俗民风。2007年，塘河古镇被建设部、国家文物局授予第三批中国历史文化名镇；2017 年，塘河古镇被住房和城乡建设部评为全国第四批美丽宜居小镇示范。

巫溪县宁厂古镇

宁厂古镇位于重庆市巫溪县北部，是我国历史上的早期制盐地之一。《华阳国志校补图注》中载："当虞夏之际，巫国以盐业兴。"宁厂古镇有4000 多年的制盐史，宁厂古镇因盐设立监、州、县，明清时成为中国十大盐都之一。

镇北宝源山麓有龙君庙始建于汉代，历代维修。乾隆、光绪两版的《大宁县志》均有记载，前者记：正面石崖镌曰"白鹿咸泉，嘉靖乙卯年"，右边石上镌曰"宝源天产，崇祯甲辰关中张惟任题"，太殿联乃三韩雷淑龙题。前明末年建牌坊，增旧制，创阁于前，为宁厂游览之胜。清道光二十四年（1844 年），重建乐楼。清同治八年（1869 年），被水冲毁。《巫溪县志》记载，龙君庙清同治八年（1869 年），被水冲毁后，清光绪十一年（1885 年），再次进行重修。今建筑为清代穿斗结构建筑，建筑基址和东厢房尚存。在龙君庙内，有一洞嵌于其上，洞口有一石龙，清泉从龙嘴喷出，盐泉年自溢含盐量 1.6 万吨，龙池、龙头及分卤眼板是北宋淳化二年（991 年）由大宁监雷悦创建。1989 年，龙池及其附属建筑被列为巫溪县的县级文物保护单位。2019 年，国务院正式公布第八批全国重点文物保护单位，宁厂古镇的大宁盐场遗址入选。

宁厂古镇是三峡地区古人类文明的发祥地和摇篮，2010 年获批为国家第五批"中国历史文化名镇"。

夷陵区三斗坪镇

三斗坪镇位于湖北省宜昌市夷陵区西南部，地处风景秀丽的长江西陵峡中段南岸，东与点军区桥边镇毗邻，西与秭归县茅坪镇接壤，南与点军区土城乡交界，北与三峡工程指挥部、乐天溪镇隔江相望。该镇有西陵奇险"三把刀"，有绵延 4000 米的黑溪沟，有美如水彩的暮阳溪。

这里有千年古韵，有跨越 6000 年历史的黄牛峡文化遗存，有长江三峡地区保存较好的唯一一座纪念大禹的黄陵庙，有始建于清代的杨家湾老屋。三斗坪镇是举世闻名的三峡工程坝址所在地，有"三峡坝首第一镇"之美称。2010 年 3 月，被住房和城乡建设部、国家旅游局命名为国家特色景观旅游名镇；2010 年 6 月，被命名为湖北省旅游名镇。

参考文献

［1］康德：批判力批判（下卷）［M］. 北京：商务印书馆，1985.

［2］约翰·斯道雷. 文化理论与大众文化导论邮［M］. 常江，译. 北京：
北京大学出版社，2010.

［3］爱德华·泰勒. 原始文化［M］. 上海：上海文艺出版社，1992.

［4］《新编说文解字大全集》编委会. 新编说文解字大全集［M］. 北京：
中国华侨出版社，2011.

［5］陈鸿，张纯德. 开发利用少数民族水文化保护水资源：以彝族水文化
为例［J］. 思想战线，2011（S2）：11–12.

［6］陈雷. 保护水文化遗产弘扬先进水文化［N］. 中国文物报，2011-
06–01（1）.

［7］陈祺，杨斌. 文化型水利标志景观设计探析［J］. 吉林水利，2014
（8）：5–8.

［8］程宇昌. 现状与趋势：近年来国内水文化研究述评［J］. 南昌工程学
院学报，2014（5）：14–18.

［9］邓俊，王英华. 古代水利工程与水利遗产现状调查［J］. 中国文化遗
产，2011（6）：21–28.

［10］广东、广西、湖南、河南辞源修订组，商务印书馆编辑部. 辞源
（修订本）第一册［M］. 北京：商务印书馆，1979：388.

［11］季羡林，张光磷. 东西文化议论集［M］. 北京：经济日报出版社，
1997.

［12］贾兵强. 新常态下我国水文化研究综述［J］. 南水北调与水利科技，2016（6）：201-208.

［13］蒋坤富，张述林，陈鹏，等. 长江三峡文化地理研究［M］. 荆楚理工学院学报，2009，24（5）：92-96.

［14］井晓旭. 淮河流域的"水文化"［J］. 华中人文论丛，2013，4（2）：127-129.

［15］李静，马育红. 节水型社会背景下可交易水权制度之构建［J］. 现代商业，2015（2）：279-281.

［16］李秀林、王于、李淮春. 辩证唯物主义和历史唯物主义原理［M］. 5版. 北京：中国人民大学出版社，2004.

［17］李宗新，李贵宝，肖飞，等. 水文化大众读本［M］. 北京：中国水利水电出版社，2015：10.

［18］李宗新. 当前水文化建设的主要任务［J］. 河南水利与南水北调，2012a（9）：12-13.

［19］李宗新. 再论水文化的深刻内涵［J］. 水利发展研究，2009（7）：71-73.

［20］李宗新. 漫谈文化与水文化［J］. 河南水利与南水北调，2012b（1）：29-30.

［21］李宗新. 略论水文化的基本架构［J］. 河南水利与南水北调，2012c（3）：25-27.

［22］李宗新. 水文化的主要功能［J］. 河南水利与南水北调，2012d（5）：18-20.

［23］李宗新. 水文化的研究对象［J］. 河南水利与南水北调，2012e（7）：22-24.

［24］李宗新. 水是治国之枢［J］. 河南水利与南水北调，2012（11）：9-10.

［25］梁启超. 梁启超论中国文化史［M］. 北京：商务印书馆，2012.

［26］刘钧杰，李行健. 常用汉字意义源流字典［M］. 北京：华语教学出

版社, 2011: 493-494.

［27］刘禄山, 徐东根. 试析文物的内涵和特性［J］. 南方文物, 2000
（2）: 111-114.

［28］刘璐. 三峡库区文化遗产空间分布及遗产廊道构建研究［D］. 重庆:
重庆理工大学, 2019.

［29］毛春梅, 陈苡慈, 孙宗凤, 等. 新时期水文化的内涵及其与水利文化
的关系［J］. 水利经济, 2011（4）: 63-66.

［30］倪文杰, 张卫国, 冀小军. 现代汉语辞海（注音、释义、词性、构
词、连语）［M］. 北京: 人民中国出版社, 1994: 1155.

［31］乔利祥. 新时期水文化的内涵及其与水利文化的关系［J］. 山西农
经, 2016（18）: 39.

［32］覃光广. 文化学辞典［M］. 北京: 中央民族大学出版社, 1988:
112-113.

［33］谭徐明. 水文化遗产的定义、特点、类型与价值阐释［J］. 中国水
利, 2012（21）: 1-4.

［34］涂师平, 王磊, 金柯洁, 等. 重庆水文化遗产保护［M］. 北京: 中
国水利水电出版社, 2019: 125.

［35］涂师平. 论水文化遗产与水文化创意设计［J］. 浙江水利水电学院
学报, 2015（1）: 10-15.

［36］汪健, 陆一奇. 我国水文化遗产价值与保护开发刍议［J］. 水利发
展研究, 2012（1）: 77-80.

［37］王延荣, 国立杰. 中原水文化建设的思考: 水利改革与发展需要水
文化大发展大繁荣的支撑［J］. 河南水利与南水北调, 2012（7）:
8-10.

［38］王延荣. 水文化建设成果和传播的若干思考［J］. 河南水利与南水
北调, 2014（3）: 34-35.

［39］王易萍. 水的文化隐喻及认同变迁: 西江流域水文化的人类学研究
［J］. 广西民族研究, 2014（1）: 46-52.

［40］王英华，谭徐明，李云鹏，等. 在用古代水利工程与水利遗产保护与利用调研分析［J］. 中国水利，2012（21）：5-7，17.

［41］席景霞，贾昌娟. 古徽州水文化的自然生态观解析［J］. 浙江水利水电学院学报，2016（3）：10-13.

［42］席景霞. 巢湖水文化探究与溯源［J］. 齐齐哈尔大学学报（哲学社会科学版），2015（1）：24-25.

［43］薛祺，黄强. 关于榆林市水利风景区发展的探索［J］. 水利发展研究，2016（6）：75-79.

［44］杨志刚. 试谈"遗产"的概念及相关观念的变化［M］// 复旦大学文物与博物馆系. 文化遗产研究集刊（第二辑）. 上海：上海古籍出版社，2001：3.

［45］张实. 云南迪庆藏族水文化［J］. 云南师范大学学报（哲学社会科学版），2011（3）：64-68.

［46］张帅. 都江堰水文化与可持续发展［J］. 四川水利，2005（1）：44-46.

［47］张永新. 深刻把握长江文化内涵［N］. 学习时报，2021-02-08（5）.

［48］郑晓云. 傣族的水文化与可持续发展［J］. 思想战线，2005（6）：83-88.

［49］郑晓云. 国际视野中的水文化［J］. 中国水利，2009（22）：28-30.

［50］郑晓云. 近年国外水文化的发展与创新［J］. 中国水利，2017（9）：61-64.

［51］郑晓云. 水文化的理论与前景［J］. 思想战线，2013（4）：1-8.

［52］中国社会科学院语言研究所词典编辑室. 现代汉语词典［M］. 7版. 北京：商务印书馆，2018：1371-1372.

［53］中国水利文学艺术协会. 中华水文化概论［M］. 郑州：黄河水利出版社，2008：30.

［54］周丹丹. 基于乡村振兴的水文化建设：以安吉县西苕溪流域为例［J］. 浙江水利科技，2020，48（2）：1-4.